Credit
Management

信用管理学

谭中明 张 静 文学舟 编著

江苏大学出版社
JIANGSU UNIVERSITY PRESS

图书在版编目（CIP）数据

信用管理学/谭中明，张静，文学舟编著. —镇江
：江苏大学出版社，2012.2（2022.2 重印）
ISBN 978-7-81130-306-3

Ⅰ.①信… Ⅱ.①谭…②张…③文… Ⅲ.①贷款管
理Ⅳ.①F830.51

中国版本图书馆 CIP 数据核字（2012）第 022983 号

内容简介

市场经济是信用经济，信用是维系社会经济正常运转的基本机制之一。本书适应信用经济发展要求，着眼培养高素质信用管理人才，结合教学经验，充分吸收和反映信用理论和实践成果，系统地阐述了信用的科学内涵与基本理论，以及信用管理的基本原理、业务结构、操作规程和技术。全书共 9 章，包括信用、信用经济与信用管理、社会信用体系、信用分析技术、征信运营与征信技术标准、信用管理中介服务机构、企业信用管理、消费者信用管理、政府信用管理和信用管理环境。本书体系安排合理，逻辑严密、表述准确、内容翔实、可读性强。

本书为普通高等学校财经、管理类本科教材，也可以作为财经、管理类研究生参考用书，还可供信用行业、金融保险业等相关机构高级管理人员自学和参考之用。

信用管理学

编　　著/谭中明　张　静　文学舟
策　　划/杨海濒
责任编辑/杨海濒　李经晶
出版发行/江苏大学出版社
地　　址/江苏省镇江市梦溪园巷 30 号（邮编：212003）
电　　话/0511-84443089
传　　真/0511-84446464
印　　刷/广东虎彩云印刷有限公司
开　　本/787 mm×1 092 mm　1/16
印　　张/15
字　　数/368 千字
版　　次/2012 年 2 月第 1 版
印　　次/2022 年 2 月第 4 次印刷
书　　号/ISBN 978-7-81130-306-3
定　　价/32.00 元

如有印装质量问题请与本社营销部联系（电话：0511-84440882）

前　言

在现代社会,信用与物质资本、人力资本一起构成了三大资本形态,是生产、消费的要素,它与物质资本、人力资本有机结合,能形成高效的社会生产力,提高社会运行的整体效率。市场经济是信用经济,信用是维系社会经济正常运转的基本机制之一。个人必须拥有信用品质,企业必须树立信用观念,国家必须健全信用制度,社会必须建设信用管理体系。中国自古就崇尚"人无信不立","业无信难兴","言而无信,不知其可"的信用思想,诚实守信构成了中华民族传统美德的重要内容。新中国成立后,信用理论和信用管理实践经历了一个曲折发展的过程。在计划经济时期,整个社会经济系统主要靠指令性计划维系,信用被忽视以至被排斥。在向市场经济转型过程中,受经济利益驱使,人们的思想观念和伦理道德发生着深刻变化,商业欺诈、制假售假、虚报冒领、内幕交易、学术不端等背信现象屡禁不止,全社会面临信用危机的严峻考验。诚信缺失、不讲信用,不仅危害经济社会发展,破坏市场和社会秩序,而且损害社会公正,损害公众利益,妨碍国民经济持续健康发展和社会文明进步,给我国未来经济社会的发展埋下巨大风险隐患。可以说,信用问题是直接关系到我国市场经济体制能否顺利推进,国民经济能否持续增长,社会能否和谐发展,中国经济能否跻身世界主流经济圈的重要战略因素。

从20世纪90年代末起,信用问题开始受到一些有识之士的关注,并逐渐将信用问题提升到治国方略的高度。2002年2月召开的中央金融工作会议明确提出:"必须大力加强社会信用制度建设。要建立企业和个人征信体系,使具有良好信誉的企业和个人充分享有守信的益处和便利,使有不良记录的企业和个人声誉扫地,付出代价。"党的"十六大"报告提出:"整顿和规范市场经济秩序,健全现代市场经济的社会信用体系。"党的十六届三中全会通过的《关于建立和完善社会主义市场经济体制若干问题的决定》进一步明确提出:"要增强全社会的信用意识,形成以道德为支撑,产权为基础,法律为保障的社会信用制度。"党的十六届六中全会提出:"加强政务诚信、商务诚信、社会诚信建设,增强全社会诚实守信意识。"党的十七大报告提出:"以增强诚信意识为重点,加强社会公德、职业道德、家庭美德、个人品德建设。"党的十七届六中全会提出,"把诚信建设摆在突出位置,大力推进政务诚信、商务诚信、社会诚信和司法公信建设,抓紧建立健全覆盖全社会的征信系统,加大对失信行为惩戒力度,在全社会广泛形成守信光荣、失信可耻的氛围。"

社会各界对信用问题的关注,中央高层对信用制度建设的重视,以及我国面临的信用缺失现状,极大地推动了学术界、教育界、业界对我国信用问题和社会信用管理体系建

第一章 信用、信用经济与信用管理

第一节 信 用

一、信用的涵义

概念的内涵是指这一概念的本质属性的总和，是内在的、隐藏的东西，需要探索和挖掘才可以看到。在逻辑学的学术范围内，概念的“内涵”与其“外延”相对应。

“信用”的内涵就是指“信用”这一概念内在的本质属性。信用是一个常用词，用途非常广泛。经过历史演变，在不同时期、从不同角度解释，有不同的含义，其内涵是模糊而灵活多变的。

（一）信用的定义

《现代汉语词典》中对于“信用”词条有3种解释：(1)能够履行跟人约定的事情而取得的信任；(2)不需要提供物资保证，可以按时偿付的；(3)指银行借贷或商业上的赊销、赊购。《辞海》也有3个释义：(1)信任使用；(2)遵守诺言，实践成约，从而取得别人的信任；(3)价值运动的特殊形式。《新帕格雷夫经济大辞典》给出的解释是“提供信贷意味着把对某物(如一笔钱)的财产权予以让度，以交换在将来的某一特定时刻对另外的物品(如另外一笔钱)的所有权”。多数货币银行学教材将信用定义为“以还本付息为条件让渡商品或货币的使用权的借贷行为”。有人将其定义为“获得信任的资本”，“与人类拥有的其他资本共同构成资本总和”，“与劳动力、土地、资本、技术、信息等共同参与社会资源配置，并在一定程度上持续提高社会资源的配置效率，形成社会生产力，进而促进经济增长”①。也有人将信用定义为“行为人在经济、社会交往中恪守承诺”，在经济学意义上则可定义为“信守合约，诚实交易，摈弃机会主义行为”②。

显然，上述定义所采用的角度各不相同，主要有以下几种：(1)社会交往的角度，包括“能够履行跟人约定的事情而取得的信任”、“信任使用”、“遵守诺言，实践成约，从而取

① 吴晶妹：《现代信用学》，中国人民大学出版社，2009年，第3页。
② 程民选：《信用的经济学分析》，中国社会科学出版社，2010年，第2页。

得别人的信任”、“恪守承诺”;(2)经济活动的角度,如“银行借贷或商业上的赊销、赊购”、“价值运动的特殊形式”、“以还本付息为条件让渡商品或货币的使用权的借贷行为”;(3)经济资源和财富的角度,即“获得信任的资本”;(4)市场交易之契约制度的角度,即“摈弃机会主义行为”。由于本书仅探讨经济领域即经济活动中所涉及的信用,因而排除社会交往角度的定义。从(2)~(4)的角度,可以挖掘出以下几点信用概念的本质属性。

1. 信用包含在经济交易活动中

包含了信用的经济交易活动外在表现为银行借贷、商业上的赊销赊购等形式,其实质是财产(对应于“价值物”,包括货币与商品)的跨期交易活动。所谓“跨期”是指在交易双方主体支付对价所形成的货币流、物流之间存在时间间隔。包含了信用的经济交易活动是以偿还为条件的,受益方必须在约定的时间期限内为所获得的资金、物资、服务而付款或还款。

2. 在交易活动开始前,信用能促成交易活动

信用的存在与信任密不可分。信任度越高,经济主体对自己的行为结果会获得预期利益的信心和交易对方会保障这一利益实现的置信就越强,越能打消经济主体对跨期交易中时间间隔之下的风险的顾虑,进而有助于跨期交易的达成。所以说信用能促成经济交易活动。

3. 在交易活动开始后,信用能维护交易活动

经济交易活动的背后是经济利益的互换,关系到当事人的经济利益,各当事人都会高度重视以确保自身利益的实现。当人类交易活动超越物物交换的狭隘空间后,在所有非物物交换的领域内,利益的实现客观上面临着诸多的不确定性因素,其中一个很重要的不确定性因素是交易对手的机会主义行为。由于信息不对称,如果信息占优一方采取机会主义行为,则信息劣势一方的利益就将受到侵害。如果不能防范机会主义行为,交易将难以维持。

合约(合同、契约)就是交易活动中当事人相互约束行为和防范机会主义风险的保障,合约的条款明确记载了当事人相互之间的承诺。而“讲信用”就是要求当事人恪守这些承诺,信守合约,不违约,不毁约。在这一意义上,信用能维护交易双方的利益,有了信用,就起到了对交易的保障作用,所以说信用能够维护经济交易活动。这里,信用具有隐契约特征,表现为它并不出现在交易双方的正式契约中,而是作为一种双方心照不宣的认同。需要注意的是,“讲信用”除了要求当事人严格遵守正式的、以书面形式表现出来的合同条款等“显性合约”,而且要求当事人遵从隐藏在书面合约背后的约定俗成的“隐性合约”,如对法律制度共同遵守的合法经营规则、平等竞争原则,以及不得损害市场其他当事人合法利益的原则等。

综上所述,我们可以归纳出信用的基本概念:在经济交易活动中,关于“信守合约、诚实交易”的,可让交易主体在交易达成前获得交易对手的信任、在交易达成后摈弃机会主义行为,从而成为促成与维护交易活动成功进行的要素。

这一要素是一个多层次、多侧面的综合体。它包含如下内容:首先,它是经济交往的重要规范,是对经济主体应当“信守合约、诚实交易”的基本要求;其次,是约束经济主体“信守合约、诚实交易”的制度规则;第三,它是经济主体“信守合约、诚实交易”的主观意

愿;第四,它是经济主体“信守合约、诚实交易”的能力;另外,还是经济主体“信守合约、诚实交易”的行为,具体表现为守信与失信。信用就是这样一个伦理道德规范要素、制度规则要素、主观意愿要素、客观能力要素和守信与失信的最终结果的统一体。

从另外一个角度,又可以将信用概念作狭义、较广义和广义之分。狭义上的信用概念特指金融信用,这是金融学教材所广泛使用的概念,通常是指以偿还为条件的价值单方面转移,体现为不同所有者之间货币资金的借贷行为,反映了货币持有者以还本付息为条件,把货币暂时转让给需求者使用的债权债务关系,主要是指还款或付款承诺为内容而发生的授受信活动,如国家信用、个人(消费)信用、股份信用、债券信用等。较广义的信用概念还包括商业信用形式。商业信用是指不同所有者企业之间由于商品赊销、预付行为所引起的授受信活动,体现的是一种暂时让渡商品或提前支付的债权债务关系。广义上的信用是一种主观上的诚实守信和客观上的偿付能力的统一。其实质是遵守诺言,实践成约,取信于人。反映在经济交易中,是指经济主体之间,以谋求长期利益最大化为目的,建立在信任基础上的心理承诺与约期实践相结合的意志和能力,即隔期如约偿付的意志和不用立即付款就可获取资金、物资、服务的能力。这种意志和能力受到一个条件的约束,即受信人在其承诺的时间期限内为所获得的资金、物资、服务等进行清偿,约定的时间期限必须得到提供资金、物资、服务的授信人的认可。

(二)信用及其相关概念辨析

在讨论信用问题时,诚信、信誉、信用等概念经常被等同地使用。事实上,这些概念相互之间既有区别,也有联系,对它们进行比较和分析有助于更好地理解信用的内涵。

(1)诚信即诚实守信,是自己对他人的承诺,是一种行为规范;信誉指声望和名誉,是他人对自己的评价,是一种形象标识;而信用反映的是权利和义务的关系,包含在动态的经济交易过程中。

(2)诚信是内生的,取决于自身的品德;信誉是外生的,取决于社会的评价;而信用是互生的,由交易主体(转移信用的交易主体即授信方和接受信用转移的交易主体即受信方)共同决定。

(3)诚信是信用制度的思想基础和精神支柱,必须从提高人们的精神追求上去把握,不应当把它当做一种交换手段和牟利工具,也即诚信不具有商业价值;信誉和信用则具有商业价值,在市场上,信誉是无形资产,信用是交换手段。

(4)诚信是每一个人的义务,而不是权利,信誉是某些人的权利,信用是权利和义务的结合。

(5)诚信、信誉需要立足于哲学、社会学、心理学去考察,信用需要立足于经济学、管理学、金融学去考察。

(6)人们在讨论信用问题时,主要是以诚信角度为出发点。比如,最常见的讨论信用问题的逻辑起点是“信用缺失”,其实质就是一种缺乏诚信、不遵守交易规范的行为。

需要指出的是,为了讨论问题的方便,本教材有时并不对相关概念做过多的严密区分。

(三)信用的衍生概念

信用一词可以衍生出许多相关词汇,如信用交易、信用信息、信用行为、信用工具、信用产品等。

信用交易是指在人与人交往中没有即时获得对等交换，基于信用，约定在一个时间跨度中完成对等交换的契约。这种交易通常见于经济活动，但不限于经济活动。如传统计划经济时代国企对员工支付的即期工资比较低，但存在一种对员工各种生活保障的隐性义务。这种保障包括退休的生活费用，甚至可能是子女就业的隐性保证等。当企业开始改制，员工不得不下岗的情况下，企业需要支付大笔现金进行员工安置。这种低即期工资、多额外义务的行为就是计划经济时代政府和员工的一种信用交易。又如父母对子女的抚养事实上形成了日后子女对自己的赡养义务，这种义务某种程度上也可以视为信用交易。单从经济意义看，信用交易方式的特点是交易者通过债权债务的建立来实现商品交换或货币转移。信用行为，即与信用交易有关的各种行为。

信用信息是指与信用交易契约有关的各种信息，包括行为主体信用交易履约历史、信用交易对手间影响信用交易契约内容的各种信息，等等。

信用工具是在信用活动中产生的，证明债权债务或所有权关系的合法凭证，如信用卡、支票等。

信用产品是指与经济领域的信用交易有关的、可以在特定市场进行交易的商品。狭义上，信用产品指信用管理中介服务机构为信用交易提供的服务，如有偿的信用信息、资信评估报告等；广义上，信用产品还包括与信用有关的金融工具，如债券、信托产品等。

二、信用的特点

信用作为一种特殊的商品，与一般商品相比，具有以下特点：

(1) 作为无形资产的信用。信用不能独立存在，只能依附于企业、商号或品牌等信用载体（但同时又对后者产生巨大的反作用）；由于信息的传递过程，建立信用或信誉往往需要逐渐形成；信用的"所有权"与"使用权"可以分离。

(2) 外部性。在经济活动中，经济主体信用行为特征的选择（守信或失信），不仅会对自身产生后果，还会给他人（外部）带来效应。例如，守信行为可能会对其他人产生"正面"影响，引起他人效仿，有利于形成人人守信的社会环境；反之，失信行为如果被人效仿，就会引起失信的恶性循环。如果守信行为得不到奖励，个人的守信收益就要小于社会的守信收益；反之，失信行为若得不到必要的惩罚，则失信者的失信成本就会小于社会的失信成本，这样就会产生信用关系中的"市场失败（market failure）"。其结果是守信行为倾向于减少，而失信行为倾向于增多。正因为如此，西方发达国家大多建立起健全的社会信用体系以维系良好的信用关系。

(3) 契约性。信用靠契约维系，信用总是在交易双方的认同基础上产生的，这种认同可以是有形的契约，也可以是无形的契约，可以是普遍的规则认同，也可以是仅适用于双方的特例。

(4) 财产性。信用与盈利动机密切相关，实质上反映了一种财产关系，体现一种债权与债务、责任与权利关系。

(5) 未来性和预期性。带有对未来经济利益的一种心理预期和要求。正如麦克鲁所说："每一种预期都是信用，商品信用被卖出去换取货币信用。"①

---

① 康芒斯：《制度经济学（下卷）》，商务印书馆，1999 年，第 53 页。

(6) 风险性和利益性。任何信用都表现为一种过程,即有既定的期限性、时间性,隐藏着不确定性。不确定性意味着风险性,风险性要求获得等价的价值偿付或回报。因此,信用可以说是基于信任心理而表现为多种形式,最终是为获得"价值偿付"。这种偿付包括交易中商品"物有所值"、"货真价实"、"履行契约"等诸多形式。

三、信用的基本结构

一般意义上的信用结构是指信用活动过程中所形成的各种信用要素、信用形式、信用类型的构成状态。信用的基本结构则是指经济交易活动中所产生的信用行为和信用关系内部各要素及其耦合状态,其构成要素主要包括信用主体、信用客体、信用条件、信用载体、信用内容、信用方式等。

(一) 信用主体

信用主体是指信用行为发生的当事者双方,即具有各种民事行为能力的经济主体(包括自然人和法人)。其中,转移资产、提供服务的一方为授信者(债权人),接受的一方为受信者(债务人)。在有的信用交易中,如抵押贷款,同一主体既是授信者,又是受信者,而在大多数交易中,授信者与受信者是相互分离的。授信人通过授信取得一定的权利,即在一定时间内向受信人收回一定量货币和其他资产与服务的权利,而受信人则有偿还的义务。

(二) 信用客体

信用是通过一定经济交易行为的发生来实现的,就应当有被交易的对象,即信用客体。这种被交易的对象是授信方的资产,既可以是有形的,如商品、货币等,也可以是无形的,如各种服务。如果没有被交易的对象,就不会有经济交易行为的发生,也不会有信用。

(三) 信用条件

信用条件包括时间间隔和承诺。信用意味着资产和服务的转移或者所有权和使用权的暂时分离,这就需要确定一个时间间隔,没有时间间隔,授信方无从授信并取得权利和利益,受信方也难以获信并践约,契约也难以订立,当然信用关系也就难以确立。时间间隔使得信用关系中内含不确定性因素的影响,容易诱发风险,为了减少信用风险,需要一方对另一方作出某种承诺,如还本付息的承诺、售后服务的承诺、品质保证的承诺等。

(四) 信用载体

信用及信用关系在交易中是通过信用载体反映出来的,没有载体,信用关系无所依附,信用行为无从规范,信用难以维持。信用载体可以是内化在交易行为中的价值准则,也可以是带有非正式契约性质的口头承诺或者格式化的各种信用工具;可以是抽象的,也可以是具体的。有的表现为口头信用,如血缘关系、个人权威性品质以及口头协议等,授、受信双方以诚实、信誉、信任为保证条件,明显包含道德和心理因素而以个人品质和能力为基础,具有人格化特点。有的表现为书面信用和挂账信用等具体物化形式。书面信用反映在凭证上,如信用流通工具、契约文书、发票等;挂账信用反映在账簿上。授、受信双方也需要依靠诚实、信誉、信任等条件,但其效力主要源于书面凭证的法律效力,通常以货币来计量,具有价值化特点。

（五）信用内容

在信用关系中，授信方以自身财产为基础授予对方信用，受信方则以契约或承诺为保证而取得信用。在信用行为发生过程中，授信方取得一定权利，受信方则承担着相应的义务，没有拥有的权利和承诺的义务便没有信用。因此，信用内容的实质就是信用关系各方权利和义务的内容。

（六）信用方式

信用方式指信用交易的具体表现形式，是信用活动的条件、过程及形式的集合表现。主要有借贷、商品赊销、分期付款、预付货款、延期付款、经销、代销、包销、委托、代理、担保、抵押、租赁、信托等。不同的信用方式各有其相应的信用载体。

总的来说，每一个特定的信用行为，都是由特定信用主体在一定的信用条件下借助某些信用载体转移信用客体的行为，这种转移过程表现为一定的信用方式并形成特定的信用内容。

四、信用机制

（一）信用机制的内涵

信用机制可以定义为信用意识、信用行为、信用关系、信用制度之间以特定方式和规律相互依存、相互制约而形成的内在有机联系。其中，信用意识是主体基于世界观、价值观的讲信守诺意识、信念、意志、动机以及对待社会评价的态度等内在主观因素。信用行为即信用实践活动。在市场信用交易中，信用行为具体表现为守信和失信两种行为。守信和失信直接取决于信用意识和偿还能力。受信人的信用意识和偿还能力强，就会自觉履约，恪守信用；反之，则容易发生失信行为。

信用关系是信用交易主体之间关于“信守合约、诚实交易”的承诺与信任的联系。信用关系是信用交易客观发生而形成的现实关系，是结果性的存在。良好的、稳定的信用关系趋向普遍化、经常化，就上升为一种交易规则或秩序，使信用关系制度化。这有利于规范人们的经济行为，促进市场交易秩序的形成和信用交易的发展，从而有助于信用机制的顺利运行。总之，信用关系在初始时是依赖于一种道德力量，出于利益选择或预期下的道德约束；随着商品经济发展和市场经济的确立，以及经济行为的契约化，信用关系越来越依赖于制度和法律的保障。

信用制度是约束信用主体行为和维护信用关系的一系列规范、准则等合约性安排。它是通过正式的合约性安排和非正式的合约性安排两种形式形成的。正式的合约性安排所形成的信用制度主要表现为对交易双方的行为进行约束从而保障信用秩序的各种规则和管理制度，主要是以法律约束为中心的各种交易规则，是外在的、公开的、有规则可循的层面。非正式的合约性安排所形成的信用制度是长期演化形成的，表现为非正式的规则、社会文化、习俗、交易习惯、价值准则、思想道德等，是内在的、隐性的但又是人们自然遵守的。非正式的信用制度是正式的信用制度安排的前提条件，在信用的建设中起着重要的舆论导向和道德约束作用。在信用制度体系中，正式制度是刚性的，要求人们必须严格履行；非正式制度是柔性的，要求人们能够认真遵守。两者有机统一起来形成的信用制度体系的功能在于减少市场交易中的机会主义行为，减少经济活动和联系中的不确定性，帮助人们形成稳定、可靠的预期。

信用的实现有赖于信用行为的实施和信用关系的形成，信用行为和信用关系需要内在的伦理道德约束（信用意识）和外在的规则制度（信用制度）予以保障。信用意识、信用行为、信用关系、信用制度相互耦合，便形成了信用机制。

信用机制是适应商品经济和商品交换发展内在要求的必然结果，是对经济主体的制约机制，它的建立和完善对于保证市场经济正常、稳定、有序进行提供了重要的制度保障。信用机制并非信用行为、信用关系和信用制度的简单叠加，而是市场经济社会不可或缺的、可以自我循环的信用约束和规则体系。所以从广义上看，信用机制是一种社会机制。

我国目前急需建立3种信用机制：一是资本信用机制，即在公司制度中确立资本信用的机制；二是商业信用机制，主要是合同履约、担保等方面的规范；三是资质信用机制，即行业、职业等资质、资格认证等方面的规范。

（二）信用机制的功能

1. 约束功能

信用机制约束经济主体遵守诺言、履行约定，在获取一定利益的同时，出让相应或对等的利益，或承担一定的责任、履行一定的义务，从而实现利益或责任、义务的互置。

2. 稳定功能

信用机制的存在为人们从事社会经济活动提供了一系列规制，规范着经济主体的行为及其相互之间的信用关系，能够减少经济活动和经济交易中的不确定性，帮助人们形成稳定、可靠的预期。

3. 信任功能

信用机制奠定了社会经济交往的信任基础，而信任是现代社会“陌生人”之间进行经济交易的纽带，这种信任包括某个经济主体对自己的行为结果会获得预期利益的信心和交易对方会保障这一利益实现的置信。正是有了信用机制对经济活动和经济主体行为以道德、制度、法律上的有效约束和严格规范，使得信用交易范围越来越广、规模越来越大，才实现了社会经济形态由低级向高级进化。

（三）信用机制的演变

1. 人格维持机制

在“每个人认识每个人”的封闭型经济体中，由于交通和信息条件的限制，市场较为封闭、范围小，也比较稳定。通过日常的反复接触和不断交易，市场主体之间相互认识、了解。在交易者之间相互人格认可的情况下，信用才有可能发生，且仅靠交易者的人格就可以维系信用。因为在这样的经济体内，一旦失信，不仅交易对方会停止与其交易，更为严重的是会为所有市场主体获悉，不会再有人愿意与这样的失信者进行交易，而且失信者的迁徙和融入新的经济体的成本高昂。一次失信就被逐出市场，失信的成本巨大，市场主体必然约束自己守信。

2. 抵押机制

当信用交易突破“熟人圈”之后，出现了用抵押来支撑信用。抵押是人类社会主要用来保障短期一次性信用交易的最古老和持久的信用机制。

3. 信誉机制

在长期交易中，出于对未来合作收益的考虑，交易双方都会尽量树立合作的良好信誉,以获得对方的回报。信誉机制的惩罚措施是一旦失信损坏了信誉,交易对方就中止交易,使其失去长期合作的收益。

4. 第三方保障机制

上述信誉机制仅靠断绝交易的惩罚来维持信用,有时成本很高,致使信用交易无法进行,此时出现了借助第三方的力量来促进契约的执行的信用机制。

(1) 组织保障机制

多个类似的交易主体自发地组成团体,组织内的成员保持着密切的信息交流,一旦发现某个成员的背叛行为,所有成员迅速知晓,并将其排除在组织之外,使其永远失去在团体内从事交易的机会。这实际上是改善了的信誉机制。

(2) 制度保障机制

随着商品经济的发展,市场突破了狭隘的地域限制,实现了时空的延伸,信用更多地发生在"匿名社会"。由于交易往往发生在不特定的主体之间,且市场主体又具有高度的流动性,一个人的信用状况通常难为人知,失信也难以被对方制裁,导致违约可能比守约更有利。正式制度强制性的根本作用在于改变博弈的预期收益,形成稳定的纳什合作均衡。由于预期违约会受到法律等制度的制裁,失信不仅无利可图,反而还受损失,从而理性的选择是守信。

五、信用的类型

对信用的划分标准与分类方法有很多,按行为主体不同将信用分为个人信用、(非政府)组织信用、国家信用;按信用交易的性质不同将信用分为公共信用、银行信用、商业信用和消费信用。

(一) 按行为主体分类

1. 个人信用

个人信用的行为主体中有一方或双方是自然人。由于自然人是构成社会的基本元素,是组织和国家进行社会、经济各项活动的实施者,所以个人信用既是社会经济信用的微观成分,又是整个社会信用状况的全息缩影。自然人可能作为个体经营者或企业经济活动的代理人参与经济活动,从而产生个人信用。更多的情况下,自然人是作为消费者参与经济活动的,产生一种特殊形式的个人信用——消费者信用,即企业或金融机构对消费者提供信贷产生的信用。

2. 组织信用

组织是由社会各自然人有机组成,有着特定目的和功能的集体。非政府组织包括企业、学校、医院、党派、社团等。组织在其内部构建、外部活动中涉及各种契约,自然会有各种与之相关的义务或承诺,因而也有多种涉及信用的问题。一些组织,如以信托关系为核心职能的基金会、慈善机构等,信用是其存在的基础。对从事有关鉴定见证、信息服务的中介机构,如公证机构、会计师事务所、资信评估机构、质量认证机构等,其信用则体现为对客观公正原则的遵循。在当前社会经济系统中,企业是数量最多、影响最广泛的一类非政府组织。特别是在市场经济条件下,企业的信用问题是市场信用问题的主要内容。

3. 国家信用

国家是一个社会或经济体中影响力最强的行为主体。它的信用可分为对内的行政、司法信用和对外的外交信用，在社会、经济、法律诸多领域具有比较特殊的内容。其中，在经济方面，国家拥有无偿获得税收的权利，但是国家必须遵守和实现税收“取之于民，用之于民”的承诺。国家在公共产品，如公立学校、基础设施、军队等的提供上，应该物有所值，有品质的保障，符合社会的需求。国家可以发行国债由居民和企业购买，这实际上是政府先向企业和居民借一笔钱，在到期时偿还本息。国家还可以向国外政府或组织、个人筹款，形成外债。外债是一国政府或政府授权的部门、机构在国外举借并承担具有契约性偿还义务的全部债务，一般有政府借款和在国外发行外币债券两种形式。国家信用还有个很特别的表现，就是国家可以发行或认定一国内流通的法定货币。国家有维护货币实际价值稳定的义务。

（二）按信用交易性质分类

1. 公共信用

公共信用是由公众提供给政府的信用，是政府借助债券等信用工具向公众筹集资金的一种信用方式。在公共信用中政府是债务人。在操作上，公共信用的形式通常是由不同级别的政府发行公债，由当地的机构和个人购买，有些地方也允许将公债出售给外地人，甚至外国人。一般而言，地方政府有稳定的财政收入从而保证了债券的还本付息，债券可以交易，具有一定流动性，购买者还可以免除利息税，发行的债券不难售出。但是公共信用也不是绝对安全的，地方政府也是可能破产的。

公共信用的目的单一，主要是用于地方政府在辖区内提供诸如公用设施、科教事业、社会福利等公益开支。在某些特定的时期，或政府采用特定的财政政策的情况下，政府的税收增加往往平衡不了财政支出的增加，政府的财政常常会出现庞大的赤字，这时就需要借助于公共信用。

2. 银行信用

银行信用是指以商业银行为主导的金融信贷信用交易，即金融机构以货币形式向借款人提供的信用，也称现金信用。按照借款人不同，银行信用可以分为对企业提供的信用和对个人提供的信用，所以银行信用又同时涉及商业信用和消费者个人信用两个领域。银行信用还可以在金融机构之间发生，如银行同业拆借，通常期间短但涉及金额巨大。一般来说，银行是一个经济体中信用最好的非政府组织。银行信用涉及面非常广，关系到一个经济体的经济秩序和社会秩序。许多时候，政府会承担起对银行正常运作的监督和维护的义务。

3. 商业信用

商业信用是指企业之间以赊销商品和预付货款等形式提供的信用。商业信用的具体表现形式很多，如赊销商品、委托代销、分期付款、预付定金、预付货款、按进度预付工程款、延期付款等。商业信用既可以是企业向客户提供的信用，也可以是客户向企业提供的信用。与银行信用不同，商业信用是建立在商品交易基础上的信用，金额较小，期限较短，一般只在贸易伙伴之间发生。银行信用以银行作为集散中心，信用的发生比较集中，而商业信用的发生比较分散，特定个体的商业信用一般不会对经济秩序或社会秩序产生冲击。但商业信用容易形成债务链，在经营者互相提供信用的过程中，形成连环套的债权债务关系，其中一环出现问题，就可能使整个链条断裂，出现类似三角债的问题。

4. 消费信用

消费信用又称消费者信用，是金融机构或消费品生产企业向消费者提供的信用。这种信用以自然人性质的消费者个人及其家庭为授信对象，用于个人及家庭的消费及理财。消费者信用主要表现为大件消费品赊购、贷记卡消费、消费贷款等形式，其授信人主要是各类金融机构、商业企业、大件耐用消费品生产厂家、房地产开发商、服务企业。当企业依靠自有资金支持对消费者进行赊销而发生的消费信用叫做零售信用；依靠金融机构提供资金支持进行消费品赊销，这就是现金信用；理发店、诊所等服务性企业提供给消费者的赊账，就是服务信用。

宏观上，消费信用可促进商品的生产与流通，具有扩大需求、刺激消费、促进经济发展的积极效应。微观上，消费信用是生产厂家的有力的促销手段，可开拓销售市场，增强竞争力，还可缓解消费者有限的购买力与不断提高的生活需求之间的矛盾。但个人的消费可能发生超前消费和过度透支，造成消费者个人负担过重，甚至破产。

按信用交易性质对信用进行分类的方法在国外信用管理方面的书籍中比较常见，因为这种方法是对发达市场经济国家信用管理常见业务的合理分类，更加适合信用管理实践的需要。一般来说，信用管理行业中的资信评级公司主要面对公共信用，企业征信机构主要面对商业信用和银行信用，个人征信机构主要面对消费信用和银行信用。

除了上述信用形式之外，还存在其他一些信用形式，如民间信用、租赁信用、国际信用、证券投资信用等。

民间信用也称民间金融，泛指非金融机构的自然人、企业及其他经济主体之间以货币资金为标的的价值运动。民间信用是民间各经济主体之间为解决生产、经营、投资、生活等各方面资金需求而产生的。

租赁信用是以获得出租物的使用价值为目的，由出租人和承租人双方以一定的契约和报酬为前提的信用形式。现代租赁往往与融资结合在一起，并通过专门的机构——融资公司来操作，使企业在获得设备使用权的同时也获得经营资金，从而成为企业筹集资金的一条重要渠道。

国际信用指国际借贷关系，是信用的各种形式在地域上的发展和扩大。其主要表现形式是国际商业信用、国际银行信用、国际金融机构信用、政府间信用等。

证券投资信用是经营者以发行证券的形式向社会筹集资金的一种信用方式。这种信用的主要表现形式是各类企业向社会发行债券、股票。

第二节　信用经济

一、信用经济的概念

信用经济是商品经济发展到一定阶段后所产生的一种经济现象，是指以信用为纽带进行生产、分配、交换、消费的经济活动，其主要经济交易方式是建立在诚信原则基础上的信用交易。19 世纪中叶，德国旧历史学派经济学家布鲁诺·希尔布兰德（Bruno Hildbrand,1812—1878 年)最早描述了信用经济现象。他按照经济系统中的主流交易方式将经济发展阶段划分为以物易物的自然经济时代、以货币作为主要交易媒介的货币经济时代和以信用作为交易媒介的信用经济时代 3 个阶段,如图 1-1 所示。当然,在每个阶段,其他交易形式依然存在,只是不是主流交易形态而已。

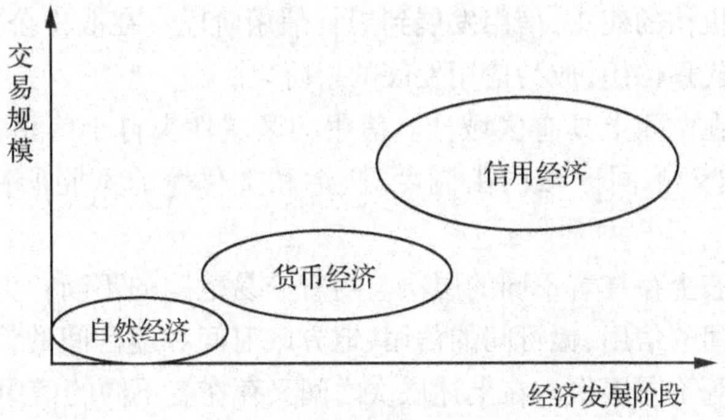

图 1-1　经济发展的 3 个阶段

对于任何市场经济国家或地区,只要它的经济处于持续增长过程中,市场交易形态从“以物易物”到“现金交易”再到“信用交易”的演进就必然会发生。人类社会最早的交易行为是单一的以物易物方式。这种方式对交易品价值上的对等和交换双方供需时间的一致性要求较高,交易成本很高,只能完成极小量的交易。货币的产生是经济发展的一个飞跃。货币的可分割性和易储藏性大大降低了交易成本,使得市场交易规模的扩大有了可能。信用交易进一步提高了交易效率,并能实现资源在时间、空间上更灵活的配置。每一个阶段的演进都能促进交易成本下降,顺应了市场交易总规模扩大的趋势。

英国经济史学家希克斯(John R. Hicks,1904—1989 年)认为,在高度发达的信用经济下,信用成为交易的一般媒介,不附息的货币将沦为交易中的零钱,信用的供给因此会对经济活动产生巨大的影响。

在信用经济之前的货币经济中,货币资金是经济纽带和导向因素。信用经济中,信用逐渐取代货币资金成为新的导向因素。货币资金用于滞后支付,只起到清偿债务、消除债权的作用。债权债务(即信用)的建立,引导了货币资金由债权人向债务人转移,信用是货币资金的运载媒介,并通过货币资金这个中间环节成为商品交易的重要导向因素。

信用经济不仅仅是指信用代替货币成为主要的交换媒介,信用交易是市场交易的主要方式,更重要的是信用作为一种社会关系成为除市场以外的另一种资源配置方式。这种新的资源配置方式,不是通过分散的交换和行政命令来实现,而是通过信用关系形成的网络来实现,参与者相互支持、互利互惠,使之成为对个人经济行为、企业经济行为、国家经济行为以及经济运行有着持久性、决定性作用的一个重要因素。在这种经济中,不但一系列的重要经济资源通过信用关系形成的社会网络实现了合理的高效率的配置,而且这种网络本身被资本化,纳入了市场经济体系,以节约费用,提高效益。

信用经济作为目前人类社会经济发展的最高级阶段,其主要特征是信用交易成为主流交易方式;生产、分配、交换、消费等活动主要以信用交易方式进行;经济主体之间广泛形成债权债务关系;信用成为社会关系、经济运行、管理制度的核心要素之一。进一步地，信用经济还具有以下特点：

（1）信用经济是一种低交易成本的经济。由于信用关系的普遍建立，使经济主体在建立经济联系时所需的交易成本大大降低，从而提高了资源配置效率。

（2）信用经济的发展具有阶段性。信用经济最初以商业信用为主，后来随着以银行为核心的信用中介机构的建立，信用发展到银行信用阶段。在股份公司和股票市场基础上发展起来的委托代理信用，成为信用发展的新阶段。

（3）信用经济在空间上具有区域性。信用的区域性来自于信用主体经济活动特定的区域范围，也来自于不同区域内由制度、法律和文化等的不同所决定的游戏规则的差异。

（4）信用在形态上存在着不同的层次。随着交易范围的不断扩大，逐渐形成了由个人间的信用到企业间的信用、银行间的信用、地方政府间和地区间的信用，直至国家间及国家集团间的信用等不同层次。在上述层次之间又存在着不同的信用联系。

进入信用经济的主要条件是经济主体具有一定的信用能力，社会信用环境良好，社会经济活动有秩序，信用交易有规则，法律法规体系与信用制度健全。一些经济学家根据各市场经济国家的发展历史，认为当一个经济体的人均 GDP 达到 2 000 美元的时候开始进入信用经济阶段。显然，我国目前已经步入信用经济的初级阶段。

二、市场经济是信用经济

信用经济是商品经济发展到一定阶段即高度发达的市场经济后所产生的，信用经济又反过来推动了市场经济的迅速发展。在现代市场经济中，信用关系即债权债务关系是一种最普遍的经济关系，经济活动中的每一个部门、每一个环节都渗透着信用关系，大部分的交易都是以信用为基础进行的，这恰与信用经济的特征相吻合。可以说，现代市场经济就是信用经济。具体地，信用经济和市场经济之间的关系可以从以下几方面去理解。

（一）信用经济是市场经济的高级形态，市场经济的发展过程就是信用经济的形成过程

市场经济在长期的发展进程中，经历了自然经济、货币经济、信用经济 3 种形态。到了近代，以机器大工业为物质基础的社会化大生产需要大量的资金投入，任何企业想要通过自身的积累来完成投入都是远远不够的，也是不现实的，必须要借助信用手段来筹集资金。在资本主义阶段，股份公司和股份制经济的迅速发展促进了市场经济的空前繁荣，商业银行和投资银行在经济生活中占据了支配地位，股票、债券、期货、期权、认股权证、商业票据、信用卡等各种各样虚拟资本和信用工具不断出现，交换过程表现为“信用—商品或服务”。到了这一阶段，信用超出了流通货币的范畴，社会建立了各种各样配套的信用形式、信用中介、信用管理制度和法律规范，信用真正渗透到经济生活的每一个角落。可见，信用经济不是商品经济的伴生物，不是随着私有制产生、剩余产品出现、社会分工深化、市场扩大，出现了商品生产和商品交换，信用关系随之出现，信用经济就产生了，而是随着商品经济的进一步发展，市场交易范围的扩大，交易时间的缩短，资金周转速度的加快，使信用问题日益突出，并且在社会经济生活中占有愈来愈重要的地位，从而使市场经济发展为信用经济。

（二）市场经济是建立在完善的信用制度上的经济，与信用经济唇齿相依

市场经济的发展要以信用关系的不断完善和扩大为基础，经济的市场化程度越高，客观上对社会信用体系的发育程度的要求也越高。信用作为市场经济的稳定器，是市场经济体系得以正常运转的重要保证。信用贯穿于市场经济的方方面面，作为市场经济中一种不可或缺的社会资源以及资源配置的有效手段，信用程度的高低，直接影响经济主体参与社会分工的程度和分工利益的大小。在市场经济中，个人之间、企业之间、政府之间（包括国家之间）以及个人与企业之间，政府与个人和企业之间的经济联系都需要信用的维系，作为经济主体的个人、企业和政府，谁拥有更多的优质信用，谁就会受到社会和市场的青睐，谁就会获得更多的社会资源。所以，信用是政府取信于民的基础，是企业发展的生命，是个人立身的根本，没有信用就没有良好的市场经济秩序。从这个意义上讲，市场经济就是信用经济。

（三）市场经济是契约经济、信用经济的有机统一体

市场经济是契约经济、信用经济的有机统一体具体表现为：

（1）市场经济是契约经济。这是指在市场经济中，契约形式成为社会经济交往的基本形式。正如威廉姆森所说："许多问题乍看之下，似乎缺乏签订和执行合同的外观，但一经仔细观察，原来它们都具有含蓄的签订和执行合同的性质。"①市场交易的基础由人伦关系转为契约关系，交易过程体现为契约的形成与履行过程，市场行为体现为契约行为，市场经济也相应成为契约经济。进一步考察，契约往往又是市场交换关系的法律形式，契约的确立和执行要依附于公正的法律权威。在简单商品经济时代，人们之所以主要借助家族血缘式的信用关系的一个重要原因就在于法制不健全，经济交往常常得不到应有的法制保障，以致即使建立了契约关系，也会遭到强权乃至暴力的破坏。从这个意义上讲，现代市场经济既是契约经济，也是法制经济。而契约经济在其本质意义上又是信用经济。契约具有信用本质特征，违约无异于违信。随着市场经济的发展，隐含在契约中的信用原则日益凸现，信用在市场经济运行中的地位也越来越突出。

（2）市场经济是信用经济，这是一种既基于价值又基于事实的判断。从价值判断看，市场经济是建立在高度分工合作基础上的经济形态，有较高的信用要求。从事实判断看，在一个完善的市场环境中，人们会自觉或不自觉地遵循着各种信用准则和规范。否则，一旦信用关系被破坏，市场经济活动就会受阻。市场经济越发达，对信用要求越高；而信用越普遍化，社会信用度越高，经济活动的成本就越低。所以，信用不仅是市场经济的行为规则，更是市场经济的一种无价的社会资本。

（四）信用对市场经济具有独特的、其他经济活动所不能替代的作用

首先，信用活动对经济增长有一定的拉动力，信用活动的扩大与发展会促进经济进步与经济增长；其次，信用活动使经济活动与交易日益信用化，而经济信用化程度的大幅度提高，有利于扩大产品市场、金融市场等各种要素市场的交易规模，从而拉动投资，促进市场繁荣与稳定；第三，良好的信用制度与健全有效的信用管理体系有助于维护良好的市场经济秩序，使国民经济健康、可持续发展；最后，信用可以使微观经济主体提高经济活动的质量与效率，如企业在利用信用方式采购及开展信用销售的过程中，超常规地

---

① 迈克尔·迪屈奇：《交易成本经济学》，经济科学出版社，1999年，第153页。

发挥了自己的生产、经营与销售能力，提高了企业运作效率；政府利用政府债券向社会公开受信，可以积聚社会闲散资金，用于公共基础设施建设，发展公共事业。

适度的信用规模、合理的信用结构、适当的信用活动对社会经济运行和经济增长有积极的作用，对社会综合发展大有裨益。但是，如果信用活动超出合理的范围，超出企业和个人能够承受的能力，或信用结构不合理，不仅对经济发展没有好处，反而会带来危害。信用是有一定副作用的。从微观来看，如果消费者无计划地过度使用信用，会使自己陷入超前消费和沉重债务负担的泥淖而不能自拔，这样消费者不仅不会享受到信用带来的方便与高质量的生活，反而会助长其贪婪，消费者会因恶性负债而产生扭曲心理和异化行为，从而危害自己、危害家庭、危害社会安全与正常的社会秩序。如果企业不能科学地安排信用活动，过度受信或过度授信，会造成企业债务负担过重、资金周转困难，从而加大生产经营和管理成本，并使其竞争能力下降，不仅可能导致企业破产倒闭，甚至会影响社会经济稳定。从宏观来看，如果信用活动过度，超过社会需求，超过经济增长能够承受和容纳的限度，可能导致国民收入超分配，导致社会积累资金不足、经济发展缺乏后劲，甚至会形成信用膨胀，发生信用危机并引发经济危机。

三、经济信用化

经济信用化是指信用活动日益增加，经济交易中可以用信用来衡量的部分越来越大的现象、过程或发展趋势。导致经济信用化的原因是经济活动中的生产、分配、交换和消费等一系列过程正逐步摆脱对经济主体自身积累的依赖，转而依靠于外部融资。经济信用化是社会经济活动逐渐依赖于信用的演进过程，其实质是信用的增加。

经济信用化程度的提高主要表现为信用总规模的增长超过了经济规模的增长，信用在经济活动中迅速普及；经济主体都普遍采用信用方式与手段进行融资和支付结算；各种主要信用工具都与 GDP 有极强的相关性；信用对经济的作用和影响不断扩大。

经济信用化程度的提高是与信用经济紧密相连的。首先，在信用经济条件下，计算机与通信技术及网络广泛应用，信息普及且容易获得，信息公开且相对透明，这使信息不对称问题得到了较好的解决，增强了经济主体交易的信心，消除了技术与市场障碍，并使信用交易总量上升。其次，由于有了新的交易手段与技术，经济主体可以更加方便和快捷地运用这些技术与手段进行信用交易，导致信用活动广泛存在于经济活动之中。

经济信用化程度可以用信用消费和信用交易为标志的信用经济成分在国民经济中的比重表示，如金融机构存款/GDP、金融机构贷款/GDP、企业债券筹资额/GDP、国债筹资额/GDP 等，也可以用信用总规模相对于经济规模的倍数——AC/GDP 表示。其中，AC 表示信用总规模，指市场经济主体的信用交易总量，即工商企业、消费者、银行信用等经济主体的交易规模，包括工商企业、消费者信贷、企业类债券、股票发行、企业与消费者之间赊销信用规模等。这些指标被称为经济信用化率，用以描述经济信用化的情况。比率越高，表明经济信用化程度越高，信用活动越活跃。

第三节　信用管理

一、信用管理的内涵

信用管理是社会经济管理体系的重要组成部分,也是信用的一个重要方面。信用管理是指社会各方面(包括政府、一般意义上的企业、金融机构、个人以及专业的信用管理机构)以提高社会信用程度、维护信用秩序、保护信用利益为目的,对涉及信用的行为、信息以及各相关主体进行规范、监测、收集、传递等的管理活动。信用管理在今天已经成为社会有序化发展不可或缺的内在规律和重要功能。它不只是企业管理的一部分,也不只是专业的信用管理机构才会涉及的问题,而是涵盖所有经济主体,渗透到经济生活的各个领域、各个方面。

二、信用管理的宏观层次和微观层次

信用管理是个多层次的概念,总的来看,可以分为宏观和微观两个层次。

宏观层次的信用管理是指社会各方面建立健全信用相关制度、组织、方法、机制,有时也被称为"信用治理"。主要内容包括国家制定与信用相关的法律、政策、法规、规章,政府各经济管理部门、信用服务机构、行业组织等对各微观经济主体信用活动进行监测、收集、传递等。宏观层次的信用管理的目的就是通过建立健全社会信用体系、奖优惩劣,从而培育社会信用文化、提高社会整体信用程度、维护市场信用秩序。

微观层次的信用管理是指社会各微观主体,包括政府、企业、个人及各种法人或非法人的组织在宏观信用环境中,遵循法律法规,利用社会信用机制、体系收集和分析其他微观主体的信用,制定自己的信用行为规则、树立自身信用形象、确定与其他微观主体的信用政策,以控制信用风险的方法的总称。微观层次的信用管理的目的就是使微观信用主体在现有宏观信用环境下趋利避害,提高自身可持续发展的能力。

信用管理的宏观层次和微观层次是密切联系的。宏观层次的信用管理是根本,是土壤,微观层次的信用管理是表现,有什么样质量的宏观信用管理就有什么样质量的微观信用管理。只有建成完善有效的宏观层次的信用管理,守信行为得到应有的鼓励,失信行为得到应有的惩戒,才有可能避免劣币驱逐良币的情况出现,才能促使所有的微观主体自觉维护自身信用;只有建成完善有效的宏观层次的信用管理,培育信用服务中介机构,为各市场主体对交往对象进行信用评价提供便利,微观信用管理的基础才能成立。微观信用管理反过来对宏观信用管理也有影响,每个微观主体的信用管理都对其他微观主体的信用行为有表率、激励和约束作用,从而影响宏观信用环境、市场信用秩序。特别是作为主导宏观信用管理的微观主体——立法司法机构、行政机构、信用服务组织等,其自身的信用行为更是对培育社会信用文化、维护市场信用秩序具有重大影响。

三、不同主体信用管理活动的内容

在信用经济中,信用及其管理已经渗入社会经济生活的各个领域、各个方面,信用管理已经成为所有社会经济活动主体实现自身信用活动的目的、维持信用关系的正常运行、防范或减少信用风险而必须进行的一项管理活动。按照主体性质及主体在社会经济体系中的作用不同,可将信用管理主体分为以下5类:政府、工商企业、金融机构、个人以及专业的信用管理机构。不同主体的信用管理活动具有不同的内容。

(一) 政府信用管理活动的内容

政府是国家的代表、行使国家职能的权力机构和公共产品的提供者。具体到信用领域,政府是数据开放的推动者、契约执行的监督者、行业监管的实施者、不良信用行为的惩罚者,还是中央银行体系的建设者、政府信用的主体。

政府的信用管理活动内容较为复杂,主要可以分为两类。第一类是在宏观层次,政府作为管理者,以立法机构、执法机构、信用行业主管部门、信用服务机构、行业协会组织等的各种身份,管理全社会的信用活动。内容包括制定和执行信用管理法律法规,对相关法律进行技术性解释,调控金融机构和零售信用授信单位对市场的信用或信用支付工具的投放,协调征信数据的开放,推动社会信用体系建设,促进与扶持信用管理行业的发展,对信用管理行业进行监督与管理,开办信用管理教育,等等。如美国的《公平信用报告法》等法律法规规定,美国政府在国家信用管理体系中的主要职责是:消费者信用保护类法律法规的执行机构,制定和修订信用类特定法规的主要提案机构,确保受有关法律规范的企业运营的安全稳定,向社会报告违法并造成消费者实质伤害的不公平或欺诈交易等。

第二类是在微观层次,政府是作为一般性市场微观主体参与信用活动,对政府自身信用进行管理的。在管理内容上,第一,主要涉及政府的政策与规则及其贯彻执行的具体措施,表现为政府诚实守信的状况和承诺履约形象,主要通过其公共行政管理活动体现出来;第二,主要涉及政府的经济实力、偿债能力、守信水平,表现为各界最终授信于政府的交易总量,以及由此形成的债权债务关系,主要通过其经济交易活动体现出来。

(二) 企业信用管理活动的内容

企业的信用管理主要是在微观层面上,企业作为一般市场主体参与信用交易而对应开展的管理活动,在内容上有广义和狭义之分。广义的信用管理是指企业在其涉及的各种契约中诚实守信,并对其涉及的各种契约的信用风险进行控制的制度和行为。狭义的信用管理是指企业对客户的信用风险进行控制的制度和行为,其主要内容就是对企业的赊销客户进行管理,所以有时被称为赊销管理。但与传统的财务部承担的应收账款管理不同,狭义的企业信用管理不是消极的事后管理,而是以事前管理为重点进行赊销管理,同时,狭义的企业信用管理的着眼点不仅仅是应收账款本身,还包括进行赊销业务的客户。还有一种狭义的企业信用管理概念要稍微丰富一点,还包括企业为能够获得他人对自己授信而进行的管理,如为了获得银行贷款、上游企业的赊销额度或投资者的投资所进行的企业制度建设、资产重组和财务报表优化等。

目前,一般企业所进行的系统化、制度化的主要信用管理有企业品牌信用管理和企业客户信用管理两类。企业品牌信用管理,主要是指企业在市场中通过诚实守信来树立企业信用形象的管理,通常也被称为企业信誉管理,或称品牌管理。企业客户信用管理就是狭义的企业信用管理,目前企业管理领域所讲的企业信用管理大多数指的就是企业客户信用管理。它涵盖了企业在信用交易全过程中制定信用管理政策、收集客户信息、评估客户信用并进行授信，以及保障债权和回收、处置应收账款等的一系列活动内容，旨在针对客户的信用风险进行识别、评估、分析，在此基础上有效地控制风险，并用经济、合理的方法综合性地处理风险。

（三）金融机构信用管理活动的内容

按照业务经营方式及特点可将金融机构分为三大类：一类是吸收存款，发放贷款，参与存款创造，其经营活动会影响货币供应量的存贷款机构，包括商业银行、信用社等，以商业银行为代表；一类是证券市场的投资中介机构，其业务经营不影响货币供应量，包括投资银行、共同基金等，以投资银行为代表；一类是合约性储蓄机构，其特点是以合约方式收取资金并按合约规定提供资金，投资只是其辅助功能，包括保险公司、退休基金等，以保险公司为主要代表。

在广义上，金融机构信用管理对象包括金融机构自身及其客户两类主体；在狭义上，主要以客户为管理对象。无论是商业银行、投资银行还是保险公司，也无论广义还是狭义，各类金融机构信用管理活动的原理及内容均类似于一般工商企业，特别是在信用政策的制定过程、信用评估以及信用监督方面，金融机构和非金融机构是相同的。两者的不同之处主要在于信用交易发生的频率与规模，以及信用管理的专业化程度。以商业银行为例，它主要是以贷款等资产类业务和授信、保证等表外业务来获取盈利，这些业务也是产生信用风险的主要来源，这决定了商业银行在处理客户信用申请的频率上远比一般工商企业要高；作为专业化经营信用风险业务的机构，商业银行拥有一批专业人员，并且建立了内部信用评级系统来进行风险的识别和评估，在手段上更加专业化。

狭义的商业银行信用管理的内容包括：分析客观经济环境如经济发展周期、货币政策、利率、汇率、金融市场等的变动及发展趋势，制定信用政策（如制定贷款政策）；分析受信主体的经营状况，包括受信主体的法人治理结构、经营机制、借入资金的用途，对受信主体的还款能力、还款意愿进行考察和评估；设置信用担保；定期、不定期地跟踪受信主体信用状况，及时调整授信额度和管理策略；催收信贷资金本息；资产保全；等等。

狭义的保险公司信用管理的内容包括：成立专职的客户信用管理部门，对客户信用信息进行收集、整理、分析、评价，建立客户信息库；严格甄选客户，以便做出是否承保的决定；在防灾防损过程中，充分与客户沟通，了解保险客户的各种情况，制定防灾防损的措施；理赔过程中，根据客户出险情况做出是否理赔的决定；将骗保以及不符合理赔条件且闹事的客户列入保险业“黑名单”等等。

（四）个人信用管理活动的内容

个人信用管理也即消费者信用管理，是在微观层面上个人对自身信用活动加以管理，以达到信用活动的目的，维持与其他经济主体之间信用关系的正常运行。在现代信用经济社会中，个人要立好信用，用好信用，管好信用。首先，个人要非常重视自己的信用记录，维护良好的信用记录，修正不良记录，争取更高的信用评分，这能给自己的就业、借贷和投资活动带来极大的便利和实惠。其次，个人要学会理财，充分利用自己已经建立的良好信用，开展信用活动，把一生中不同年龄段的收入进行合理配置，积极拓宽投资渠道，积累个人财富，保持一定的消费水平，提高生活质量。再次，要合理负债，实现债务和收入的良性循环，避免陷入个人债务危机而导致破产。最后，对授信资产要加强监控，及时了解债务人的信用状况变化，保障自身的权益。

（五）专业信用管理机构信用管理活动的内容

第三方信用管理机构是专业从事各类信用管理活动的中介机构，其主要功能是为市场主体的信用交易提供服务，解决困扰信用交易的信息不对称问题，从而避免诸如“逆向选择”和“道德风险”这样的失信和败德行为。专业信用管理机构信用管理活动的内容主要体现为它们在微观层次上开展的日常业务经营活动。具体地，这些机构及其业务内容有：

（1）征信机构：对信用交易各方提供客户的资信信息，包括对企业的资信调查与评级和消费者个人信用调查；

（2）信用评级机构：对经济主体财务状况、履行相关经济承诺的能力和信用程度进行调查分析，从而综合评价其信用能力并以简明通用的符号表示出来；

（3）信用担保机构：为信用能力不足、缺乏必要担保品的企业获取银行和非银行金融机构的贷款提供担保服务；

（4）商账追收机构：受客户委托从事合法的商账追收服务；

（5）信用保险机构：为进出口贸易、海外投资、消费者贷款等信用交易中授信者承担的信用风险提供保险保障；

（6）保理机构：基于应收账款向客户提供贸易融资、风险担保、应收账款管理等综合性金融服务。

四、信用管理的作用

信用管理是个多层次的概念，内容比较复杂，相对应地，其作用也体现在众多方面。

（一）信用管理是政府管理社会经济的重要手段

信用管理的内容之一是搜集和保存企业、个人乃至政府的信用数据，建立强大、完善的数据库系统。通过对这些数据进行整理分析、加工处理，政府有关部门可以据此进行市场预测，制定行业政策，加强市场引导，使政府部门工作有的放矢、有所侧重。

专业信用管理机构职能复杂而全面，包括搜集征信数据、评估资信等级、担保企业的信誉等内容。政府部门依靠这些机构的协助，基本上可以初步了解企业的资质和发展潜力，以便给予政策倾斜，真正使资金得到合理优化配置，使政府职能得到有效发挥。与此同时，社会经济生活中有了这些机构的公正评估、科学预测、合理担保，就会在社会上形成一种不成文的行为规范，营造出诚信氛围，使人人诚实守信，从而减少政府用于信用风险监管的费用，节约大量人力、物力，使政府部门工作效率更高，事半功倍。

政府要维护社会经济的良性运行，维持良好的市场经济秩序，不仅要依靠法律手段，更要依靠信用管理手段，建立起成熟完善的社会信用管理体系，从而为我国的市场建立一种新的“游戏规则”，保证市场上信用交易成功率的不断提高。根据世界各征信国家的经验，社会信用管理手段之一的失信惩罚机制能够有效地消除绝大部分失信现象的出现，改善市场秩序。如张维迎教授所言，“法律和信用是维持市场有序运行的两个互补的基本机制。与法律相比，信用机制是一种成本更低的机制。特别是在法律无能为力的情况下，只有信用能起作用”。政府通过建立和维护有效的社会信用管理体系，就能够规范社会的信用活动，促进国家或地区市场经济交易手段从原始支付方式向信用方式过渡和转变，创造和规范发展市场经济良好的信用环境，扩大并创造市场需求，保持市场繁荣，促进经济持续增长,促进国家或地区的市场经济走向成熟,为市场经济健康有序发展提供有力的制度保障和稳固的社会基础。

(二)信用管理是现代企业管理的核心内容之一

信用管理作为现代企业管理的核心内容,其重要作用在于通过对客户的信用状况的调查和严密监控来判断每个客户的销售潜力和信用风险,促进企业销售管理的有效开展,保障经营利润,实现企业可持续发展。具体体现在以下几个方面:

(1)可以建立对客户进行全面管理和服务的制度和组织,尽可能多地为客户提供有价值的服务。这种制度和组织以一种由企业多部门通用的描述客户特征的信息共享机制为标志,涵盖销售部门、信用管理部门和会计部门等,使得企业能对客户提供全面的管理和服务,并且,使不同部门可以各司其职。

(2)可以评价客户信用风险,降低赊销带来的损失。信用管理部门评价客户的信用能力,并进行及时跟踪,对不同企业根据资信不同,分别授予不同的信用额度。这些做法可以大大降低客户发生呆、坏账的可能性,提高企业盈利能力。

(3)可以帮助企业捕捉市场信息,加强营销效率。信用管理部门借助资信分析和监测,能准确评价客户竞争力,并及时发现客户竞争力的变化。信用管理部门在与外界征信机构、追账机构接触过程中,也可以获得可开发的客户或需要回避的客户的信息。这些信息对于销售部门制订客户开发计划、调整营销政策将具有十分重要的意义。

(4)可以提高企业营运能力,优化财务指标。在客户信用管理制度建立后,企业应收账款质量将得到提高,主要是应收账款的周转速度和账龄结构将得到改善。客户信用管理不仅不会约束销售,而且能够在合理承担风险的前提下提高销售,所以会增加优质客户的赊销量,表现为销售能力的提升,最终为企业增加净利润。

(三)信用管理为金融机构的管理创新提供新思路

首先,商业银行的内部评级系统是一种建立在信用管理理论基础上的金融管理创新,它需要以科学的信用信息处理方法、资信评级和信用风险计量方法等信用管理技术为基础。当然,考虑到成本、资料来源的限制等问题,资信评估公司的外部评级会继续发挥作用,拥有内部评级系统的银行的一部分业务仍然会委托专业的评估公司去做,而对目前还没有能力建立内部评级系统的银行而言,外部评级是重要的参考。

其次,信用管理为金融机构坏账的管理提供新的方法和手段。信用管理有利于提高银行对不良贷款的盘活能力和债权资金的回收能力。银行对不良债权的处置不应以卖为主,更不能仅仅依靠准备金冲销,这种管理思路会极大地蚕食银行的获利能力,可以由信用管理部门借助信用服务机构和资本市场的力量来完成。

另外,信用管理还为金融服务创新奠定基础。无论是银行还是证券公司等其他非银行金融机构,都需要提高开发客户和关系营销的能力。充分利用征信数据库挖掘客户信息,向优质客户提供包括信用结算方式等便利在内的全套服务,能够大大提高金融机构服务的针对性和吸引力。信用管理是金融机构进一步改进服务的重要手段。

(四)资信评估促进资本市场功能的正常发挥

资信评估是信用管理重要内容之一。首先,资信评估公司可以对各类公司及其发行的债券等金融工具做出公正的信用等级评定,揭露投资风险,提高投资透明度,防止欺诈行为,维持市场秩序。作为一种重要的社会监管力量,其监管范围更广、弹性更大、包容性更强，比政府监管部门的监管更加市场化，有利于资本市场良性发展。

其次，资信评估已经成为进入国际市场融资的必要通行证。一般债务发行人如果只是向当地投资者发行债务，可能并不需要评估，但是，如果准备在国际资本市场上发行债务，那么，由于知名度不大，信誉影响不广，国际投资者对其不是很了解，资信评估就变得极为重要。特别是以外币发行债务时，就更需要得到国际承认的资信等级，这已成为国际融资的惯例。进一步地，对债务发行主体来说，资信评估可以扩大投资者范围和降低筹资成本。例如，一个中等规模的欧洲公司通过国际资信评估则可以进入日本筹集资金，这往往会比它在国内筹资得到更有利的条件。从宏观上说，这说明资信评估有利于提高资本市场的效率，使资金得到更有效的配置。

另外，资信评估活动可以为投资者指路，使投资者能够在金融创新中不断增加的五花八门的金融工具面前，得到来自专业机构提供的信用评价作为参考，从而有效地回避信用风险，这在宏观上起到了促进社会投资，刺激经济发展的作用。

（五）信用管理为信用风险管理提供了支持

信用风险管理是信用管理的有机组成部分，但是信用管理不限于信用风险管理，信用管理还包括征信、评级等内容。信用风险管理是在具体的信用活动中进行信用管理所使用的主要手段之一，它的发展和完善对于信用管理的科学化具有重要的意义。只要有交易对象，就有违约风险和信用风险，任何信用活动都不例外，尤其是商业银行、投资银行、保险公司等专业化从事信用交易的金融中介机构，信用风险是其日常经营面对的主要风险，信用风险管理对其尤为重要。一个有效的信用管理体系可以积累和披露大量的有价值的信用信息，可以丰富违约风险的防范方法和对违约者的惩戒方法，为信用交易主体进行信用风险管理提供有力支持。

（六）个人信用管理是提高生活质量的重要手段

个人通过有效的信用管理，不断积累自身良好的信用记录，能够帮助自己在应聘时获得对方的好感，增强就业竞争力；能够在向金融机构借贷时获取更高的信用评分，成功获得借贷并享受更加优惠的条件；能够在从事投资等商业活动时赢得合作伙伴的信任，推动事业顺利发展。个人进行有效的信用管理，充分利用自身的良好信用进行理财，可以增加投资额度，获取更多回报；也可以提高消费预算，提升消费水平。个人进行有效的信用管理，不仅可以引导个人合理负债，避免陷入债务危机，而且会促使个人更加关注债务人信用状况变化，更好地保障自身债权。

五、信用管理与信用活动的关系

信用管理与信用活动的关系是：信用管理为信用活动服务并与其相互融合。

一方面，信用活动的发生必然伴随着信用风险的存在。信用活动的一大共性就是具有时间间隔性，即承诺在先，履约兑现在后。只有经过一定的时间间隔，全部的交易活动完成后，才能知道对手是否兑现以及兑现的程度，才能了解信用活动的具体结果。信用活动具有的这种时间间隔性，使得信用活动天然具有风险性。享受在先，履约在后，也使得失信者有可乘之机。在追求自我利益最大化的动机驱动下，不守信用，有借不还就可以无偿地占有、享受别人的财产，失信的激励天然存在。信用管理可以控制和降低信用风险，以利于信用活动的开展。信用风险无处不在，使得信用活动往往不能顺利进行，需要信用管理的支持。信用管理是为信用活动服务的,其根本目的就是提高信用活动的质量,保障授信人的权益,使信用活动的开展更有效率,从而促进信用活动的发展。

另一方面,信用活动和信用管理都属于信用的基本范畴。对于建立了信用管理制度的企业、银行等组织机构和有较强的信用管理意识的个人而言,信用管理和信用活动相互交融,信用管理已经成为信用活动的有机组成部分,是开展信用活动的必要环节。举个例子,某企业要决定是否对客户授信,首先就要进行客户信息的收集和分析,解读征信机构的客户信用报告,利用信用分析模型对客户的信用级别进行科学分析(信用管理活动的内容)。在此基础上,才能做出对客户信用期限、信用额度、信用条件等的授信决策(这部分是传统信用活动的主体内容)。并且由于时间间隔性,现代信用活动还要求企业选择正确的结算方式和实行信用风险转嫁,以使企业的债权得到合理安全的保障,对应收账款进行适时的管理和监控,对拖欠账款进行及时追收等(信用管理活动的内容)。信用管理活动渗透到现代信用活动的各个环节,丰富了信用活动的内容。两者除了服务与被服务的关系之外,更多的是相互依存,相互融合,日益形成一个密切不可分的有机整体。

本章小结

信用是指在经济交易中"信守合约、诚实交易",使交易主体在交易达成前获得对方信任,在交易达成后摈弃机会主义行为,从而成为促成与维护交易活动成功进行的要素。它是伦理道德规范、制度规则、主观意愿、客观能力等诸要素的统一体。信用作为一种特殊的商品,具有契约性、风险性、财产性、收益性、公共性等特点。

信用结构是指信用活动过程中所形成的各种信用要素、信用形式、信用类型的构成状态。其基本结构则是指经济交易活动中所产生的信用行为和信用关系内部各要素的组成及其耦合状态,其构成要素主要包括信用主体、信用客体、信用条件、信用载体、信用内容、信用方式等。

信用机制可以定义为信用意识、信用行为、信用关系、信用制度之间以特定方式和规律相互依存、相互制约而形成的内在有机联系。

信用机制是适应商品经济和商品交换发展内在要求的必然结果,是对经济主体的制约机制,它的建立和完善对于保证市场经济正常、稳定、有序进行提供了重要的制度保障。信用机制也是一种社会机制,具有约束、稳定和信任等功能。

信用的划分标准与方法较多,按行为主体不同可分为个人信用、组织信用、国家信用;按信用交易的性质不同可分为公共信用、银行信用、商业信用和消费信用。

信用经济是以信用为纽带进行生产、分配、交换、消费的经济活动。信用经济是市场经济发展的高级形态,市场经济由无序到有序的发展过程就是信用经济的形成过程。

信用管理是社会经济管理体系的重要组成部分,也是信用的一个重要方面。它是指社会各方面以提高社会信用程度、维护信用秩序、保护信用利益为目的,对涉及信用的行为、信息以及各相关主体进行规范、监测、收集、传递等的管理活动。信用管理主体包括政府、企业、金融机构、个人以及专业的信用管理机构。不同主体的信用管理活动具有不同的内容。

重要概念

信用　信用交易　信用信息　信用行为　信用工具　信用产品　信用主体　信用客体　信用条件　信用载体　信用内容　信用方式　信用机制　信用意识　信用关系　信用制度　个人信用　组织信用　国家信用　公共信用　银行信用　商业信用　消费信用　信用经济　经济信用化　信用管理

思考与练习

1. 什么是信用？经济领域的“信用”与“诚信”、“信誉”等概念有什么区别和联系？
2. 信用有哪些基本种类？
3. 信用机制是如何演变的？具有什么功能？
4. 信用经济具有什么特点？
5. 试阐述信用经济和市场经济之间的关系。
6. 什么是信用管理？不同经济主体进行信用管理的内容是什么？

第二章　社会信用体系

第一节　社会信用体系的内涵和框架

一、社会信用体系的内涵

社会信用体系也称国家信用管理体系或国家信用体系。学者们对其内涵的界定并不统一，有广义与狭义之分。

最广义的定义如“是为保证社会信用活动得以正常开展的相关内容的总和”。

国务院研究室的专家认为，社会信用体系包括社会信用制度、信用市场体系以及公众的信用意识这 3 个方面的内容。在此基础上，将社会信用体系建设的基本目标界定为：“形成以道德为支撑、产权为基础、法律为保障的市场经济条件下的现代社会信用制度。与现代信用体系相关的法律法规、信用服务企业主体、信用制度和诚实守信的社会环境基本形成，信用市场体系有较大发展。全社会的信用意识和信用道德水平显著提高，社会失信行为得到有效遏制，市场经济秩序明显好转。”这也是一个广义的界定。

国际信用评估与监督协会（简称 ICASA）认为，一个人或单位做了失信的事，将同时受到两种惩罚：一是法律惩罚，即国家机关依据法律法规对失信者做出的民事、行政或刑事制裁；二是社会惩罚，就是当人们知道某个人或单位不讲信用时，都不愿意和他或某单位再打交道，此人或某单位将陷入孤家寡人的窘境。一个国家或地区的诚信度，就取决于上述两个惩罚的力度。对失信者的社会惩罚机制就是社会信用体系，它是以信用信息的收集与传播为主要手段的。如果社会惩罚机制不科学或不健全，对失信者的社会惩罚力度就会很弱。社会惩罚是对失信者的法律惩罚的有力补充，两者共同决定着一个国家或地区的诚信度。相应地，社会信用体系的基本框架包括：信用信息数据库、信用行业的发展与自律管理以及信用评价标准。显然，这一定义不是对社会信用体系进行全面的考察或进行一般理论分析，而仅仅是从现实社会出发界定失信的法律惩罚和社会惩罚，于是将社会信用体系界定为对失信者的社会惩罚机制。此定义下的社会信用体系是一个维护信用秩序的技术系统。这是一个典型的狭义定义。

从理论分析和进行全面考察的需要出发，本书采用广义的定义——社会信用体系是把各种与信用相关的社会力量有机结合起来，共同促进信用的完善和发展，制约和惩罚失信行为，从而保障社会秩序和市场经济正常运行与发展的一整套管理体制。它是一种社会综合管理机制，由信用立法与执法、信用管理行业运行惯例与约定、社会信用行为与道德规范、失信惩罚机制、信用文化与教育等多个子体系共同作用、交织形成。其内容包括：在一国范围内制定各项信用法律法规以确保社会信用交易的正常开展；建立各种国家信用管理机构、信用数据信息征集管理机构、信用经营服务机构等为信用活动提供便利；依靠失信惩罚机制制约和惩罚失信行为；同时开展信用管理教育培养信用管理人才，为信用体系建设和信用管理储备力量。

社会信用体系主要作用于一国的市场规范，旨在建立一个适合信用交易发展的市场环境，保证一国的市场经济向信用经济方向转变，即从以原始支付手段为主流的市场交易方式向以信用交易为主流的市场交易方式的健康转变。从长远看，它可以建立一种新的市场规则，创造良好的社会信用环境，使社会资本得以形成，直接地保证一国的市场经济走向成熟，扩大一国的市场规模。

对于一个国家而言，只有当其社会信用管理体系比较健全，才能够保证以信用交易为主要交易手段的市场经济的健康发展。美国等发达国家的信用活动能促进经济增长良性循环，在很大程度上是由于它们长期以来重视信用制度与管理，建立健全并有效运行了社会信用体系。对于经济主体而言，在社会信用体系健全的国家进行信用交易时，只要自身具备信用管理功能，便可能在一定程度上消除与交易对方的信息不对称障碍。当一个国家具备适应信用交易的软环境，信用行业发达，相关法律完善有效，信用交易的成功率高，信用体系比较健全，这样的国家便被称为"征信国家"。作为一个征信国家，一般具备如下基本特征：经济形态以市场经济为主体；信用交易占市场交易的绝大份额；普遍建立了比较完善的信用管理法律体系；各类征信数据开放，并与其他征信国家对等开放；信用服务行业、企业、市场成熟，信用管理服务门类齐全而且普及；企业单位的平均信用管理水平高，在国际贸易中享有良好的信誉。

二、社会信用体系的功能

（一）降低信息不对称

信息传递迅速和流畅是降低失信行为可能性的重要条件。但是，实现信息的对称存在法律上的障碍：对于自然人信息，存在保护隐私权的问题；对于企业信息，存在保护商业秘密的问题。隐私权是一项独立的人格权利，是自然人就个人私事、个人信息等个人生活领域内的事情不为他人知悉、禁止他人干涉的权利，包括个人信息的保密权、个人生活不受干扰权和私人事务决定权。作为自然人的一项人格权，隐私权在性质上是绝对权，其他任何人都负有不得侵害的义务。商业秘密是不为公众所知悉、能为权利人带来经济利益、具有实用性并经权利人采取保密措施的技术信息和经营信息。为了保护商业秘密权利人的经济利益和竞争优势，维护社会经济秩序，各国法律原则上都对商业秘密提供法律保护。当商业秘密被他人非法侵犯时，法律可以对权利人提供司法救助。

社会信用体系首先就是要在保护隐私权和商业秘密的同时，对可以合法公开或合法相对开放的信息进行界定，对采集的形式、开放的形式作出专门的规范。其次，社会信用体系还对可以公开或相对开放的信息提供公开和传递的平台，促使有关信息能被交易各方便利、可靠地获取。

（二）提升交易效率

社会信用体系提升交易效率的功能，主要表现为交易总量的增加、交易成功率的提高，以及交易成本的降低。

在信息不对称的条件下，市场经济主体总存在着对交易结果不确定性的担忧，进而影响其交易的积极性。依靠社会信用体系中的信用信息管理系统，人们能够更容易地识别声誉良好的交易对手，发现履约可能性高的信用契约。信用评级机构给出的简单明了的信用等级，方便了投资者选择复杂多样的信用产品。现实中就不乏这样的事例：投资者购买了某衍生类信用产品，但他们实际上却不了解该产品的设计原理，之所以购买是因为某著名评级机构给予了最高的信用等级。这实际上降低了投资所需要的专业知识门槛。相关信息越充分，交易者就越容易找到适合自己的交易方式和品种。信息的透明化其实增加了高风险交易的数量。譬如，20 世纪 70 年代末至 80 年代初，美国的信用评级和垃圾债券市场都经历了一个发展高峰，两者之间显然存在相互推动的关系。有了征信数据库带来的充分信息，电子商务、资产证券化等新型交易方式与工具也才得以发展起来。

诺思指出："专业化和劳动分工导致交换的指数倍增，在生产率上形成了巨大的收益，然而，来自这些交换的交易费用上升的代价也是很高的。"[①]社会信用体系正是人类降低工业化、市场化之后的交易费用的自然选择。一方面，社会信用体系对信息的集中化、专业化处理，节约了交易者的信息成本；另一方面，社会信用体系增加了成功交易的数量和交易总收益，也导致信息总成本在交易总收益中所占的比例降低。从社会经济的总体运行来看，信用信息服务机构的收入就是部分节约下来的交易费用。

（三）支持企业内部信用管理体系的建立

没有社会信用体系，市场上容易出现"劣币驱逐良币"的现象，企业内部的信用管理体系难以建立。不良企业通过乔装打扮或各种违规手段获得交易机会，由此产生的大量信用缺失行为，使得市场效率较低，市场主体不敢轻易进行信用交易，守信企业反而难以进行信用交易。

没有社会信用体系中的征信服务、信用评级等机构，企业内部的信用管理无法开展，因为许多信息的采集成本已经超过企业可以承担的程度。企业只能停留在以现款交易的基础上，或者进行传统的应收账款管理。

因此，一个相对完备的社会信用体系是促使企业进行自身品牌信用管理和客户信用管理的基础。

（四）维护社会信用秩序

如果将现代社会看做是一个社会成员高度流动的松散组织，那么社会信用体系的出现，极大地弥补了松散组织中信息不透明的缺陷，强化了非正式制度的惩戒作用，与正式制度一道共同维护着社会信用秩序。

由于社会信用体系具有提升交易效率的功能，交易中的信息处理模式发生了自发的

---

① [美]道格拉斯 C 诺思：《经济史中的结构与变迁》，陈郁，等译，上海三联书店、上海人民出版社，1994 年，第 8 页。

演变,越来越多的主体根据来源于社会信用体系的信息作出决策。对交易者特别是融资需求者而言,信用记录在一定程度上带有交易准入证的性质,关系到他们能否获得交易机会。征信国家中,即使个人具有极强的履约意愿与能力,但如果缺乏信用记录,他也很难获得贷款。这就形成了一种无形的压力,迫使各主体与信用信息服务机构合作。为满足信息使用者的需要,信用信息服务机构也有收集失信者信息的动力。

利益的合力推动了信息来源覆盖面的不断自我扩展。社会信用体系不仅成为解决单个交易中信用信息约束的重要手段,而且还成为对社会经济具有全局性影响的系统。在几乎所有市场经济国家的融资活动中,较低信用等级主体通常需要支付更高的利率。基于对切身利益的考虑,守信者更愿意向社会信用体系提供信息,并尽量保持自己良好的信用记录,同时部分有过负面信息记录的人也有改正错误或过失的动机。而由于信用信息服务机构之间存在竞争,维持信息使用者对自己的信任成为竞争成败的关键。为此,信用信息服务机构不断地进行识别失信者的技术创新,客观上增加了欺诈的难度,压缩了失信者的行为空间。

随着社会信用体系的运行,相关经济主体的行为模式会渐进地发生改变,起初在制度约束之下被动地守信,经过日积月累,逐渐内化为个人的习惯或自觉,最终转化为主动的守信。

无论是从信用主体因害怕受到社会惩罚而选择被动守信,还是从质变后的主动守信来看,社会信用体系作为促进主体诚实守信的社会机制,其维护社会信用秩序的功能毋庸置疑。

(五) 培育社会信用文化

培育社会信用文化是发展社会主义市场经济的一项紧迫任务,不但关系到经济领域的健康发展,而且影响到社会领域的文明进步。假冒伪劣、欺骗诈骗之类的消极现象泛滥,不正当竞争行为盛行,都与市场主体的知识、理念、道德、价值取向有关,而深藏在行为背后的知识、理念、道德、价值取向就属于文化问题。只有从提高市场主体素质特别是文化素质入手,才能从根本上解决信用问题。所以积极倡导信用文化,使诚实守信的观念深入人心,比法制的约束更具有深远意义,诚实守信将是每个企业和个人未来最重要的社会资本。

国家信用体系的建立,将会制定完善合理的信用管理教育大纲,安排科学实用的信用管理教育课程,从专业教育和业余培训两方面双管齐下,进一步规范我国的信用管理教育,逐步向先进国家看齐,社会上懂得信用管理的人多了,也就会营造一种良好的信用环境和诚信氛围,使信用文化得到推广,信用意识得以宣传普及和深入人心。

三、社会信用体系的框架

社会信用体系是由信用生产、交易、保障、约束、监督、培育等各个环节组成的有机整体,涉及的信用主体规模庞大,类型复杂,需要政府、信用管理当局、信用中介组织、企业、金融机构和居民个人等主体共同参与和密切配合,涵盖制度、体制、组织、技术、法律、道德、文化等不同层面。按照考察方法与分类标准的不同,其基本架构包含着不同的内容。

(一) 不同的信用主体

按照信用主体来分,社会信用体系包括个人信用、企业信用和政府信用 3 个子系统。

个人信用体系是管理、监督和保障个人信用活动的制度、市场和机构等的总和，主要为证明、解释和查验自然人信用情况提供依据，并规范个人信用行为，提高其守信意识；企业（政府）信用体系是管理、监督和保障企业（政府）信用活动的制度、市场和机构等的总和，是证明、规范企业或政府信用活动与信用行为的基本依据。个人信用活动往往与个人消费、税收缴纳联系在一起，主要形式有商品赊销、分期付款销售、消费信贷等。政府信用则主要体现在国债清偿、币值稳定性、政策稳定性和透明度、对国有企业和垄断行业的态度、对地方利益的态度等方面。由于政府是规则制订者，其他一切经济主体的活动都必须在政府引导、规范和约束所形成的行为空间内进行，因此，政府信用在上述3个子系统中是基础，是制度保证。

（二）不同的组成模块

社会信用体系的基本功能是保证信用交易的成功，维护市场交易秩序，其基本运作机理是通过对个人、企业等在经济活动中所产生的大量有用信息的搜集和加工整理，形成信用产品，以克服在信用交易中普遍存在的信息不对称现象，彰显并奖惩优劣；同时，它依靠国家法律的强制性作用，对信用交易及信用管理相关行业进行监督和管理。其组成模块主要有：征信系统，包括征信数据的搜集、分类加工、交易、披露使用等；服务系统，包括资信评估、信用担保与保险、商账追收、信用管理咨询；法律系统，如信用信息交易的规范和对失信的惩罚机制等；文化系统，如信用文化与道德的培育与弘扬等。各模块前后衔接、不可或缺、共同作用，促成社会信用体系目标功能的实现。

（三）不同的作用机制

如果从纵向角度考察，将社会信用体系运行机制总体功能目标进行分解，则可得到按不同作用机制加以分类的内容，包括信用保障机制、信用信息征集机制、信用评价机制、信用管理机制、失信惩罚与守信奖励机制、信用信息披露和快速反应机制、信用教育与培育机制、信用辅助机制等。其中，信用保障机制由一套完整的法律法规体系构成，主要功能是对社会信用体系运行机制的确立和实施提供法制保障，旨在明确信用主体行为的法律责任、保障社会信用资源共享、维护信用关系、保护债权人合法权益、惩处失信行为。信用信息征集机制、信用信息披露机制共同组成信用信息管理机制，其核心是信用信息管理系统，后者是社会信用体系运行的心脏，主要功能部件包括征信数据库、信用信息检索平台和信用信息运营与传输系统。需要指出的是，计算机网络是信用信息管理系统运作的重要基础，是信用信息储存、加工、传输的主要手段，是现代信用管理体系得以低成本、可持续运行的关键所在。失信惩罚与守信奖励机制是一套识别守信者和失信者，并确保守信者得到利益、失信者付出代价的机制，其功能在于综合运用经济手段和道德谴责手段，惩治失信行为，将失信者从主流交易中清除出局，同时对守信者给予政策倾斜，降低他们获取资金、技术、服务的门槛，提供他们各种交易便利。信用信息快速反应机制以信用信息管理系统尤其是信用信息披露机制为基础，其作用机理可描述为：市场主体的失信行为被相关部门及时发现，并迅速采取措施将失信的负面效应降低到最低限度，同时，失信主体的不良信息通过足够多和适当的传递渠道得以传播，失信行为被置于广泛的舆论声讨之中。信用教育与培育机制是集伦理道德建设、信用文化营造、信用专业人才培养于一体的自律机制，其功能在于将法治和德治、教育和管理紧密结合起来，提高全社会的思想道德水准，增强全民信用意识。信用辅助机制是指在社会信用体系运行中起辅助作用的相关机制,涵盖内容较多,宏观上包括企业产权制度、企业破产制度、社会保障制度、存款实名制度、抵押制度和信用担保制度等;微观上包括企业内部信用管理制度等。

(四) 不同的运行层面

社会信用体系涵盖了多个层面:一是道德与文化,成熟的信用文化与良好的道德风范能有效地约束经济主体的行为,这是社会信用体系的隐性层面;二是法律与制度,是最具强制力的层面,决定了信用治理行为涉及的领域、指向和深度;三是组织体系,必须有相应的组织机构来实施信用治理行为;四是交易及技术层面,如信用信息系统的建立以及系统间信息网络化的建设,新兴信用交易工具的开发与应用等,这一层面在一定程度上决定社会信用体系的效率与效果。

综上所述,社会信用体系具有多元性特征,由各种规定性复合而成,是由信用主体、信用关系、信用制度和信用法规以及信用组织管理体系所组成的有机系统。上述内容的基本结构如图 2-1 所示。

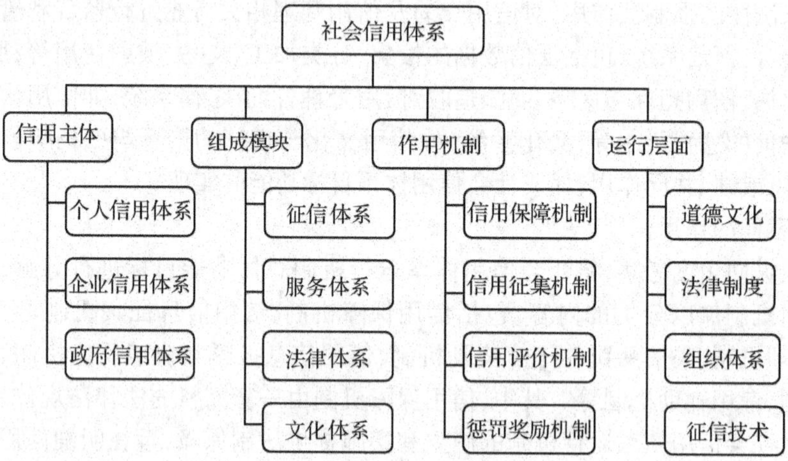

图 2-1　社会信用体系的框架

四、社会信用体系的主要内容和构成

从组成模块这一横向角度看,社会信用体系主要由法律体系、征信体系、服务体系和文化教育体系组成,另外还包括企业信用管理体系和失信惩罚机制。

(一) 法律体系

健全的信用法律法规体系是社会信用体系的前提。在建设社会信用体系的过程中,要求有完善的信用法律体系进行考量和规制,从而保证不造成新的社会问题,以免顾此失彼。同时,在社会信用体系建设完毕后的运行过程中,同样需要法律对其进行规制,来保证社会信用体系不走向它的反面。总的来说,没有法律体系,信用体系就无从成立。信用法律法规体系包括详细而具体的法律规定和必要的执法、司法机制,涉及信用交易的监管、信用信息采集的规范、信用数据库的开放、信用管理的规范等各项内容。市场经济发达国家都建立了比较完善的信用法律法规体系。美国在信用管理上的相关法律法规已有 16 部,涉及信息采集、加工、传播、使用等各个主要环节。欧盟不仅制定了与信用有关的国内法律，而且共同制定了在欧盟所有成员国范围内都有效的信用法规。信用法律法规体系要界定和处理好3个关系：一是界定和处理好政府行政公开与保护国家经济安全的界限；二是界定和处理好商业秘密和公开信用信息的界限；三是界定和处理好消费者个人隐私与公开信用信息的界限。

（二）征信体系

征信体系包括信用信息数据库、数据共享平台和制度、征信机构，有时也把资信评估行业列入其中。征信体系是社会信用体系的重要技术平台，是现代信用服务体系高效运作的技术支持。信用信息运用数据技术后，能为各行为主体低成本地提供各种信用数据，为其信用决策提供依据。信用信息的完整性、标准性直接决定信用信息的有效性，信用信息的有效性是信用产品质量的核心。一个涵盖工商、税务、贸易、劳动人事、法院、银行等领域的开放的基础信用信息数据库，是信用数据技术支撑体系的重要组成部分。

（三）信用服务体系

信用服务体系是社会信用体系的实体机构支持。信用服务业承担着信用信息采集、加工、处理、传播的功能，在防范信用风险、促进信用交易方面发挥着重要作用。从狭义上说，信用服务行业包括征信行业、资信评级业、信用担保业、保理业、商账追收业、信用保险业等。从广义上看，信用服务行业还包括为信用交易提供信贷和各种支付凭证、信用证等的金融中介机构（如银行和各种非银行金融机构）。信用产品主要是由信用服务各行业提供的信用信息、信用调查报告、资信评级报告，以及信用金融衍生品等。信用产品市场是现代信用体系高度发达的产物。

（四）诚信文化教育体系

诚信文化教育体系是社会信用体系的文化基础，是促进信用体系不断发展和提高全社会信用修养的动力来源。全体社会成员的诚信意识提高了，市场主体的守信意识增强了，现代信用知识增加了，自我约束和自我保护能力增强了，社会信用体系的不断完善就有了坚实的基础。尤其是信用管理正规教育，如成立专门的学院进行教学，能够培养和造就信用管理专业人才，满足人才市场的需要，提高信用管理人力资源专业素养，推动信用建设相关的研究，推进社会信用体系的尽快建立。

（五）企业信用管理体系

企业信用管理体系是企业作为主要市场经济主体所进行的、对其所涉及的信用行为进行科学管理的内部制度和外部机制的综合体系。企业信用管理体系微观上指企业在市场交易过程中，建立和维护自身信誉，以及保障债权、控制客户信用风险的战略、制度、组织和流程等的总称。宏观上的企业信用管理体系是指政府、司法机构、市场信用服务机构等对企业进行信用规范、监督、评价等，促使企业在社会经济活动中保持良好信用行为的各种法律法规、机构的总称。企业信用管理体系对于提高企业信用程度、控制企业信用风险有着重要作用。企业信用管理体系的健全是控制社会系统信用风险、扩大社会信用交易规模和提高信用交易程度的前提。如果企业普遍建立了信用管理体系，整个市场经济的信用程度就有了基础。

（六）失信惩戒机制

失信惩戒机制是社会信用体系正常发挥作用的有力保障。对失信者和失信行为不能给予及时、有力的惩戒，就是对失信者的鼓励，对守信者的惩罚。失信惩戒机制运用法律、行政、经济、社会等多种手段,奖优罚劣,使失信者付出与其失信行为相应的经济和名誉代价,直至被市场淘汰;使守信者得到各种方便和利益,获得更多的市场机会,不断发展壮大。进而可以帮助市场交易者树立诚信意识,自觉遵守信用秩序。失信惩戒机制主要有5类:一是由政府综合管理部门做出的行政性惩戒;二是由政府专业监管部门做出的监管性惩戒。这两类惩戒都是由政府部门采取记录、警告、处罚、取消市场准入、依法追究责任等行政管理手段,惩罚或制止违法违规或失信行为。三是由金融、商业和社会服务机构做出的市场性惩戒。主要是对信用记录好的企业和个人,给予优惠和便利,对信用记录不好的企业和个人,给予严格限制。四是通过信用信息广泛传播形成的社会性惩戒。主要是使对交易对方的失信转化为对全社会的失信,让失信者一处失信,处处受制约。五是由司法部门做出的司法性惩戒,主要是依法追究严重失信者的民事或刑事责任。

以上社会信用体系各个子体系是紧密相连、相互作用的,在一些方面可能是相互交融的。如失信惩戒机制实际运作离不开完善的相关法律法规的支持,法律手段是实现失信惩戒的重要手段之一;健全的征信体系和信用服务体系则可以为企业信用管理体系提供良好的条件;诚信文化教育体系的发展离不开各子体系的发展,又有提升社会信用体系的功效。

第二节　征信国家的社会信用体系

社会信用体系因为具有防止商业欺诈、防范金融风险、保障经济主体合法权益、维护市场经济秩序、提高信用交易效率等重要作用而受到各国普遍重视,征信国家一般都建立了比较完善的社会信用体系并形成了各自的特色,概括起来主要有两种模式:一是以美国为代表的模式;二是以欧洲国家为代表的模式。

一、美国的社会信用体系

美国是世界上信用管理行业最发达的国家之一,信用制度的发展有着悠久历史,经过漫长的市场磨砺和进化演变,到20世纪80年代已趋于完善,形成了特色鲜明、运作规范、体系健全、功能齐备、服务高效、支撑有力的社会信用体系。这一体系由行业征信系统、信用服务机构、信用需求主体、信用监管以及信用保障与支持体系共同构成,见图2-2。

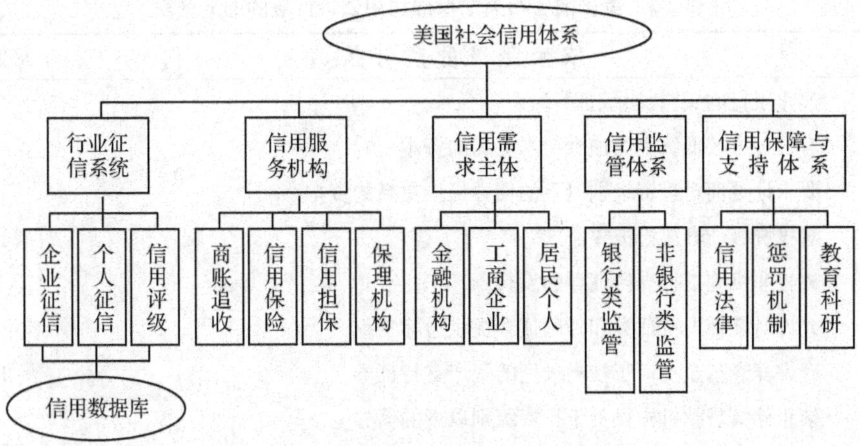

图 2-2　美国社会信用体系架构示意

（一）美国社会信用体系的特点

1. 信息公开的法制保障机制

20 世纪 60 年代起，美国通过颁布实施《信息自由法》、《联邦咨询委员会法》、《阳光下的联邦政府法》、《公平信用报告法》等数项法律，建立了信息公开制度，在保证与信用信息有关的信息披露公开透明的同时，重点在法律上界定好 3 个关系：一是信息公开和保护国家秘密的关系；二是信息公开和保护企业商业秘密的关系；三是信息公开和保护消费者个人隐私权的关系。这些征信企业在法律框架下能够合法地获得大量信用信息。尤其是前 3 个法律的颁布，改变了行政机关对政府信息的态度，是美国政治、法律领域一次革命性变革。其核心思想是，原则上所有政府信息都要公开，不公开即保密是例外；政府信息具有公共产品的性质，所有人获得信息的权利是平等的；政府对拒绝提供的信息负有举证责任，必须提供拒绝的理由；政府机关拒绝提供信息时，申请人可以向法院请求司法救济。

2. 对信用产品和评级结果的自觉而广泛的运用

美国政府注意为信用产品的应用创造市场需求。特别是金融监管机构和州政府，越来越多地利用评级结果，作为确保银行、保险公司及养老基金，能使其所持固定收入或证券组合维持在足够信用水平上的一种保障。美国政府利用多种手段引导更多的交易者参加信用评级或利用评级结果：一是在法律中对此作出明确规定；二是监管机构与信用等级有关的规定；三是储蓄协会所作的规定。表 2-1 是美国相关监管法律法规中依赖评级的部分列表。通过这些措施的有效实施，使绝大多数经济主体都能将聘请评级机构评级和运用评级结果作为一种自觉行为，从而为信用体系的健康发展创造了广阔的市场需求。

表 2-1　美国监管相关法律法规中依赖评级的部分列表

年度	依赖评级的监管条例	最低级别
1936	禁止银行购买“投机级证券”	BBB
1951	对发行方较低级别的债券要求更高的资本	NA
1975	要求证券商对投资级别以下的债券提供更高的资本	BBB
1982	对投资级债券放松披露需求	BBB
1984	放松非机构抵押支持证券的发行	AA
1987	允许对抵押支持证券和外国债券提供边际贷款	A
1989	允许养老基金投资于较高级别的资产支持证券	BBB
1989	禁止储蓄贷款机构投资于投资级别以下的债券	A1
1991	要求货币市场共同基金持有有限的低级别商业票据	BBB
1992	免除特定资产支持证券的注册	AAA
1994	对银行和储贷机构持有不同类别的资产支持证券提供不同的资本要求	BBB
1998	交通部门仅能对投资级别的项目提供延期信用支持	BBB
1999	限制国家银行建立金融分支机构的能力	A

资料来源:袁敏,《资信评级的功能检验与质量控制研究》,立信会计出版社,2007 年。

3. 消费者合法权益的保护机制

美国法律对消费者的保护体现在 3 个方面:(1)保护消费者的隐私权。如《隐私权法》规定,禁止行政机关在取得个人书面同意前,公开被记录人的记录。个人有权知道行政机关是否存在关于自己的记录及记录的内容,并要求得到复制品。个人认为关于自己的记录不正确、不完全或不及时,可以请求制作记录的行政机关进行修改。(2)保护消费者获得公平信用报告的权利。如相关法律规定,信用局必须采取合理的程序收集和公开消费者有关信息;信用报告只能用于信贷、保险、雇佣、获得许可证或其他好处、商业交易;对于负面信息,在法律规定保存的年限以后,信用局必须在信用报告中删除。(3)保护消费者不受到骚扰的权利。

4. 征信服务的市场化运作模式

美国的社会信用管理体系,是一种完全以民营市场化运作方式为主体的信用模式。这种模式的突出表现是在完善的信用法律体系和政府监管体系的框架之下,形成了独立、客观、中立、公正的,按照现代企业制度方式建立,符合市场经济规律并依据市场化原则运作的征信系统,其具有以下明显的特征:

(1) 机构组成方面,美国的信用调查机构主要由私人和法人投资组成。美国没有公共信用调查机构,其信用报告几乎全部由民营调查机构提供。

(2) 信息来源方面,民营征信机构的信息来源广泛。在美国,消费者个人征信机构的信用信息除了来自银行和相关金融机构外,还来自信用卡发行公司和商业零售机构等。其方式是由征信公司与信息提供者自愿签订协议,由后者向征信机构定期提供信息。企业征信公司搜集的数据来源则主要是美国各公司定期提供的公司内部信用信息和一些政府公共信息。但多数银行不向征信机构报告企业具有保密性的信贷数据。

(3) 信用信息内容全面。征信机构不仅征集消费者的负面信用信息,而且征集正面信息。特别是在对纳税人的基本信息数据、税收信息、企业地址、所有者名称、业务范围和损益表以及破产记录、犯罪记录、被追账记录等方面,征信机构的数据更多、更全面。

(4) 服务范围方面,美国消费者信用数据的获取和使用要受信用法律的约束,只有在法律规定的原则和范围内,才能使用相关的消费者信用信息。征信机构必须对信用信息的使用和查询情况予以记录和保存,以备监管部门检查。消费者在向征信机构提供信息的同时,还可以获取所需的信用数据,非数据提供者也可依法获取相关信息。美国的征信机构的服务对象有银行、信用机构、企业、个人、税收征管机构、法律实施机构和其他联邦机构以及政府部门等。它们都是信用报告的需求方。征信机构提供的信用报告按照商品交易的原则出售给需求者(某些特殊规定条件下可免费提供),这是美国征信行业得以不断发展的制度基础。美国相关法律规定,一般的消费者信用数据可保留 7 年,破产信息可保留 10 年。而企业征信机构,一般提供 12 个月内的企业信用数据信息。

(5) 业务范围方面,美国的征信机构在从事消费者征信和企业征信业务上有明确的界限。

5. 市场主体较强的信用意识促进了信用管理体系的发展

在美国,信用交易十分普遍,缺乏信用记录或信用记录历史很差的企业很难在业界生存和发展,而信用记录差的个人在信用消费、求职等诸多方面都会受到很大制约。因此,不论是企业还是普通的消费者,都有很强的信用意识。美国的企业中普遍建立了信用管理制度,在较大的企业中都有专门的信用管理部门,为有效防范风险,企业一般不愿与没有资信记录的客户打交道。由于信用交易与个人的日常生活密切相关,美国的消费者都十分注重自身的信用状况,并会定期向信用信息局查询自己的信用报告,尽可能避免在信用局的报告中出现自己的负面信息。

(二) 美国信用管理的相关法律体系

第二次世界大战后,随着美国经济的高速发展,信用交易也日益兴起,各种信用工具纷纷问世。但伴随着信用交易的增长和信用管理行业的发展,征信数据和服务方式方面出现了许多问题,诸如公平授信、准确报告消费者信用状况等,尤其是保护消费者隐私权问题成为最敏感的话题。基于此,美国政府在 20 世纪 60 年代末到 80 年代的近 20 年间,相继出台了一系列与信用管理相关的法律,建立起了比较完备的涉及信用管理各方面的法律框架体系,将信用产品加工、生产、销售、使用的全过程纳入法律范畴。其基本信用管理相关法律共有 17 项,几乎每部法律都进行了若干次修改,其中《信用控制法》(Credit Control Act)于 20 世纪 80 年代被终止。因此,目前美国的基本信用法律总共有 16 部。这 16 部信用管理法律是一个以《公平信用报告法(Fair Credit Reporting Act,简称 FCRA)》为核心的法律体系。这些法律的出台和实施,大大推进了美国信用服务行业的发展进程,为行业的发展创造了良好的法律环境,使其在法制化的轨道上健康地发展。

(三) 美国的信用监管体系

由于美国有比较完备的信用法律体系,征信数据的取得和使用等都有明确的法律规定,因此政府在对信用行业管理中所起的作用比较有限,只进行适度监管,以相关法律法规的司法执法为主要内容。美国政府对信用管理法案的主要监督和执行并不是集中在专门设立的一个信用管理局,而是随着市场发展和有关法律的建立而指派或自然分配给各有关部门,主要分为两类:一类是银行系统的机构,包括财政部货币监管局、联邦储备系统和联邦储蓄保险公司;一类是非银行系统的机构,包括联邦贸易委员会、司法部、国家信用联盟办公室和储蓄监督局。这些政府管理部门对信用管理主要有6项功能:一是根据法律对不讲信用的责任人进行适量惩处;二是教育全民对失信责任人在惩罚期内,不要对其进行任何形式的授信;三是在法定期限内,政府工商注册部门不允许有严重违约记录的企业法人和主要责任人注册新企业;四是允许信用服务公司在法定的期限内,长期保存并传播失信人的原始不良信用记录;五是对有违规行为的信用服务公司进行监督和处罚;六是制定执行法案的具体规则。

(四)美国的社会征信系统

征信系统是社会信用体系的核心组成部分之一,其主要功能是依法获取、加工、管理和报告商业、资本、消费者等不同市场经济主体的信用信息,其中信用数据库是信用信息的“蓄水池”,在征信系统中具有中心地位,起着关键作用。征信系统按所服务的对象和内容分为企业征信系统和个人征信系统。

1. 企业征信系统

在企业征信领域,邓白氏(Dun & Bradstreet)是历史最悠久和最有影响的公司,经过100多年的市场竞争,邓白氏集团公司已发展成为美国乃至世界上最大的全球性征信机构。目前,邓白氏集团公司在150个国家和地区设有共300多个分公司或办事机构,使用95种语言生产信用产品,信用产品涉及181种货币种类。该公司拥有的“世界数据库”是世界上最大的数据库,库内涵盖了全球超过6 500万家企业的信用档案,可以及时地向所需者提供企业资信调查报告。数据库有5个子系统:邓百氏世界数据库联机服务、全球企业家谱和联系、全球数据库支持系统、全球市场分析和全球市场方案。

邓百氏公司为全球企业提供的身份证号码称为“邓百氏商业记录编号”,简称邓百氏编码(DUNS Number),它是国际标准化组织接受的一种企业编码。一个DUNS编码象征着该企业具有良好的信用和高管理素质。

资信评级无疑是征信核心产品的核心。它分为资本、工商企业及消费者个人三大类。在资信评级行业,目前美国国内主要有穆迪投资者服务公司(Moody)、标准普尔公司(Standard and Poor)、菲奇公司(Fitch),同时它们也是世界上3家最大的信用评级公司。它们主要对国家、银行、证券公司、基金、债券及上市大企业的信用进行评级。据国际清算银行(简称BIS)的报告,在世界上所有参加信用评级的银行和公司中,穆迪公司涵盖了80%的银行和98%的公司,标准普尔公司涵盖了49%的银行和66%的公司,菲奇公司涵盖了29%的银行和8%的公司。

2. 消费者个人征信系统

伊科法克斯公司(Equifax)、环联公司(Trans Union)、益百利公司(Experian)三大信用局在美国三分天下,其规模大小和竞争实力不相上下。三大信用局通过收购或信用合作方式不断向全球扩张,目前已经发展成为完全国际化的个人征信组织。随着金融创新的日益高涨及消费信贷的日益普及,这些征信机构掌握的信息量愈来愈庞大和复杂。

(1) Equifax的数据库相当庞大,拥有超过1.9亿本国人和1 500万加拿大人的消费者个人信用档案,其客户群总数在10万个以上,年产值超过15亿美元。Equifax提供的服务主要为信用信息和保险信息服务。服务产品共有39类,并有若干个系统予以支持,这些系统包括自动传递、尖端档案及其附项、雇佣咨询、公用事业支持与主动辨识、信用卡与邮购电子市场、信用预警、逾期预警、催账支持等。

（2）Trans union 为适应新形势的变化，满足消费者日益增长的广泛需求，不断改革旧有的数据管理模式，加强数据库的合并、集中，强化基础设施的建设，实行电话拨入、电子传输、邮政寄送相结合的灵活多样的数据采集方式，并实行数据收集程序的标准化，从而降低了收集成本，提高了数据的处理能力。

（3）Experian 是美国目前最大的信用局，全美约有 2/3 的信用咨询在 Experian 运作。Experian 的数据管理则更为突出，它掌握着从姓名、住址、汽车牌号到消费情况等大量纷繁复杂的原始用户数据。其数据库信息覆盖了约 1.1 亿个家庭的 2.15 亿个消费者，1 500万家公司企业，1 亿个 E-mail 地址等。面对如此庞大的信息量，Experian 率先提出了用户数据整合（customer data integration，简称 CDI）技术，使之能将不同来源的用户数据信息连接、筛选、整合，从而提供出准确、及时的用户信用信息。目前，Experian 依靠其强大的数据管理技术，能够实现超过 1 万个数据源同时接收数据，每天更新处理逾 8 千万条数据，同时支持对 1 万个用户的服务，能在两秒钟之内完成一个综合信用报告和评分。这样，Experian 通过高效的数据库管理，提供了一整套营销策划、数据采集分析、系统整合、决策支持、私人咨询等服务。在 Experian 提供的数据管理服务中，寄主式数据库（Hosted Database）服务模式最能充分体现出它的资源整合效率，这种数据库管理模式包含几个核心部分，如数据仓库、数据管理技术及服务、决策支持、市场营销自动化处理、咨询服务等。

（五）美国的信用管理服务机构

信用管理服务机构既不提供信用也不提供信息，而是在信用活动中提供相关服务，其职能包括代理商账追收、信用保险、保理、担保等。

（1）商账追收是信用管理行业向授信人提供的主要服务项目，追收的手段主要是电话催收、依法交涉、法律诉讼等。在美国，成立商账追收公司需要向政府注册部门交纳抵押金。国际著名的商账追收公司有 ABC 公司和美国收账协会。

（2）信用保险（也称履约保险）是信用保险机构向授信一方提供的信用管理服务。在美国，信用保险被认为是最大的保险业务。借款人缴纳一定的保费后，保险公司就可以补偿银行在从事消费信贷业务中的损失。信用保险既可保证银行资产安全，又对刺激消费具有积极作用。美国的金融机构在进行个人消费信贷运作时，还要求借款人进行人寿保险和抵押贷款保险，如果借款人在还清贷款前去世，则放款人不仅可以得到抵押品，而且还可以得到保险赔偿以抵还贷款。

（3）保理即保付代理，是保付代理商与供货商之间针对应收账款的一项综合安排。根据这一安排，供应商售出货物后，将应收账款的债权以无追索权方式断售保理商，即可获得保理商提供的货款催收、贸易融资、坏账担保、账务管理等多项服务。

（4）信用担保是为信贷活动中的受信方服务的，主要对象是中小企业。美国信用担保机构主要是中小企业局，用于信用担保的资金主要来源于政府，由联邦政府直接出资，国会预算拨入。

（六）失信惩罚机制

美国的失信惩罚机制是由民间运作并自愿执行的。信用经营机构、信息管理机构、信用管理服务机构将有不良信用记录的责任人和处罚意见，通过信用信息、资信评估报告等形式，公告给社会，并载入相应的信用信息数据库，被列入违信“黑名单”的企业和个人很难再与社会各界进行正常的信用交易。不良信用记录一般会被保持7～10年，在这段时间内，有不良信用记录的企业和个人将很难取得工商注册、银行贷款、信贷销售服务、个人信用卡等；凡以欺骗手段取得他人个人资信调查报告的，将被处以1年以下徒刑，同时处以5 000美元的罚款等。

（七）信用教育与科研

在美国，有一些大学设置了信用管理专业课，目的是为大中型企业的信用管理部门、消费信贷基金、商业银行、专业信用管理公司、企业管理顾问公司等培养专业化人才。除大学教育以外，在职培训也很受重视，且开展培训的机构与形式很多，其中最重要的信用管理教育机构是设在密苏里州首府圣路易市的国际信用协会。一些大型信用管理公司和专业协会还提供信用管理的函授课程。

二、欧洲国家的社会信用体系

欧洲国家大部分属于征信国家，社会信用体系建设也比较健全，特别是在征信系统方面，已形成了十分完善的运行体系。但欧洲国家的社会信用管理体系与美国相比，具有明显的差异和特点，最大的差别是政府在信用服务行业中的参与程度较高。

（一）欧洲国家社会信用体系的特点

1．信用信息服务机构被作为中央银行的一个部门建立

如在法国，中央银行的信用局以一个月为间隔向银行采集它们向公司客户发放超过50万法郎贷款的信息。在比利时，信用信息办公室根据一个记录有关分期付款协议、消费信贷、抵押协议、租赁和公司借款中的不履约信息的皇家条令建立起来，并作为比利时中央银行（比利时国家银行，National Bank of Belgium）的一个部门。

2．银行需要依法向信用局提供相关信用信息

在以比利时、德国和法国这些国家，商业银行向中央银行建立的信用风险办公室或信用信息局提供所要求的信息是一种强制行为。比如在德国，银行和金融服务机构被要求向德国联邦银行（German Federal Bank）的中央报告办公室报告负债总额达到或超过400万德国马克的借款者的详细资料。

3．中央银行承担主要的监管职能

在比利时、德国和法国为代表的一些欧洲国家，由于信用信息局被作为中央银行的一部分，因而对信用信息局的监管通常主要由中央银行承担，有关信息的搜集与使用等方面的管制制度也由中央银行提供并执行。

4．信用信息透明度高

各国都通过法律或法规的形式对征信数据的采集和使用作出明确规定。一般来说，采集和共享的信息包括银行内的借贷信息和政府有关机构的公开记录等，由于信用信息包括正面数据（positive data）和负面数据（negative data）两部分，各国对共享信息的类型通常都有规定，一些国家限制正面信息的共享，比如在西班牙，信用信息局不能够共享正面数据，澳大利亚信用索引公司的运作仅被限定在负面信息。而美国、加拿大和智利等国家则允许正面信息和负面信息都共享。

5. 更重视法律建设的实用性

德国、英国等一些欧盟国家非常注重信用管理的立法建设，如德国的《通用商业总则》、《个人数据保护法》，以及英国的《消费信贷法》均较为著名。同时也特别强调法律的实用性，其立法原则是在保护人权和开放数据之间取得平衡。在欧盟成员国生效的相关法律通常称为《欧盟数据保护纲领》，在强调开放各种数据的同时，特别指出不能滥用数据。

（二）欧洲国家公共信用登记系统的特点

1. 机构的组成和主要职能

欧洲国家公共信用登记系统主要由各国的中央银行或银行监管机构开设，并由中央银行负责运行管理。建立公共信用登记系统的目的是为中央银行的监管职能服务，为中央银行提供发放信贷的信息，包括金融机构对个人借款人发放的贷款评级和贷款附属担保品的价值信息等，而不是为社会提供个人或企业的信用报告。这就决定了该机构不可能采取市场化的运作模式。公共信用信息成为银行监管的重要组成部分。该机构为本国的金融监管部门提供最新的借贷大户和银行风险的基本情况，为强化监管和风险分析提供最基础的数据，有助于监管部门对金融机构风险进行比较全面而准确的评估。

2. 信息数据的获得

与民营征信系统不同，公共信用登记系统强制性要求被监管的所有金融机构必须加入该系统。金融机构必须定期将所拥有的信用信息数据报告给系统。这种强制性的征信方式，使公共登记系统几乎能够覆盖一国的全部金融机构，但是它们并不收集所有的贷款资料，而只是在一个规定的起点上收集信息数据。许多国家规定了金融机构向公共调查机构提供信用数据中的最低贷款数额，低于这个数额则不需提供，这就排除了相当一部分信用信息数据。而民营征信系统则是可以提供每单笔贷款的详细资料。

3. 信息数据的范围

公共信用登记系统的信用数据既包括企业贷款信息，也包括消费者借贷信息，与美国民营征信系统中二者在业务上有明显边界的特点大不相同。公共信用信息系统包括正面信息，也包括负面信息。与民营的征信系统相比，该系统的信用信息来源渠道要窄得多，如它不包括非金融机构的信息，对企业地址、所有者名称、业务范围和损益表以及破产记录、犯罪记录、被追账记录等信息基本不收集，等等。

4. 信用数据的使用

许多国家对该系统的数据使用有较严格的限制。根据相关法规规定，其数据的提供和使用实行对等原则。这是由于该系统主要是为监管服务，只有出于提供贷款审查目的才以汇总的方式向数据提供机构提供其他机构的信息。因此，实际上该系统的信用数据只是向金融机构提供，而不向社会其他需求方提供。这种对等的原则也决定了这种数据使用不是商业化的，因而即使有收费也很少。

第三节　我国社会信用体系建设和发展

同发达国家上百年的现代信用体系发展历史相比，我国的信用体系还处于初创阶段。近年来政府部门、金融机构、企业等市场主体在信用制度、征信体系、信用服务等领域积极探索，逐渐形成多种形式兼收并蓄、共同发展的信用体系模式。

一、我国社会信用体系建设的发展历程

（一）缺位阶段（1949—1978 年）

新中国成立后至改革开放以前，我国实行高度集中统一的计划经济体制，缺乏对信用的客观需求，也不具备建设社会信用体系的制度基础和发展环境，不存在真正意义上的信用制度与信用体系。

（二）萌芽阶段（1978—1990 年）

在 1978 年到 1990 年间，是我国经济体制初步转换时期，银行信用和商业信用开始出现。这一阶段，国务院下发了《关于在全国范围内开展清理"三角债"的工作通知》，第一次以国务院文件方式提出了社会信用问题，这是我国社会信用体系建设的萌芽时期。

（三）起步阶段（1991—1998 年）

1991 年到 1998 年间，我国经济体制改革进入深化阶段，市场在经济生活中的作用越来越大，传统体制下的信用制度与市场经济之间的摩擦与矛盾日益突出，客观上产生了变革信用制度的内在要求。这一阶段，我国涌现出中国诚信、大公、远东等一批与企业发债和资本市场发展相适应的信用评级机构，专业担保、信用调查、讨债追债等信用中介机构也开始出现，如华夏信用管理公司、中国经济技术投资担保公司、新华信公司等。有关政府部门也针对国家重点大型企业、中小企业等不同对象进行了企业信用和业绩评价的积极探索。这是我国社会信用体系建设的起步阶段。

（四）稳步推进阶段（1999 年至今）

随着市场经济体制的正式构建和信用交易的日渐普及，一方面社会主体的信用意识逐步增强；另一方面，由于信用制度和信用体系建设未及时跟进和建立，企业之间"三角债"、企业逃废银行债务、商业欺诈等失信现象十分突出。建立社会信用管理体系，整治失信行为，维护市场经济秩序因此成为全社会上下关注的热点问题。1999 年 8 月，来自深圳的企业家黄闻云女士针对内地诚信日益缺乏的问题上书国务院呼吁在全国范围内建立适合信用交易发展的市场环境，并开始资助有关研究。后来，她的建议被逐渐上升到建立"国家信用管理体系"的高度。民间的上书得到了中央政府的重视，由中国人民银行牵头，组织相关政府部门研究，启动了国家信用管理体系建设工程的准备工作。从这一年开始，我国社会信用体系建设进入稳步推进阶段。

党的"十六大"报告提出要"整顿和规范市场经济秩序，健全现代市场经济的社会信用体系"。党的十六届三中全会通过的《关于建立和完善社会主义市场经济体制若干问题的决定》进一步明确提出"要增强全社会的信用意识，形成以道德为支撑，产权为基础，法律为保障的社会信用制度"，指明了今后中国建设社会信用制度的方向。为发挥现代

信用制度对完善社会主义市场经济体制的重要作用，国务院决定，从2003年起，用5年左右的时间，建立起我国社会信用体系的基本框架和运行机制。

我国"十一五"规划提出"以完善信贷、纳税、合同履约、产品质量的信用记录为重点，加快建设社会信用体系"。2007年，国务院《关于社会信用体系建设的若干意见》明确"以法制为基础，信用制度为核心，以健全信贷、纳税、合同履约、产品质量的信用记录为重点"，"建立全国范围信贷征信机构与社会征信机构并存、服务各具特色的征信机构体系，最终形成体系完整、分工明确、运行高效、监管有力的社会信用体系基本框架和运行机制"。十七届五中全会通过的"十二五"规划建议提出，要"加快社会信用体系建设"。党的十七届六中全会通过的《中共中央关于深化文化体制改革推动社会主义文化大发展大繁荣若干重大问题的决定》指出"把诚信建设摆在突出位置，大力推进政务诚信、商务诚信、社会诚信和司法诚信建设，抓紧建立健全覆盖全社会的征信体系，加大对失信行为惩戒力度，在全社会广泛形成守信光荣、失信可耻的氛围。"

为统筹协调、加快推进社会信用体系建设，2008年，国务院明确中国人民银行承担"管理征信业，推动建立社会信用体系"职责，并牵头建立社会信用体系建设部际联席会议制度，联席会议办公室设在人民银行。在人民银行与各部门、各地区共同推动下，我国社会信用体系建设进入了一个较为快速的发展时期。

二、我国社会信用体系建设的现状

（一）征信法规、制度和标准逐步建立

我国社会信用体系建设的重点是要建立一套行之有效的法规、制度，推动信用信息系统建设，实现信息的依法记录、登记、展示、共享，以此来为各部门、各地方开展行政执法和信用建设提供服务，督促企业（单位）和个人更好地守信。目前，我国已经开展了征信业基本法——《征信管理条例》的研究制定，条例草案已经向社会征求过意见；制定发布了《个人信用信息基础数据库管理暂行办法》，保障个人信用信息的安全和合法使用，防范和降低商业银行信用风险；落实《物权法》赋予人民银行征信中心承担应收账款质押登记的职责，制定发布《应收账款质押登记办法》；制定发布了《关于在银行间债券市场发行债券信用评级有关事项的公告》、《关于加强银行间债券市场信用评级作业管理的通知》、《信用评级指导意见》、《信贷市场和银行间债券市场信用评级规范》等一系列公告和规范性文件，规范银行间债券市场和信贷市场信用评级活动；在征信标准化工作方面，发布了7项金融行业标准，1项标准列入国家标准制订计划。

（二）全国统一的企业和个人征信系统基本建成

全国统一的企业和个人信用信息基础数据库，即企业和个人征信系统，已于2006年正式建成，并实现全国联网运行。该系统由中国人民银行征信中心统一运行，政府主导，全国联网，统一管理，全部数据集中存放在中央数据库；该数据库信息主要是信贷信息，已经与所有商业银行、政策性银行、信用合作社及其他金融机构连接，同时还与公安部的人口数据库联网，实现了个人身份信息真实性在线核查。截至2010年底，该系统已分别为近1 700万户企业和7.77亿多自然人建立了信用档案，企业征信系统累计查询量达到1.52亿次，个人征信系统累计总查询量达到8.12亿次。企业和个人征信系统的运行，促进了商业银行经营理念、管理方式和业务流程的转变，在防范信用风险、减少贷款损失、

提高信贷市场效率、推动解决中小企业融资难问题和促进经济金融健康发展方面作用显著。目前,企业和个人征信系统已经成为商业银行贷前审查的必经环节,在商业银行贷后管理中也发挥着重要作用。根据中国人民银行征信中心调查显示,仅2010年第3季度,商业银行利用征信系统,拒绝高风险客户信贷业务申请661.9亿元,预警高风险贷款480.7亿元,清收不良贷款47.3亿元。企业和个人征信系统提供的信用报告,正逐渐成为以信贷信息为核心,全面反映企业和个人借债还钱、遵守合同及遵纪守法状况的“经济身份证”。

(三)征信行业日益发展壮大

截至2010年底,我国从事信用登记、信用调查和信用评级的征信机构已近200家,基本上都是按照市场化原则运作,市场规模不断扩大。一批评级机构已具备从事企业主体信用评级和企业债、金融债、结构融资债等长短期债券信用评级能力,并在国内具有一定的公信力。仅2010年前3季度,全国共完成信贷市场主体评级24 500笔,其中完成借款企业评级22 624笔;完成担保公司信用评级1 332笔;完成债项评级723笔,其中企业债券评级187笔,金融债券评级352笔。在短短的几年时间内,中国人民银行征信中心已发展成为世界上覆盖机构和人口数量最多的信用登记类机构。我国征信市场的发展为促进企业和个人融资,提高商业银行信用风险管理水平发挥了重要作用。

(四)行业及地方信用建设稳步推进

各有关部门充分发挥行业管理优势,行业信用建设稳步推进。一是各行业的规章制度进一步完善,加强了行政管理与执法力度,加大了违法违规、不诚信的成本;二是归集行业信用信息的信息系统建设进一步加快,如工商总局、海关总署、质检总局等部门,依托“金信”、“金关”、“金质”等工程建设,加大本部门信用信息系统的建设力度,推动了纳税诚信、产品质量诚信和合同履约诚信建设;三是质检总局、海关总署等部门加快了实施信用分类管理的工作力度,监管效率进一步提高;四是部门间信用信息共享工作继续深化,信息比对和交叉稽核力度加大,提高了联合监管能力。

各地方结合本地社会信用建设的实际,创新工作机制,开展了各具特色的有益探索。一是组织领导机制进一步健全、明确了牵头部门,落实了工作责任;二是探索建立相关规章制度,出台了规范信用信息公开、归集和使用的规章;三是部分省(区、市)建立了由当地人民银行、工商、公安等多部门联合参与的统一信息共享平台,归集各部门的政务信息,探索信息共享机制;四是探索开展跨地区合作,建设区域性社会信用示范区。2008年,人民银行与上海、江苏、浙江3地签署了《共建“信用长三角”合作备忘录》,共同推进“长三角”信用体系建设。

(五)社会信用意识显著提高

近年来,社会信用意识已逐步深入人心,社会信用建设的重大意义也得到社会各界广泛认同。信用环境、信用评级和信用记录已成为衡量一个地区、企业或个人信用状况的主要依据。各地政府纷纷将社会信用体系建设上升到事关现代市场经济发展的战略高度;很多企业还将信用内化为企业文化建设的核心价值观;越来越多的个人主动查询自己的信用报告,关心自己的信用记录。个人主动查询自己信用报告的数量从2006年的97人次迅速上升到2010年的127.5万人次。社会信用意识逐步提高的同时,企业和个人的行为方式也有所改变,有的企业和个人主动归还欠税、欠薪、欠款等,自觉遵纪守法。

三、我国社会信用体系建设的展望

社会信用体系建设是一项长期而艰巨的任务，是一项需要各地区、各部门以及社会各界广泛参与、共同努力的系统工程。中央已经明确我国的社会信用体系建设，一定要强调立法先行。一方面充分借鉴发达国家在信用体系管理方面的法律法规，先以行政法规或指导意见等形式颁布一些相关规定，执行一段时间后总结经验，提出立法草案，条件成熟后形成法律；另一方面对于急需的法律法规，要抓紧研究、率先出台，以促进现代信用市场规范健康发展，特别是与信用体系建设密切相关的《征信管理条例》、《政府信用信息公开管理办法》、《信用信息互联互通管理办法》、《企业信用管理条例》、《个人信用管理条例》等。同时对《商业银行法》、《商标法》、《知识产权保护条例》和《储蓄管理条例》中的相关条款应及时进行修改。

据估计，我国信用信息80%左右分散在银行、工商、税务、海关、公安、司法、财政、审计、金融监管、质检、环保等机构中。建立信用数据技术支撑体系，首先要从整合行政或其他政府控制的资源入手，把各方掌握的有关企业和个人信用的数据资料联合采集、有序开放、充分利用，同时，要尽快制定相应的国家标准，保证信息之间的通用性。

应大力培育和发展一批具备较高专业素质和道德水准的独立、公正、市场化运作的信用服务机构。应重点发展大型信用评级公司、企业信用服务企业和消费者信用服务企业这3类企业。政府主要发挥规划、指导、组织、协调、服务监管的作用，为信用服务企业创造公平竞争的市场环境，参与制定行业规范与标准，监督管理信用服务市场主体的行为。信用服务企业应成立行业协会，制定行业规划和从业标准以及行业的各种规章制度，提出立法建议或接受委托研究立法和提出有关信用管理法律草案，协调行业与政府及各方面的关系。

政府要引导各企业重视信用管理，组织信用管理专业教育，举办从业资格培训和从业执照考试。对企业和消费者的信用信息要及早建立全国性的联合征信数据库，让企业能够以较低的成本，快速、准确地检索到客户的信用信息；培育与企业信用管理有关的信用调查、信用评级、商账追收、信用保险、保理等中介机构及服务产品。

利用广播、电视、图书、报刊、网络等现代传播工具，大力开展形式多样、内容丰富、通俗易懂的宣传教育活动，在全社会普遍形成守信光荣、失信可耻的社会氛围。组织编写现代信用知识普及教材，普及现代信用知识。开设面向政府、企业的多种类型的短期培训和在职教育。行业协会等中介组织可以组织信用服务行业从业人员的培训，提高信用服务从业人员的业务素质和水平。在大学开设信用管理教育课程，培养高层次的信用管理专门人才，满足全社会对高级信用管理、信用教育、信用服务的需求。

综合运用法律、行政、经济、道德等多种手段，使失信者付出与其失信行为相应的经济和名誉代价。引导金融、商业和社会服务机构做出市场性奖惩，对信用记录好的企业和个人，给予优惠和便利，对信用记录不好的企业和个人，给予严格限制；通过信用信息公示进行社会性惩戒；严肃债权债务法律关系，对关系明确、真实有据的债权依法进行清偿，偿付能力不足的，则进行追索并使之破产。

本章小结

社会信用体系是把各种与信用相关的社会力量有机结合起来，共同促进信用的完善和发展，制约和惩罚失信行为，从而保障社会秩序和市场经济正常运行与发展的一整套管理体制。它是一种社会综合管理机制，具有降低信息不对称、提升交易效率、支持企业建立内部信用管理体系、维护社会信用秩序和培育社会信用文化等基本功能。

按信用主体来分，社会信用体系包括个人信用、企业信用和政府信用；按组成模块来分，社会信用体系包括征信系统、服务系统、法律系统、文化系统等；按作用机制来分，社会信用体系包括信用保障机制、信用信息征集机制、信用评价机制、信用管理机制、失信惩罚与守信奖励机制、信用信息披露和快速反应机制、信用教育与培育机制、信用辅助机制等；按运行层面来分，社会信用体系涵盖道德与文化、法律与制度、组织体系、征信技术等内容。

征信国家的社会信用体系主要有两种模式：一是以美国为代表的模式；二是以欧洲国家为代表的模式。美国模式以信息公开的法制保障机制、对信用产品和评级结果的自觉而广泛的运用、消费者合法权益的保护机制、征信服务的市场化运作模式、市场主体较强的信用意识为主要特点。欧洲国家社会信用体系的特点则包括：信用信息服务机构被作为中央银行的一个部门建立，银行需要依法向信用局提供相关信用信息，中央银行承担主要的监管职能。

我国社会信用体系建设取得了显著成效：征信法规、制度和标准逐步建立，全国统一的企业和个人征信系统基本建成，征信行业日益发展壮大，行业及地方信用建设稳步推进，社会信用意识显著提高。但是，社会信用体系建设是一项长期而艰巨的任务，我国社会信用体系仍处于初创阶段，建设工作任重而道远。

重要概念

社会信用体系　失信惩罚机制　企业征信系统　消费者个人征信系统　欧洲公共信贷登记系统　征信行业

思考与练习

1. 社会信用体系具有什么主要功能？
2. 社会信用体系主要包含哪些内容？由哪些子模块组成？
3. 日常生活中有哪些常见的“违约”、“失信”现象？从社会信用体系出发谈谈治理这些不良现象的措施。
4. 失信惩罚机制是如何发挥其治理失信的功能的？
5. 试述美国社会信用体系的框架结构。
6. 我国社会信用体系建设经历了怎样的发展阶段？

第三章　信用管理中介服务机构

第一节　信用管理中介服务机构概述

在现代信用活动日益发达、高新技术蓬勃发展的背景下，信用领域出现了进一步的社会分工：从参与信用活动的程度来看，整个社会的信用活动可以分为实体信用活动、社会信用信息管理与服务两大类。所谓社会信用信息管理与服务，就是指信用管理中介服务机构的经营活动。单独研究这类信用管理活动，能够使我们全面地认识社会信用管理的体系和结构，明确各种信用中介机构在市场上的服务领域以及它们能为社会提供的专业化信用产品，以满足我们寻求信用服务的要求。

信用信息管理与服务活动的参与者有各种信用管理中介服务机构，如征信公司、资信评估公司等，它们以社会实体信用活动为基础，以政府部门、金融部门、企业为主要客户，以经营并销售信用信息与信用产品、提供专业化和社会化的信用服务为手段。信用管理中介服务机构借助这种社会化的管理服务手段，成为现代信用活动的重要组成部分。

一、信用管理中介服务机构的范围

信用管理中介服务机构是向市场主体的信用活动提供技术支持的行业，笼统地说，其主要功能是在技术上支持信用活动。它分两类 8 个分支，其组成及相互关系见图 3-1。第一类是征信产品生产类企业，即信用信息管理机构。该类机构的主要业务特征是提供信息方面的技术支持，可以帮助消除信用交易主体之间的信息不对称。该类机构之下设 3 个分支：企业资信调查、消费者个人信用调查、资信评级。其中，企业资信调查和消费者个人信用调查以调查操作为业务特征，属于调查类信用信息管理机构；资信评级不以调查为操作特征，通常评级所需要的信用信息资料由被评级者自己提供（当然，一些重要或异常的数据需要进行调查，类似经营思路、发展规划等主观性内容需要通过访谈、询问的方式获取）。资信评级的主要业务特征是在已有信息的基础上进行深度分析、评定信用等级。信用信息管理机构多是征信产品的制造商。

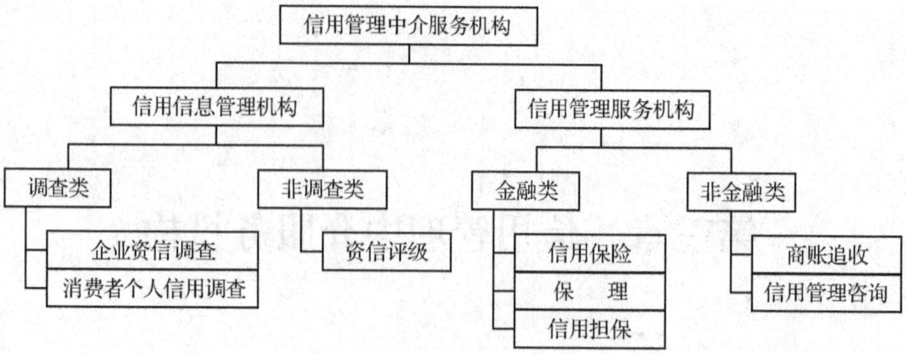

图 3-1　信用管理中介服务机构的范围

第二类是信用管理服务机构，该类行业中的企业为信用活动提供信息之外的专业化服务，即不生产征信产品，而是以征信产品为基础，向客户提供信用管理类服务。下设 5 个分支：信用保险、保理、信用担保、商账追收、信用管理咨询。其中，信用保险、保理、信用担保这 3 类涉及资金融通，根据我国政府行业管理惯例，需取得中国人民银行颁发的金融业务许可证后方可进行工商注册，受人行管辖，属于金融类信用管理服务机构。商账追收、信用管理咨询的业务操作与资金融通无关，属于非金融类信用管理服务机构。

信用管理中介服务行业的发展是社会信用体系中极为重要的一环。以美国为例，在"小政府、大社会"的原则下，除国家立法外，对社会信用体系的建设，政府只起到指导性的作用，根本性的推动则是由信用管理中介服务行业来完成的，它们为各类经济主体的信用活动提供专业化、社会化的服务，促进了整个社会信用活动高效、快速、规模发展。

信用管理中介服务行业是在现代经济社会进一步大分工下形成的，是市场经济运行机制的必要组成部分，在现代经济生活中具有重要的作用。信用管理中介服务机构的存在，能够在一定程度上保证信用交易顺利进行，减少市场交易费用、提高交易效率，为信用活动从开始到终结提供社会化、专业化的管理服务，保证和促进了信用交易活动的有效性。信用管理中介服务行业的成熟程度体现了信用经济发展的程度，一个国家的信用状况和信用秩序，在一定程度上取决于其信用管理中介服务行业的发育状况和市场化程度。

二、信用管理中介服务行业的产生与发展

世界著名的征信机构最早几乎都发祥于欧美国家。自 19 世纪中期开始，在欧美主要国家征信机构纷纷成立。1830 年，世界第一家征信公司首创于英国伦敦，最早提供的征信服务是企业征信类服务。英国、法国、德国、日本的第一家征信机构分别创立于 1837 年、1857 年、1860 年和 1893 年。现代信用管理服务起源于 20 世纪 50 年代，从那时起，征信机构的业务开始超出征信业务范围。

企业征信服务起源于 19 世纪初叶。当时世界主要资本主义国家的市场秩序非常混乱，面临着信用状况恶劣的市场交易环境和企业注册不规范等一系列问题，同时通讯技术落后，没有有效的企业资信信息传播渠道。许多大型企业产生了了解贸易对方基本情况的强烈需求，企业征信服务应运而生，应该说企业征信服务是信用管理业务的第一个品种。

目前,世界最大的企业征信机构是美国的邓白氏公司。1841 年,邓白氏公司的创始人路易斯·塔班(Louis Tappan)在纽约成立了一家征信公司,为南北双方的商人提供关于对方背景和资信调查的征信服务。第二次世界大战结束后,包括征信行业在内的信用管理行业迅速发展,企业征信服务已经成为现代企业信用管理的基础,它为企业提高赊销成功率的信用管理工作提供外部技术支持,越来越多的企业依赖专业征信机构提供的企业资信调查类报告及其风险指数,以此作为赊销和其他授信决策的依据。

现代的消费者信用调查服务起源于美国。美国的第一家个人信用局成立于 1860 年,其办公室设在纽约市的布鲁克林区。在 1906 年,由纽约州罗切斯特市的一个征信公司老板 William H. Burr 发起邀请全国征信机构的负责人参加"全国消费者信用行业协会(National Association of Retail Credit Agencies)"的筹备大会。以后,这个组织更名为"联合信用局(Associated Credit Bureaus,简称 ACB)"。自 1906 年,6 家小型征信公司组合在 ACB 旗下,达成信息交换的协议,使得 ACB 得以发展。在今天,ACB 是美国唯一的消费者信用报告行业的行业协会,曾颁布消费者信用调查报告的标准,参与起草美国的信用管理专业法律。在第二次世界大战以前,个人信用局的业务发展缓慢,主要原因是人们只愿意与具有著名品牌且信誉卓著的厂商做生意,这样交易风险比较小,况且当时的数据存储和通讯手段非常落后,调查颇费时日。在第二次世界大战结束后,随着以商业银行为代表的金融机构推广住房消费信贷和发行信用卡的需要,消费者信用调查服务开始普及。在计算机技术和 IT 技术取得飞速发展以后,消费者信用调查服务就被设计成为一种依托大型数据库的服务,这种服务方式决定了生产消费者信用调查报告的成本相对比较低廉。因此,在发达国家经常见到,当一个类似房地产经纪类公司在帮助客户办理住房贷款时,往往需要从不同的个人信用局取得两份以上的同类普通版本的报告进行比较。个人征信服务在技术上为金融机构和商家提供的量化的授信参考,推动了信用消费的迅速发展。美国的私营个人信用局服务的发展,使美国的信用交易市场迅速膨胀,截至 1998 年底,不包括购房信贷在内的非抵押性消费信贷余额已经达到 1.33 万亿美元,住房信贷的余额大约在 4.5 万亿美元左右。

资信评级起源于 19 世纪末期的美国。在 1890 年,约翰·穆迪创办了穆迪投资者服务公司。1909 年,他在出版的美国铁路公司投资分析手册中,建立了穆迪公司的评级符号系统,发布了首份铁路债券评级报告。另一家著名评级公司"标准普尔公司(Standard & Poor)"前身是由亨利·普尔创办于 1860 年的出版公司和成立于 1920 年的"标准统计公司"。在 1923 年,标准统计公司开始进入资信评级服务领域,最早提供的评级服务是对债券进行评级。在 1941 年,普尔出版公司和标准统计公司合并,成立了标准普尔公司。在资信评级业,菲奇公司(Fitch)和达夫公司(Duff & Phelps),也是著名的专业资信评级机构。三大公司主宰了美国的资信评级市场,也是世界上最大的资信评级机构。其经营活动遍布全球 70 多个国家,覆盖大多数评级业务类型,在一定程度上主宰着全球范围内的信用评级市场,形成了寡头垄断。

信用保险服务起源于欧洲。据考证,英国商业保险公司(British Commercial Insurance Company)是世界上第一家经营信用保险业务的公司。该公司成立于 1820 年,最初主要经营火灾保险和人寿保险。后应市场需求而拓展业务,承保债务人未能履约的风险,期望通过开展信用保险业务为交易主体带来最佳的安全保障和一定的利润,并为公众的利益服务。1852年英国成立了世界上第一家专业信用保险公司——商业信用互助保赔协会与赔偿互助担保协会(Commercial Credit Mutual Assurance Association and the Solvency Mutual Guarantee)。在亚洲,日本于1958年颁布了《中小企业信用保险公库法》,由日本政府出资成立一个机构提供信用保险服务。国际保理服务起源于美国,早在19世纪末期美国就有保理商提供坏账防范和货物存贮融资服务。在20世纪40年代,纽约州和新英格兰州的法院都有多起国际保理方面的案例,在20世纪50年代的美国,《统一商法典》颁布以来,保理服务中的“应收账款融资(accounts receivable finance)”业务膨胀很快。在欧洲,英国率先引进保理服务,该国的保理服务特点是提供无追索权的保理融资服务。

20世纪80年代以来,随着全球经济一体化程度的提高和通讯技术的高速发展,已经建立起庞大的全球企业数据库的大型信用管理公司开始完善其全球服务网络。进入20世纪90年代以后,发达国家的大型征信机构开始进行服务功能上的转变,即从主要经营信息产品发展到包含保理、应收账款管理、信用管理顾问等在内的“一条龙”式服务,几乎所有的信用管理中介服务都被包容进来。同时,它们的数据能力在快速组合功能方面基本得到完善,并取得了在本国的信息服务业市场竞争中的压倒性优势。

表3-1和3-2分别列出了主要发达国家和中国的信用管理中介服务机构出现的时间。

表3-1 信用管理中介服务机构在世界主要发达国家出现的时间①

	英国	美国	法国	德国	荷兰	日本
起始年份	1830年	1841年	1857年	1860年	1888年	1892年

表3-2 新中国各类信用管理中介服务机构出现年份及代表性机构名称②

	企业征信	个人征信	信用评级	信用保险	商账追收	市场调查
出现年份	1987年	2000年	1988年	2001年	约1985年	1984年
代表机构	北京中贸远大商务咨询有限公司	上海资信有限公司	鹏元征信有限公司	中国出口信用保险公司	早期的讨债公司,寿命很短	北京环亚市场研究社
	新华信国际信息咨询(北京)有限公司		上海远东资信评估有限公司			

第二节 信用信息管理机构

一、征信机构

(一)征 信

征信的基本含义是征求他人或自身的信用或验证信用。具体到信用管理领域,征信又被称为信用调查或资信调查,有广义与狭义之分。广义的征信泛指调查、了解、验证他

①② 林钧跃:《社会信用体系:中国高效建立征信系统的模式》,《征信》,2011年第2期。

人信用,包括求取他人对自己的信用的含义,如求取公众的信任,提供自身道德上的评价等。狭义的征信是指征信机构对市场交易行为主体的信用资料进行收集、利用、提供、维护和管理的活动。征信服务的最基本功能是了解、调查、验证他人的信用,使赊销和信贷活动中的授信方能够比较充分地了解信用申请方的真实资信状况和如约偿还能力,使授信方的风险降至最低。普及的、发达的征信服务可以较好地化解和降低来自客户的信用风险,支持市场信用活动,特别是信贷、信用销售的正常增长,从社会分工角度看,征信强调对有关信息产品进行加工和生产,而不强调信用管理咨询或顾问服务。

(二)征信机构及其服务

征信机构是以企业和个人信息形成的征信数据为"原材料",对其进行加工处理,向客户提供信息产品和增值服务的机构,属于信用管理行业中的信息类服务公司。作为一种中介服务机构,征信机构在信息采集、信息加工和信息披露时不但需要保持客观公正的立场,更需要严格遵循法律、法规和规章的规定。如果征信机构在征信活动中违反了相关规定,将承担相应的行政责任;若因过错侵犯被征信个人或者他人的民事权利,造成被征信个人或者他人的合法权益受到损害的,须依照民法及其他有关法律、法规的规定承担相应的民事责任。如果征信机构工作人员的行为触犯刑法,应依法追究刑事责任。征信机构可以是一个独立的法人,也可以是某独立法人的专业部门,包括信用信息采集机构、信用信息报告机构、信用评分模型设计公司、信用调查公司、信用评级公司等。

征信机构提供的主要服务有:

1. 信用服务

信用服务帮助客户更有利地授信给消费者和企业。与其主要客户——授信人提供的信用服务有很大的不同,征信机构的信用服务是一种信息服务,主要是收集、处理含有消费者和企业的信用申请和支付历史的数据;运用其自身拥有的搜索和匹配系统,以及应用软件,向客户提供各种形式的信用报告和其他报告,从而帮助贷款人更有利地放贷给他们的客户。

2. 决策分析

决策分析主要是帮助客户使用专门的软件和分析方法作出关键的业务决定。通过决策分析,才能充分显示征信机构数据的价值,帮助客户从数据(包括从各征信机构获得的及自己的消费者账户信息)中得出业务决定。通过征信机构的决策分析服务,授信人可在信用风险管理、防欺诈、客户服务、申请受理和账户管理等方面提高决策的质量和连贯性。

3. 市场营销方案

市场营销方案主要是帮助商家客户获得新的消费者客户,发展与现有客户的关系。市场营销方案由有关消费者的地域、人口和生活方式的大型、综合数据库提供支持。摘自数据库的数百组消费者组合,都具有某方面的不同特征,比如,居住的时间、类型,家庭人数,估计的收入和消费兴趣(如休闲、体育和购物偏好)等。因此,征信机构可以向客户提供有关信息和工具,帮助后者将其服务和产品与合适的消费者客户群体匹配,并用最合适的通信方式进行市场营销。

4. 直接为消费者服务

直接为消费者服务主要是通过互联网向消费者提供可靠的信息来源,帮助他们与有关公司建立联系。这种互动式的互联网业务,大体可分为两部分:一部分是直接向消费者提供信用信息服务,以帮助他们理解、管理和保护自身的信息。另一部分是所谓"先锋代"服务,是将消费者与互联网商务连接在一起,使这些引领生活潮流、喜欢互联网的消费者在寻求金融服务、购物和教育机会时,能够作出更理性的购买决定;反之,也可将这些"先锋代"的信息卖给商家客户,如抵押贷款公司、零售商和在线教育公司。

(三)征信机构的分类

征信机构按信用信息主体可划分为企业征信机构和个人征信机构。企业征信机构是指专门收集企业信用等有关信息、提供企业信用等状况的征信机构。个人征信机构是指专门收集个人信用信息、提供个人信用状况的征信机构。征信机构按业务覆盖范围可划分为少数拥有全国基础信用信息资源的综合性征信机构和众多各具特色的区域性、专业性征信机构。

征信机构按所有权性质可划分为公共征信机构、私营征信机构和混合征信机构。以美国和英国、加拿大、澳大利亚等国家为代表,它们主要是私营征信机构,其市场化和提供第三方服务的色彩强烈,由民间投资组成,独立于政府和各类金融、商业机构之外,信息来源相对广泛,并为法律允许范围内所有市场主体提供信用调查服务。私营征信系统对法律环境和执法水平要求较高,否则有可能产生滥用信用信息资源和侵害消费者隐私权的社会问题。在欧盟以及相关国家,征信机构建设主要采取公共模式,由政府财政出资建立广泛覆盖的数据库系统,由央行作为系统的管理者实际运作,采取非营利性,同时服务对象也只限于金融机构。这种模式有利于保护金融系统的信息安全,能较大程度保护个人隐私。但政府财政对建数据库的投资较大,维护成本高,服务范围有限。在一些欧洲国家,如德国、奥地利、西班牙等国的征信机构以"公共模式"为主,在 20 世纪 90 年代后也增加了一些新的民营征信公司,从而集两种模式的特点于一身。征信行业的分类及结构见图 3-2。

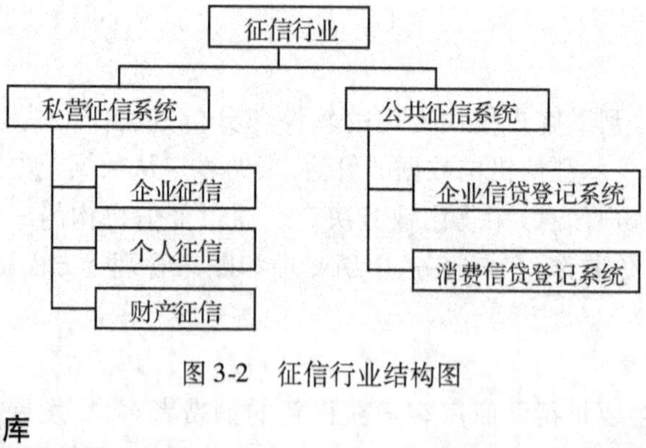

图 3-2　征信行业结构图

(四)征信数据库

征信机构主要经营征信数据库。这里所说的数据库主要是工商市场上的企业资信数据库和个人消费市场上的消费者信用数据库,主要包括企业和个人在商业银行的借贷、抵押、担保数据及身份验证和账户信息,同时还包括保险、证券、工商、税务、质检、海关等拥有的数据。征信数据库是社会征信体系建设的基础设施,也是最核心的内容。在世界各国的征信市场上,由征信公司自行建立并经营的企业资信和消费者个人信用数据库是市场主流方式。数据库都是先由征信企业投资建立,并通过市场运行逐渐优胜劣汰,在不断地兼并、重组中发展壮大的。征信数据库的投资额巨大,建设时间长,投资回收期长。在起步阶段,购买网络设备及整个系统的相关设施等需要投入巨额的资金;建成以后,数据库系统的日常维护和更新升级也需要可观的费用;在信息收集方面,必须作大量的市场调查才能获得全面、准确的数据。只有在具备一定经营规模后,数据库覆盖范围才能够更广,信息收集更有效率,成本有效地降低,生产效率大大提高,竞争优势凸显出来,征信机构才有可能赢利,如全联公司是在整整亏损了10年后才开始赢利的。目前世界上最大的企业资信数据库是邓白氏公司的"世界数据库(World Base)"和欧盟的"欧洲之门(Euro Gate)"。

(五) 征信系统的主要模式

世界上建设和运行征信系统的模式大体有以下3种。

1. 盎格鲁模式

英国、美国和荷兰等国采用这种模式,其基本特点是:伴随市场信用交易及交易形式变化,赊销企业有控制信用风险的需要,因此自发形成纯商业化的征信机构;市场主导,征信机构的运行符合市场原则,不易形成垄断;能够提供门类齐全的征信产品和服务,包括信用评级、信用保险、保理等广义的征信服务;在征信服务出现问题时,国会为了解决问题才考虑立法,政府受法律指定对征信机构实施监管。

采用这种模式建立和运行征信系统的设计和建设工作均由市场承担,能够适应市场的运行环境;能够建立起门类齐全的征信服务,充分满足各类需求;能够提供高质量的信用信息、征信产品和服务;完全不需要使用政府财政的资金。但是采用这种模式建设的征信系统是自发形成的,建设周期很长;会在征信市场上产生激烈的同业竞争,因此存在重复建设,浪费社会资源的现象,并且政府监管处于被动状态,只在遇到问题时才出现。

2. 引进模式

这是后进国家经常采用的征信系统建设模式,自20世纪60年代起,一些亚洲国家和拉丁美洲国家的经济快速增长,跨进了信用经济的门槛。在20世纪70年代,还出现了亚洲"四小龙"这样的准发达国家或地区。于是,发达国家的征信机构联手推销征信系统解决方案,而上述国家或地区直接接受跨国征信机构提供的咨询,建立自己的征信系统。例如由美国邓白氏公司和环联公司联手,向新加坡政府提供征信系统建设方案。该模式是由提供咨询方案的外国征信机构指导征信系统的建设工作,甚至将部分或全部的系统建设工作外包给外国征信机构。另外,世界银行作为重要推手有时提议和鼓励一些国家建立征信系统,特别是对一些发展中国家和新兴市场国家提供资金与技术支持,但该组织仍然将建设工程包给跨国征信机构。这种模式的基本特点是:通常由外国的企业征信机构和个人征信机构联手,向委托国家和地区提供征信系统总体设计方案,承担系统建设工程;外国征信机构提供的咨询通常包括建立一部基本法律的咨询;建成之后由委托人接手,在系统运行之后继续与外国征信机构相互配合,而且不断接受咨询服务。

采用这种模式建立和运行的征信系统软硬件技术水平高,建设质量高,建设速度快,对委托国家和地区的征信技术人才及其水平要求低,甚至根本不需要委托国家和地区拥有自己的系统设计人才。但所建成的征信系统存在不适应委托国家和地区市场环境和社会文化的问题,会出现意想不到的社会问题,降低系统的工作效率。委托国家和地区不掌握系统和产品的关键技术,信息安全没有保障,很难被一些对信息安全比较敏感的非欧美市场型国家或地区所接受。同时受制于外国征信机构软件和数据格式等,难与其他的征信系统兼容。

3. 公共系统主导模式

该模式由法国开始使用,个别拉丁美洲国家也采用(大多数有公共征信系统的国家也允许私营征信系统存在,但并不属于这种模式)。该模式的基本特点为:由政府财政出资,中央银行负责征信系统的运行;通常只服务于商业银行,有时也包括个别其他类型的金融机构会员;垄断了商业银行主要信贷信息,有可能形成行业垄断。

采用这种模式建立和运行征信系统的目的性强,能够基本满足商业银行的征信服务需求,信息安全有保障,特别是能够很好地保护消费者的个人隐私。会员用户使用征信服务的价格特别低,不会形成征信系统的重复建设。但由于不对非会员的广大普通企业提供征信服务,因此远不能满足市场对征信产品的需求,在征信产品的应用方面不符合市场原则,无法主动纠正错误,征信产品的种类少,服务质量差。有可能垄断市场,没有竞争意识,通常造成系统和产品的技术水平低,信用信息质量也比私营的征信系统差些。

(六)国际著名的征信机构

在西方征信国家,将拥有消费者个人信用数据库的征信公司称为信用局(Credit Bureau),目前世界最大的信用局是英国的益百利(Experian)、美国的伊科法(Equifax)和环联(Trans Union),平均每家公司拥有2亿份个人信息文件,覆盖全美、加拿大及欧洲部分地区,3家公司每天提供480多万份消费者信用报告。其中环联公司于1968年成立于美国芝加哥,1988年开始提供消费者信用报告,业务遍布6大洲30多个国家,拥有员工4 000多名,维护全球大约5亿人的信用记录。益百利公司总部设在爱尔兰的都柏林,2006年在伦敦证交所上市,在美国加利福尼亚的寇斯特麦瑟市建立益百利(美洲)和英国诺丁汉市建立益百利(国际)两个业务运行总部,前者覆盖美洲市场,后者负责美洲以外的国际业务。益百利在34个国家的员工超过12 500人,遍及60多个国家的银行等机构客户逾10万家,拥有近3亿消费者的信息。

邓白氏公司(Dun & Bradstreet)是美国历史最悠久的企业征信机构之一,成立于1841年,总部设在新泽西州的小城Murray Hill。170年的发展历程中,邓白氏公司通过技术创新,不断开拓征信市场。1841年,该公司创始人刘易斯·大班在纽约成立第一家征信事务所,1849年出版全球第一本商业资信评级参考书,1900年出版全球第一本证券手册,1963年发明邓白氏编码,1975年建立美国商业信息中心,1990年起提供完整的商业信息服务,2000年起致力于电子商务的发展。

经过170年的发展,邓白氏公司成为一个全球性的征信公司。20世纪90年代,邓白氏集团拥有15个子公司(其中包括全球最权威的资信评级公司穆迪公司、美国最著名的黄页广告公司丹尼雷公司和美国最大的市场调查公司尼尔森公司),在全球拥有375个分公司或办事处,其数据库覆盖214个国家和地区,使用95种语言,181种货币,每天更新信息150万次,员工80 000多人,年产值达50多亿美元。

1994年,邓白氏公司进入中国,在上海设立邓白氏国际信息(上海)公司,1996年在北京设立分公司。几年来,邓白氏中国公司按照与国际商业标准和惯例接轨的要求,重点在市场开拓、信用管理、应收账款管理等方面为中国企业提供信用咨询服务,采集了50多万家中国企业的信用信息,并通过引入邓白氏中国信用风险指数和邓白氏中国风险指数行业标准等,为客户提供商业资信调查报告。

邓白氏的主要业务是为客户的商业决策提供信息服务和相应的决策管理工具，其全球商业数据库覆盖超过 1 亿条企业基本信息。邓白氏的客户既有全球最大、最成功的企业，也有中等规模的企业和刚刚成立的小公司，其核心竞争力主要体现在具有较大影响力的邓氏编码和 DUNSRight 数据整合流程。邓氏编码是邓白氏为其全球数据库中的企业分配的一个唯一的编码，用于识别、整合企业信息。DUNSRight 是邓白氏特有的确保高质量数据的一种数据整合流程，包含 2 000 多次的自动核对及人工审核程序。邓白氏公司的主要征信服务包括风险管理、营销、供应商管理和对中小企业服务等几大类。

（七）我国的征信机构

按照国家统一部署，我国将建立全国范围信贷征信机构与社会征信机构并存、服务各具特色的征信机构体系，最终形成体系完整、分工明确、运行高效、监管有力的社会信用体系基本框架和运行机制。目前在我国，全国范围的信贷征信机构已经建立。中国人民银行不仅在内部设立了承办信贷征信管理工作的征信管理局，而且建立了运营良好的全国统一的企业与个人信用信息数据库，截至 2011 年 7 月底，已经为 7.9 亿自然人和 1 790 多万户企业建立了信用档案，颁布了《个人信用信息数据库管理暂行办法》和《企业信用信息数据库管理办法》。同时也应看到，我国的社会征信机构近年发展呈现起步晚、规模小、组织架构不完善、业务发展水平低的特点，对社会的影响力有限。

根据 2011 年 7 月 21 日国务院法制办发布的《征信管理条例（第二次征求意见稿）》，在我国，中国人民银行依法对征信业进行监督管理，是我国征信业监督管理部门。对从事个人征信业务的征信机构采取批准制，个人征信机构的设立要得到监管部门批准，必须满足以下条件：主要股东信誉良好，最近 3 年无重大违法违规记录；注册资本不少于人民币 5 000 万元，并应当一次缴清；有符合国务院征信业监督管理部门规定的保障信息安全的设施、设备和制度、措施；董事、监事和高级管理人员具备任职资格；国务院征信业监督管理部门规定的其他条件。对从事企业征信业务的征信机构采取备案制，企业征信机构自公司登记机关准予登记之日起 30 日内，向监管部门办理备案。

（八）征信机构的发展趋势

在技术创新和金融市场自由化的激励下，征信机构不断发展，其趋势主要体现在以下 4 个方面：一是征信行业集中度迅速提高。例如，在 20 世纪初的美国，最多时有 2 000 多家地方性的征信机构。经过长期的市场竞争，现在占领市场的只是少数几家全国性的征信机构。一些大型征信机构还跨国发展，通过兼并收购、参股等形式进入新兴市场经济国家。

二是产品经营日益多元化。征信产品不仅包括粗加工的信用信息，也包括从信用信息中提炼出来的众多商业信息和方案服务。例如，益百利的业务不但包括基于数据信息的传统服务，而且也提供基于强大信息库资源分析基础上的信用风险解决方案、营销方案和消费者消费方案等服务。

三是商业化、互惠合作模式的适应性更强。征信机构除向商业银行等金融机构提供服务外，还逐渐向电信、保险等机构提供服务。这是因为客户享受先打电话后付费的服务也是一种信用交易，将这部分信息纳入征信范围，可以记录那些与银行没有借贷关系的人的信用信息，帮助这些人建立信用记录，拥有“经济身份证”。同时，研究表明，在某些国家，客户拖欠通信费用、保险欺诈等风险与客户的消费信贷风险之间存在一定的关联，征信机构所收集的反映个人信用状况的数据也能够更好地帮助商业银行、电信部门、保险机构等更好地识别和控制风险。

四是征信立法的重视程度不断提高。在目前的经济发展阶段，确定市场规则已成为市场经济有序、健康发展的必不可少的前提条件之一。一些拉美国家缺乏征信方面的法律已成为这些国家征信业发展缓慢的一个重要原因。因此，在近几年考虑建设征信体系的国家，如印度等都将征信法律法规建设与征信机构的建设一并考虑，同时进行。

二、信用评级机构

（一）信用评级及其作用

信用评级，也称资信评级，是由专业的独立机构或部门，根据独立、客观、公正的原则，采用一整套科学的综合分析和评价方法，通过收集定性、定量的信息对影响经济主体（主权国家、地方政府、工商企业、金融机构等）或金融工具（债券、优先股、结构性融资、资产证券化、商业票据等）的风险因素进行综合考察，从而对这些经济主体或金融工具在特定期间内按时偿付债务（利息、本金、优先股股利等）的能力和意愿进行评价，并用简单明了的符号将这些意见向市场公开，达到为投资者服务目的的一种管理活动。

信用评级是现代信用管理活动的重要组成部分，在现代信用活动中发挥着重要作用。

首先，信用评级已成为进入国际市场的必要通行证。一般债务发行人如果只是向当地投资者发行债务，可能并不需要评估，但如果他准备进入国际市场，在国际资本市场上发行债务，那么由于他的知名度没有那么响亮、信誉影响没有扩散那么远，国际投资者对其不会很了解，此时，信用评级就变得极为重要了。特别是在以外币发行债务时，更需要得到国际承认的信用等级。目前，这已经成为国际融资的惯例。

其次，对债务发行主体来说，信用评级可以降低其筹资成本，扩大投资者范围。例如，一个中等规模的欧洲公司通过国际资信评估可以进入日本筹集资金，这往往比其在国内投资得到的条件更有利。从宏观上讲，这说明信用评级有利于提高资本市场的效率，使资金得到有效的配置。

第三，信用评级可以为投资者指路，使投资者在五花八门的金融工具面前，借助专业机构的信用评价作为参考信息，有效地回避信用风险，从而极大地促进了社会投资的发展，并有利于经济发展。

第四，信用评级可以成为政府监管标准。美国联邦和州的监管者以及国际组织常常采用评级机构的信用评级作为监管标准，以限定特定被监管机构（比如商业银行、保险公司）持有的资产的信用价值和信用风险。许多机构投资者被禁止购买评级等级低的证券。美国证券交易委员会 2002 年报告显示，有 8 部联邦法律、47 部联邦监管规则、100 多部地方性法律和监管规则将评级作为监管基准。

最后，信用评级影响私人合约履行。投资基金内部具有合约性质的投资指南中，对基金经理的投资权限进行限制，主要依据即为投资产品信用评级，这可以防止基金经理出于增加业绩和报酬的目的而过于追逐风险业务。有的私人合约中包含“评级触发（rating triggers）”条款，即当交易对方的信用评级被调低时，能够引起债务清偿加快、提供额外的担保品、提高利率、激活原来不生效的限制性条款等法律后果。此时，评级等级的变化作为一种法律事实直接影响合同持有者的权利义务的变化，信用评级成为决定当事人权利义务的管控开关。

（二）信用评级与征信的比较

征信机构和信用评级机构同属于信用信息管理机构并共同构成社会征信体系。其相互关系及主要区别见图 3-3。

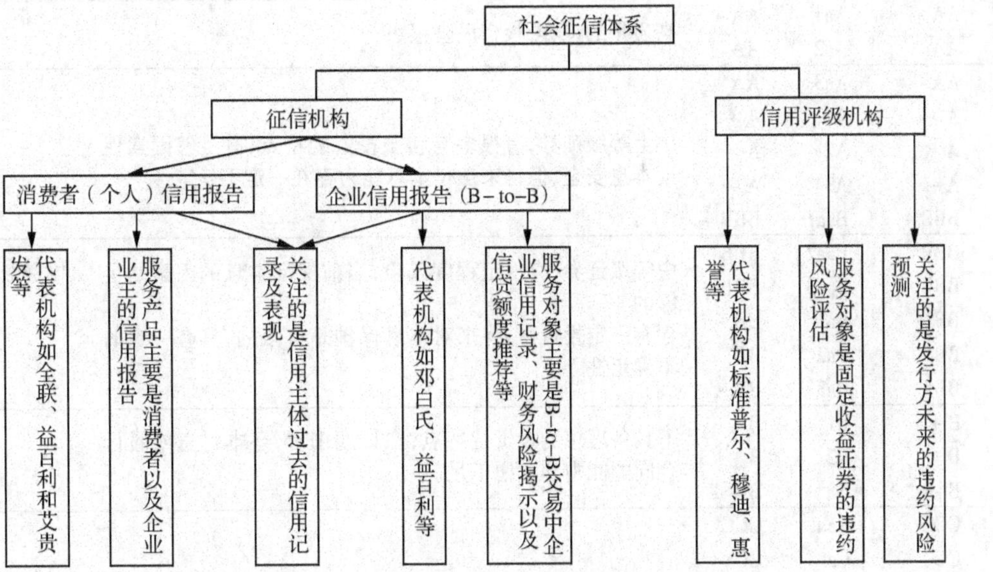

图 3-3　征信机构和信用评级机构的比较

具体地，信用评级和企业资信调查（企业征信）具有以下差异：

第一，服务的市场不同。企业资信调查主要限于商业市场，为企业间的信用交易服务，降低交易风险。而资信评级主要活跃于资本市场，目的是消除投资者和融资者之间的信息不对称，降低投资风险。

第二，调查或评级对象的范围不同。企业资信调查的对象比较单一，主要是各类企业。而资信评级则非常广泛，从商业银行、非银行金融机构、上市公司、债券到对国家偿还外债的意愿和能力的评级，都是其业务范围。

第三，委托人不同。企业资信调查是受授信人委托对被授信人的调查，委托人和被调查对象是信用交易的双方。而资信评级的委托人常常就是被评级单位自身（也有一部分是被动评估），被评级对象为了确立自己的信用等级，往往主动请求资信评级机构对其进行评级，信用评级的信用信息资料也是自己提供的。

第四，报告内容不同。资信评级最终要得出被评级机构的信用等级，而企业资信调查只将客户的客观信用情况反映出来，一般不对调查对象进行评级。

第五，收费不同。评级机构按被评级的标准收费，费用较高，从几万到几百万元不等。而企业资信调查机构的调查报告收费只有几百到一两千元人民币，费用相对低廉。

（三）信用评级的结论

信用评级的结论是一种意见的表达，即评级人员通过收集大量的信息，经过对相关不确定信息的分析评价，从而对评级对象是否能够及时支付其债务或履行金融契约的可能性表达意见。这种意见的表达是通过简单明了的符号来实现的，一定的符号代表了评级机构或人员的意见，也揭示了一定的违约风险。表 3-2 列示了不同评级机构长期评级符号及含义。

表 3-2　标准普尔、穆迪、惠誉的长期评级符号及含义①

标准普尔	穆迪	惠誉	含义	备注
AAA	Aaa	AAA	最高质量证券，投资风险最小	投资级别
AA +	Aa1	AA +	高质量的证券，投资风险很小	
AA	Aa2	AA		
AA −	Aa3	AA −	中上等级证券，有很多有利于投资的特点，有足够因素保证本息安全，但将来偿付本息能力存在一定不确定性	
A +	A1	A +		
A	A2	A		
A −	A3	A −		
BBB +	Baa1	BBB +		
BBB	Baa2	BBB	中等级证券，有一定程度风险，当前保证本息的因素是足够的 含有一定投机性，将来对本息保护是有限的，具有一定的不确定性	投资级别
BBB −	Baa3	BBB −		
BB +	Ba1	BB +		
BB	Ba2	BB		
BB −	Ba3	BB −		
B +	B1	B +	不具备理想的投资性特点，在长期来看，还本付息或履行合同的能力和意愿不足	
B	B2	B		
B −	B3	B −		
CCC	Caa	CCC	信誉较低，违约的风险较大，具有典型的投机性质，投资存在很大的风险	倾向于违约
CC	Ca	CC		
C	C	C		
R		DDD		
SD and D		DD		
N. R		D		

（四）信用评级机构

信用评级机构是专业从事信用评价的独立的社会中介机构，它运用定量分析和定性分析相结合的方法，建立科学的信用分析模型与指标体系，对信用主体的信用能力与信用水平做出客观、科学、公正的综合评价，并用特定的等级符号标定其信用等级，其基本产品是信用评级报告。信用评级机构的中立、专业、公正的形象是获得投资者及其他主体信任感和安全感的根基。

由于每个国家的发展阶段和国情不同，资本市场的建立健全也存在很大差异，使得各个国家的资信评级机构建立的过程、股权结构、业务范围等存在一定的差异。例如，美国 20 世纪初期债券市场就得到了很好的发展，因此资信评级机构建立的时间也早，特别是 1970 年以后发行的债券种类繁多，很多企业通过发行商业票据来筹集资金，从而造成美国的债券评级发展迅速。而韩国、菲律宾、印度等亚洲国家到 20 世纪 80 年代之后才陆续建立评级机构，中国、马来西亚、泰国等新兴市场国家则更晚才建立评级机构。根据国际清算银行（Bank for International Settlements，简称 BIS）2000 年 8 月发布的一份报告显示，全球大约有 130 ~ 150 家资信评级机构，这些机构大部分规模较小，并根据地理区域的不同，其业务范围主要集中在当地范围很小的市场上。除了标准普尔、穆迪、惠誉 3 家

① 袁敏：《资信评级的功能检验与质量控制研究》，立信会计出版社，2007 年，第 7–8 页。

评级机构得到广泛的认可之外,其他的公司中只有很少一部分得到官方的认可用于监管目的。报告将这些评级机构分为3类:全国性的评级公司、地方性的评级公司和全球性的评级公司。第一类公司最典型的代表是瑞典,该国的很多机构使用统计模型来确定那些在全国市场上经营的公司的信誉;第二类公司则是将其业务重点放在特定的区域内,典型代表是资本情报公司(Capital Intelligence),该公司业务集中在如海湾、地中海、亚太以及中东欧等区域内;第三类公司则是真正意义上的全球性评级机构,一家机构能否确定为全球性的评级机构依赖于公司的规模和业务是否达到一定标准,典型的如标准普尔、穆迪、惠誉等。

(五) 国际知名的信用评级机构

目前,世界上最大的资信评估公司是穆迪投资者服务公司(Moody's Investors Service)、标准普尔公司(Standard & Poor's)。

穆迪公司是美国评级业务的先驱,也是当今世界评级机构中最负盛名的一个。穆迪公司总部位于纽约的曼哈顿,最初由约翰·穆迪(John Moody)在1900年创立。穆迪曾经是邓白氏的子公司,2001年邓白氏公司和穆迪公司两家公司分拆,分别成为独立的上市公司。穆迪公司1909年首创对铁路债券进行信用评级,1913年开始对公用事业和工业债券进行信用评级。它不仅对国内的各种债券和股票进行评级,还将评级业务推向国际市场。1950年,其评级对象包括加拿大、澳大利亚、世界银行等发行的债券,1970年又扩展到欧洲和日本的债券。根据业务范围和评级对象的不同,穆迪公司内部设有综合、市政、公用事业、金融机构、结构性融资等专职部门。在美国的公司债券市场上,穆迪公司评级覆盖面约占99%以上,短期商业票据市场约占100%。目前,穆迪在伦敦和东京各设有一个评级公司,前者负责对欧洲和海湾国家的评级,后者负责对亚太地区的评级。穆迪在全球有800名分析专家,1 700多名助理分析员,在17个国家设有机构,股票在纽约证券交易所上市交易。1975年,美国证券交易委员会将穆迪公司认可为"全国认定的评级组织(Nationally Recognized Statistical Rating Organization,简称NRSRO)"。穆迪的信用等级标准从高到低划分为:Aaa级、Aa级、A级、Baa级、Ba级、B级、Caa级、Ca级和C级。对信用评级的结果,穆迪公司通过发行各种资料迅速向外发布,包括《公司信用报告》、《国际债券述评》、《市政信用报告》、《短期市场报告》以及《信用评级概述》等。

标准普尔由亨利·瓦纳姆·普尔(Henry Varnum Poor)于1860年创立,总部位于美国纽约市,是世界权威金融分析机构,同穆迪公司一样,也是美国证券交易委员会认可的NRSRO。标准普尔2009年的营业额达2.61亿美元,在全球雇佣了大约1万名员工。2008年标准普尔评级服务新授予及调整评级数量超过11.5万个,授予评级的债务类证券超过100个国家。2008年标准普尔授予评级的债务总规模约为2.8万亿美元。标准普尔公司在每月出版的《债券指南》上对每种上市债券加以介绍,内容包括收益、上市情况、适宜的投资机构、债券形式、赎回条款、收益保险总额和债券等级等。标准普尔还拥有久负盛名的基准指数组合,其中美国市场为标准普尔500指数,全球市场为标准普尔1 200指数。目前全球超过1.5万亿美元的资产直接以标准普尔指数为标的,超过5万亿美元的资产选用标准普尔指数作为比较基准。

(六) 我国信用评级机构的发展

我国信用评级行业诞生于20世纪80年代末,经历了3个发展阶段。

1. 初创阶段(1987—1994 年)

1987 年,国务院颁布了《企业债券管理暂行条例》,对企业债券实行统一管理。为了统一、规范债券市场的管理,银行系统内先后共成立了 20 多家信誉评级公司,一些专业银行的咨询公司、信息部门等也参与了信用评级工作。1988 年后,中国经济出现严重的通货膨胀,国务院作出《关于清理整顿金融性公司的决定》,1989 年,中国人民银行总行下发了《关于撤销人民银行设立的证券公司、信誉评级公司的通知》,中国人民银行和专业银行设立的评级公司一律撤销,业务统归信誉评级委员会办理。1990 年 8 月,中国人民银行下发了《关于设立信誉评级委员会有关问题的通知》,确立了银行内部信用评级的组织体系问题。至 1992 年底,信用评级进入了以组建信誉评级委员会为基本模式开展业务的阶段。信誉委员会的评级大多属于银行的内部评级,目的是为银行自身资产质量管理提供一个尺度,这与独立公正地进行评级、为第三方提供信息服务的市场导向型的信用评级制度有着根本的区别。

在银行内部建立信誉委员会的同时,独立的信用评级机构也在酝酿中产生。1988 年 3 月,我国第一家独立于银行系统的社会专业信用评级机构——上海远东资信评估公司由上海社会科学院出资建立。1992 年 7 月,由中国金融教育发展基金会、上海财经大学等参股的上海新世纪投资服务公司在上海挂牌成立。1992 年 10 月,由中国信达信托、中国证券业协会等一些非银行金融机构联合组建中国诚信证券评估公司在北京挂牌成立。1994 年 3 月,大公国际资信评估公司注册成立。1993 年 3 月成立的深圳市资信评估公司和厦门金融咨询评信公司也先后成为独立的社会信用中介服务机构。

这一阶段是我国信用评级行业探索形成阶段,具有明显"二元"的特征,即银行内部信誉评级委员会和独立的信用评级公司并行的特征,统一的信用评级市场还没有形成。

2. 转型阶段(1995—2000 年)

1995 年后,各地附属于银行系统的信誉评级委员会纷纷改制,成立信用评级公司,实行市场化运营。这个时期信用评级机构数量激增,最多时曾达 90 多家,其中有 20 家具有独立法人资格。1997 年 12 月,中国人民银行(银发〔1997〕547 号)认可了 9 家从事全国范围内债券资信评估业务资格的评级机构。虽然信用评级机构数量众多,但是信用评级业务依然限于企业债评级,而在此期间企业债发行规模下降,信用评级机构的业务量开始萎缩,不少评级机构开始转向资产评估、企业财务顾问、咨询服务等。

这一阶段是信用评级业由"二元型"转向"完全市场导向型"的洗牌阶段,大批的评级机构进行转型,一个统一的信用评级市场逐渐形成,信用评级业作为一个独立行业已现雏形。

3. 全面发展阶段(2001 年至今)

2000 年末,中央经济工作会议和《国民经济和社会发展"十五"规划》提出"加快建立健全社会信用制度",金融监管部门将信用评级机构纳入监管体系,社会各界也逐渐认识到信用评级在社会信用体系中的重要性,一大批新的评级机构挂牌成立。2003 年,中国保监会发布《保险公司投资企业债券管理暂行办法》,并先后以〔2003〕74 号、92 号、133 号文的形式使中诚信、大公、联合、远东资信和新世纪等 5 家机构成为中国保监会"认可的信用评级机构"。同年,中国证监会公布了《证券公司债券管理办法》,上述 5 家评级机构出具的债券评级报告,证监会予以认可。2005 年,上述 5 家评级机构成为中国人民银行认可的第一批银行间债券市场信用评级机构。至此,我国形成了以中诚信、大公、联合、远东资信和新世纪为主体的信用评级市场体系。

2006年,美国评级机构开始全面进入中国信用评级市场,参股中国信用评级机构,信用评级机构的国际合作拉开序幕。2006年,穆迪收购中诚信49%股权并接管了经营权,同时约定7年后持股51%,实现绝对控股;同年,新华财经公司(美国控股)收购上海远东62%的股权,实现了对该机构的直接控制;2007年,惠誉收购了联合资信49%的股权并接管经营权;2008年,标准普尔也与上海新世纪达成协议,开始战略合作。截至2009年底,全国共有专业从事信用评级业务的法人机构80家,其中具有全国性评级资质的机构5家。

这一阶段是我国信用评级机构快速发展的阶段,由五大全国性信用评级机构为主体的信用评级体系已经形成,它们占有的评级市场的份额达到90%以上;信用评级机构已成为我国金融监管体系的一个重要部分,外资进入参股我国评级机构,信用评级机构发展走向国际化。

第三节　信用管理服务机构

深层次的信用管理服务机构主要包括商账追收、信用保险、保理、担保等类企业,它们主要为信用活动从开始到终结提供社会化、专业化的管理服务。

一、商账追收机构

(一)商账追收

商账追收是专业的追账公司向授信人提供的服务,是指商账追收公司受顾客委托从事合法的催账和追收账款活动,其手段以信用记录和提起法律诉讼威胁欠债方,并根据收回的款额,提取一定比例的佣金。商账追收业务又分为国际追账和国内追账。在征信国家,商账追收活动是合法的,其主要手段是帮助授信人向不能履约的客户进行电话催收、依法要求债务人守信、提请法律诉讼等。世界各国对商账追收公司业务的管理与规范都很严格,均有立法约束,例如,美国有专门的《公平债务催收作业法》。有些国家只允许律师从事商账追收服务。一般而言,商账追收类公司必须同律师事务所和公安部门合作。在美国,成立一家具有商账追收业务的公司,还需要向政府注册部门交纳相当大的一笔抵押金。目前,随着征信业的发展和多种金融衍生工具的出现,商账追收公司的服务也从单纯的追账扩大到委托合同管理、合同买卖、账龄分析和预警服务等。

(二)商账追收的优势

比起其他追账手段,商账追收机构提供的服务更具优势。首先,商账追收机构作为"纠纷调解人",其服务方式比法律诉讼温和。因为它既能作为债权人的代理人向债务人施加压力,又能客观分析债务的情况,努力帮助债务人寻找解决纠纷的办法,很多情况复杂积怨很深的矛盾就在调节中得以圆满解决。其次,商账追收机构的追账具有"合作收账"的操作特点,在本国和世界范围内建有一张巨大的由追账机构的子公司、合作公司、律师机构、个体追账员组成的收账网络。即使追账机构离债务人有千里之遥,其收账员也能够就近对债务人进行追踪。这样,对债务人就造成更大的心理压力。不仅如此,遍及世界各地的追债员还消除了与债务人之间的语言文化障碍,便于沟通和协商。他们更加熟悉当地法律法规,从而追账力度更大,效果更好。第三,作为专业机构,商账追收机构一般具有相当丰富的经验和知识,比授信人更为专业,效率更高。最后,专业追账通常“不追回账款不收取佣金”,对于客户来说,不必冒额外损失的风险,因而更节约成本。

(三)国际著名的商账追收机构

国际著名的商账追收公司和收账协会有美国追账局(America Bureau of Collections,简称ABC)和美国国际收账协会(America Collectors Association International,简称ACA)。其中,ABC创始于1929年,发展历史悠久,是美国该行业领导者,是全球最具威望的国际商账追收服务机构,保持着行业中最高的商账追收成功率,服务网络覆盖全球146个国家和地区。ACA于1939年成立,目前拥有11 000家会员,分布于55个国家和地区。

(四)我国的商账追收机构

商账追收业务由外经贸部计算中心于1991年底引入我国,当时主要目的是帮助中国外贸企业追讨海外欠款。到2001年,总共为我国企业追回5 000多万美元欠款。但是,国内商账追收是一个存在巨大争议的行业。在西方国家,商账追收行业是合法行业,有专项法律约束,其追讨手段是合法的信用压力和法律压力,每年帮助企业和个人处理的欠款案件远远多于律师事务所的清理案件,是维护信用经济秩序的一支骨干力量。而在我国,目前还没有制定针对商账追收的法律条文。社会上某些黑社会性质的组织和地方执法部门,公开利用非法手段追收欠款,给社会安定带来巨大的隐患。2000年,中国国家经贸委、公安部、国家工商局联合发布《取缔各类讨债公司,严厉打击非法讨债活动的通知》,明令取缔各类讨债公司,禁止任何单位和个人开办任何形式的讨债公司,该规章至今有效。然而,我国要发展信用经济,就必须开放这个业务。

目前,通过各种方式在内地开展商账追收业务的机构大致有3类:一类是国际征信公司在国内的分支机构,主要瞄准国内企业在海外的债款追讨业务,如ABC公司等;这类国际性公司对我国市场潜力寄予厚望。第二类是国内征信公司,如新华信商业信息咨询、华夏国际、上海中商、中贸远大等。因为目前在国内催收账款还没有得到法律的完全认可,所以国内公司往往采取“迂回”的策略,或者依靠律师网络、或者以客户名义,不以第三方身份参与直接的追账活动。第三类则是分布在内地的一些小型中介公司,打着各种名目暗地进行追债活动,采取的手段往往不规范,其中一部分是国家工商部门查处的对象。

二、信用保险机构

(一)信用保险

信用保险是在出口贸易或相关经济活动中发生的,是以在商品赊销和货币借贷中的债务人的信用作为保险标的,以债务人到期不能履行其契约中的债务清偿义务为保险事故,由保险人承担被保险人(债权人)因此遭受的经济损失的赔偿责任的一种保险。信用保险与财产保险、人身保险和再保险并称为四大保险业务。

信用保险包括出口信用保险、政治风险保险和消费信贷保险等。

出口信用保险是指以出口贸易和海外投资中的外国买方信用风险为保险对象、以出口企业在执行出口合同中应当享有的合法权利为保险标的的信用保险。在现代国际贸易中，非信用证结算方式已被广泛采用，并且比重呈逐渐增加的趋势。出口商如果一味坚持信用证结算方式，势必会将自己置于不利的竞争位置。但采用灵活多样的收汇方式，出口商承担的风险又太大，面临买方商业信用风险等问题。如果购买出口信用保险就可以有效地解决类似问题。因此，在非信用证结算方式盛行的现代国际贸易中，出口信用保险成为规避信用风险的有效工具之一。出口信用保险是最常见的信用保险形式，其保险责任包括商业风险及政治风险。其中，商业风险包括：买方无力偿付债务或破产、买方拒收货物并拒付货款、买方拖欠货款；政治风险包括：买方国家禁止或限制汇兑、买方国家撤销进口许可证、买方所在国或货款须经过的第三国颁布延期付款令、战争、暴乱或革命、被保险人和买方均无法控制的非常事件等。

政治风险保险也称投资保险，承保出口企业在从事海外投资活动过程中，因进口国政治、社会、法律的影响所造成的投资损失，其目的是鼓励本国企业走出国门投资设厂、承包工程，刺激本国金融机构向走出国门的国内企业给予信贷支持，并且改善国内投资环境，吸引外商投资。与一般商业保险不同，投资保险有着鲜明的政策性，是各国政府鼓励企业在海外投资建厂的扶持政策之一。投资保险所承保的风险具体有 3 种：一是没收，指进口国对外国投资企业征用、没收或国有化，致使其投资全部或部分归于丧失；二是禁止汇兑，指进口国或任何与项目还款有关的第三国政府颁布法令实行外汇管制，禁止或限制汇兑；三是战争，指因进口国与本国或与任何有关的第三国发生战争、敌对行为以及内战、革命、叛乱、暴动或其他骚乱等，以致不能继续经营投资所在国的企业。

消费信贷保险指消费者在申请银行贷款时，根据有关协议向保险公司为所借款项投保贷款保证保险，当贷款人在保险范围内未履行还本付息义务时，保险公司则先予以偿还银行贷款本息的一种具有担保性质的保险业务。目前，市场上主要有个人住房抵押贷款保证保险和个人汽车消费贷款保证保险两种保险。在消费信贷保险业务中，投保人为借款人，被保险人为贷款银行。借款人缴纳一定的保费后，信用保险公司就可以补偿银行在从事消费信贷业务中的损失，既可以保证银行资产的安全，又对刺激消费具有积极作用。在一些征信国家，商业银行的消费信贷和保险公司的信用保险相互配合，不仅可以扩大各自的业务、规避风险，而且可以共同发展。在法国，仅国家人寿保险公司就向 800 万借款人提供了借款保险。在美国，信用保险被认为是最大的保险市场。美国的金融机构在进行个人消费信贷运作时，一般还要求借款人进行人寿保险和抵押贷款保险。

（二）出口信用保险机构的主要类型

就出口信用保险机构来看，主要有 4 种类型：一是政府特别设立的独立机构，如“英国出口信贷担保局”，由政府直接出面开办专门的出口保险业务；二是政府出资成立的全资公司，如“澳大利亚出口融资与担保公司”，政府成立专门的出口信用保险机构为出口商提供各种信用保险服务，我国的“中国出口信用保险公司”也属于此类；三是政府授权主导的私营公司，如“法国对外贸易保险公司（COFACE，科法斯）”，政府指定现有的私人保险公司作为政府的代理向出口商提供出口信用保险服务；四是国营进出口银行，如“美国进出口银行”，在一国只有一家专门的官方出口信用机构，它既向出口商提供出口信用保险，又直接办理出口融资，保险和融资业务紧密结合。

（三）世界知名的信用保险机构

世界知名的信用保险公司有法国的科法斯等。科法斯是世界三大信用保险公司之一，1946年由法国政府发起，法国各大银行与再保险公司共同出资成立，专业从事企业应收账款管理和保障业务，总部设在巴黎。目前，科法斯拥有全球商业出口信用保险25%的市场份额，在58个国家设立直属分支机构，通过合作伙伴能在93个国家提供服务，为超过3 000亿欧元的贸易提供应收账款安全保障，85 000多家企业客户遍及世界各地。科法斯独家拥有内存全球4 400万家企业付款记录与信用报告的动态数据库——共同风险体系（common risk system）。除了信用保险业务，科法斯还提供包括协助寻找潜在客户、投资保险、资信调查、客户信用管理、逾期账款追收等在内的全方位服务。世界另两大信用保险公司分别是荷兰安卓（Atradius）和德国裕利安宜（Euler Hermes）保险公司。

（四）我国主要的信用保险机构

我国出口信用保险开展较晚。1986年，中国人民保险公司成立了出口信用保险部并开始承接出口信用保险业务。1994年，中国进出口银行作为政策性银行也开始办理出口信用保险业务。在此期间我国出口信用保险业务发展并不顺利，承保率只有1%左右。2001年，财政部出资40亿元，将中国进出口银行和中国人民保险公司的出口信用保险业务合并，组建了我国唯一的政策性出口信用保险公司——中国出口信用保险公司。中国出口信用保险公司的成立标志着我国出口信用保险业进入了一个崭新的发展时期，出口信用保险对我国外经贸的支持作用也日益显现。截至2010年底，中国信保累计支持的国内外贸易和投资的规模约4 880亿美元，为上万家出口企业提供了出口信用保险服务，为数百个中长期项目提供了保险支持，包括高科技出口项目、大型机电产品和成套设备出口项目、大型对外工程承包项目等。同时，中国信保还带动100多家银行为出口企业融资超过7 500亿元人民币。

（五）信用保险国际性组织

著名的信用保险国际性组织有伯尔尼协会（Berne Union，简称BU）和世界银行集团的“多边投资担保机构（Multilateral Investment Guarantee Agency，简称MIGA）”。伯尔尼协会全称“国际信用和投资保险商联合会”，总部设在瑞士伯尔尼，秘书处设在伦敦，成立于1934年，由英、法、意和西班牙4国的出口信用保险机构发起，现有48个成员国，来自40多个国家和地区。伯尔尼协会下设短期出口信用、中长期出口信用和投资保险3个专家委员会，每年召开两次全体会议和多个专题研讨会。该协会的宗旨是努力达成世界共识，维护并确立国际贸易信用条件和基本原则；促进良好的投资环境的形成，并确立海外投资保险的基本原则；为协会成员提供信息、帮助、专业知识的交换，并在出口信用保险的商业和政治风险等领域提供建议。伯尔尼协会在世界贸易中起着很大的支持和促进作用：1982年至2000年，伯尔尼协会各成员支持了总额为6万5千亿美元的出口，支付了1 650亿美元的赔款，支持的投资额为963亿美元。协会成员支持的出口占本国一般贸易出口总额的比重平均为10%（我国6.7%，日本50%，英国45%，韩国15%）。中国人民保险公司于1996年以“观察员”身份加入伯尔尼协会，1998年成为正式会员。目前，中国出口信用保险公司作为来自中国大陆的唯一代表履行伯尔尼协会会员的各项权利和义务。

多边投资担保机构作为世界银行集团的一员，成立于1988年，该机构向外国私人投资者提供政治风险担保，包括征收风险、货币转移限制、违约、战争和内乱风险担保，并向成员国政府提供投资促进服务，加强成员国吸引外资的能力，从而推动外商直接投资流入发展中国家。

三、保理机构

（一）保　理

保理，即保付代理（factoring），是保付代理商与以赊销方式出售货物的供货商之间的一项综合安排。根据这一安排，供应商售出货物后，将应收账款的债权以无追索权方式一次性卖给保理商，即可获得保理商提供的货款催收、贸易融资、坏账担保、账务管理等多项服务。保理类公司通过购买他人的债权而获利。现代保理业务已从单纯地向买方收取货款发展为包括担保付款、提供融资与账务管理等业务在内的综合金融服务。国际保理是保理商为国际贸易赊销方式（指非信用证方式，包括赊销 O/A、承兑交单 D/A 等）提供的将出口贸易融资、外贸逾期应收账处理、收取应收账款、买方信用担保等融为一体的金融服务。目前在欧美国家，特别是在欧盟内部，80% 的进出口业务都是采用非信用证方式，并由保理商代理收款。国际保理业务在国际贸易结算与融资领域已占据越来越重要的地位。

以双保理商保理运行模式为例，国际保理业务的具体运作程序一般为：

（1）出口保理商与进口保理商之间签订国际保理协议；

（2）出口保理商与出口商之间签订国际保理合同；

（3）出口商向出口保理商申请债务人（进口商）的信用额度；

（4）出口保理商将信用申请传递给进口保理商，由其进行调查；

（5）进口保理商对进口商进行资信调查评估；

（6）进口保理商将批准的额度制成信用额度证实书通知出口保理商，再由出口保理商将其传递给出口商；

（7）出口商依据信用额度证实书上的额度金额发运货物；

（8）货物发出后，出口商如需资金融通，则将全套正本单据寄送出口保理商；如不需要资金融通，则将发票副本传送给出口保理商；

（9）出口保理商将上述单据传送给进口保理商；

（10）出口保理商视出口商需要，提供发票金额的 70% ~90% 的资金融通；

（11）进口保理商在规定的时间内按照商业惯例向进口商催收货款；

（12）在货款到期日，进口商将货款交给进口保理商，后者将其转交给出口保理商；

（13）出口保理商在扣除预付款、服务费等项目后，将货款余额全部付给出口商。

通过以上步骤，可以看出在整个业务过程中，出口商只需同出口保理商接触，进口商也只向进口保理商联系，没有语言及社会习惯等方面的障碍，从而使国际贸易活动变得非常方便。

（二）国际性保理组织

目前，世界上国际性保理组织共有 3 个，分别是国际保理商联合会（Factors Chain International，简称 FCI）、国际保理协会（International Factors，简称 IF）以及哈拉尔海外公司（Heller Oversea Corporation）。在这 3 个组织中，规模最大且最具影响的首推国际保理商联合会。该组织1968年11月成立于荷兰,总部设在阿姆斯特丹,是目前全球最大的保理机构网络,到2010年底,它已覆盖67个国家,是一个由全球各国保理公司参与的开放性的跨国民间会员组织。其目的是为会员提供国际保理服务的统一标准、程序、法律依据和技术咨询,并负责会员公司间组织协调和技术培训工作。凡可提供保理服务的具有良好信誉的公司、银行部门或金融公司,均可申请加入FCI。其所颁布的《国际保理业务惯例规则》已经成为世界保理业务运行所必须遵循的法律依据。我国是该组织拥有会员最多的国家,入会成员全部是银行,截至2010年底,我国入会成员达22个,包括中国银行、中国建设银行、中国农业银行、中信银行、中国光大银行、上海浦发银行、华夏银行、大连银行、上海银行等等。

(三)我国保理行业的发展

我国由中国银行在1988年率先推出国际保理业务,由于起步较晚,我国的国际保理业务还处于初级发展阶段,与欧美等国还有较大差距。据统计,2009年英国、意大利、法国、德国、澳大利亚和美国分别以15.2%,9.7%,10%,7.8%,3.1%和6.9%的比率占据世界保理市场。而在亚洲,日本和中国台湾地区也分别占有世界保理市场6.5%和2.6%的份额。同年,我国保理业务总量为673亿欧元,仅占世界市场份额的0.052%。

四、信用担保机构

(一)信用担保

信用担保是由信用担保机构与债权人约定以保证的方式为债权人提供担保,当被担保人不能按合同约定履行债务时,由担保人进行代偿,承担债务人的责任或履行债务的行为,是一种信誉证明和资产责任结合在一起的金融中介行为。信用担保机构通过提供集中的、系统的担保,能够引导资金和其他经济资源的配置,具有经济杠杆的作用。信用担保机构可以根据政府在不同时期的经济政策、财政政策自动调整和扩展业务范围,因此,信用担保可以成为与政府的经济政策、财政政策长期协调和配套使用的政策工具。

(二)信用担保机构的经营特点

信用担保是一种专业极强的高风险业务,担保机构对资金的倍数放大作用也是对风险的放大。担保机构的功能之一是增加信用,也就是说,某些信用等级较差的债务人只有经过担保机构的担保才能获得信用,这使得担保机构的风险明显高于债权人。另外,担保机构还要承担来自担保机构本身、债权人和政府监管部门的各种风险。

信用担保机构具有的有形资产主要是担保资本。作为意外风险代偿能力的一种证明,担保资本一般处于现金状态,不参与经营周转。因此,信用担保机构的日常运作以无形资产运作为主,经营的产品是信用,管理的对象是资金风险价值。信用担保机构的无形资产主要体现在其风险控制能力上。这就要求担保机构把人力资本作为第一要素,使用一专多能的人才,开发风险识别技术、风险评价技术、风险测试技术、风险控制技术和风险处理技术,形成担保机构的技术核心竞争力,这样才能有效管理资金的风险价值。同时担保机构还要非常注意自己的信用行为,树立“信用无小事”意识,任何一个细小的不良信用行为都可能使自身的无形资产迅速贬值。

信用担保机构作为一个风险管理机构,必须把自己承担的风险大部分按照风险递减转移原则转移出去,使自己承担的风险与收益基本相当,才能可持续发展。通常担保风险递减转移的对象：一是债权人，它在与债务人之间的信用交易中一般都掌握一定的信息披露，也愿意且应该承担一个与自己收益相对称的低风险；同时利用交易手段也能控制一个较低的风险。这就是国际上担保机构只担保银行贷款80%左右风险的道理。二是债务人的关键人物或关联企业，他们也都具备信息、信心和能力3要素。

除了风险递减转移，信用担保机构还可以进行风险分散、风险转嫁。风险分散是指担保机构总体风险分配不能过分集中在少数企业或少数行业上，而应尽量分散在相关性很低的众多企业上，这样担保机构总体风险才可明显降低。风险转嫁是指风险简单转出，包括再担保、比例分保、政府补偿等。

（三）信用担保机构的类型

按照设立及运作模式不同，信用担保机构可分为3种类型：政策性担保机构、商业性担保机构和互助性担保机构。政策性担保机构是政府为扶持中小企业而建立的、不以营利为主要目的非金融机构，一般具备3个特征，即由政府财政出资，并有持续的出资安排；担保业务体现国家扶持中小企业发展的政策意图；政府承担最后的风险。商业性担保机构是民间投资的、以营利为主要目的的担保机构。一般是独立法人，以商业化运作、营利目的和同时兼营投资等其他商业业务为特征。互助担保机构是中小企业为缓解自身贷款难而自发组建的担保机构，实行会员制，以会员出资为主、以会员企业为服务对象，一般在县（区）和社区设立。主要特征是成员企业之间的互助行为，不从事贷款担保以外的投资业务，不以营利为目的。

商业性担保机构在提供多种专业化服务方面具有相对优势，但其收取的费用高，申请条件苛刻，决定了其服务范围和空间十分有限。政策性担保机构能够将政府的扶持意愿直接作用于服务对象，以达到调整产业结构、优化产业分布和资源配置的目的。但由于其主要靠财政拨款，存在政府干预行为，容易诱发道德风险和逆向选择，降低担保资金的使用效率；一旦担保风险发生并无法化解时，最后风险将转嫁到政府身上，增加财政负担，形成财政风险。互助性担保机构服务企业范围广，基金来源广泛，获取会员信息的成本低、担保费用低、贷款利率低，可以有效地运用各种正式和非正式手段对会员的无形资产进行控制，为会员提供担保和服务也更为积极。

（四）我国信用担保机构的发展

我国从20世纪90年代开始推动信用担保体系建设，1993年前后，在重庆、上海、北京等地即出现了专门为企业提供流动资金贷款担保服务的独立担保机构。近10多年来，各类信用担保机构更是如雨后春笋般兴起，并逐渐形成了“一体、两翼、三层”的信用担保体系，即以政策性担保机构为主体，占到担保业90%以上，主要是以地方经贸委会同财政、银行等部门共同组建；互助担保和商业担保机构形成信用担保的有效补充；在城市、省及国家3个层面均设立信用担保机构。各类信用担保机构的设立和运行，为中小企业融资担保建立了一个较好的市场化机制，信用担保机构成为银行、中小企业之间在融资关系上的桥梁和纽带。

五、信用管理咨询机构

信用管理咨询是一个服务性行业，是掌握扎实的管理知识基础和丰富的实际管理经验，并掌握了咨询技法的人所从事的智力密集型的服务行业。信用管理咨询既是信用风险管理的重要组成部分，也是管理咨询的众多门类之一，咨询的内容包括信用管理诊断、信用管理机制的建立、信用政策制定、组织机构整合、信用分析与决策咨询等顾问服务。

信用管理咨询服务一般从企业的市场营销、销售管理、客户资源管理、资金安全和使用效率4个方面着手，分析企业存在的问题，利用信用风险控制原理加以解决，帮助企业建立起以信用管理机构为核心，以客户资源管理系统、销售风险控制系统和货款回收管理系统为框架的内部信用风险管理体系。其服务一般包括以下具体内容：

（1）通过信用管理职前培训，系统培训企业管理、销售、财务、客户服务等部门的人员，传授信用管理理论与实务知识，提高企业信用管理意识和管理水平。

（2）通过诊断企业营销管理模式，财务管理模式，库存、储运、物流管理模式，分析企业信用管理存在的缺陷。

（3）通过整合企业组织结构，建立和完善企业信用管理部门。

（4）通过制定完善的信用管理政策，帮助企业建立各种信用管理规章制度，规范企业内部纵向信用管理模式和横向信用营销模式，编纂对内、对外信用管理手册，确定企业各项信用管理作业流程。

（5）通过建立客户信用档案数据库，收集和整理企业各部门的客户资料，规范客户资料的标准化管理。

（6）通过建立应收账款管理和跟踪制度，完善后期信用管理的每一步流程。

（7）通过研究行业特征、企业特征和客户群特征，确定信用评估评级模型数据。

信用管理咨询服务可以帮助企业建立和调整信用管理体系，即给企业制定连贯一致的信用政策，提升信用部门的工作效率，指导和协调企业的信用销售活动，建立销售和信用部门相互间沟通的桥梁，提高整体业绩，运用信用工具，帮助企业完成客户信息的收集和评估，确定标准化的信用申请、信用条件的审批与授信流程，加速信用决策，建立系统有效的方法实施催收，保障企业债权等，从而使企业能够更好地管理客户和应收账款、降低坏账风险，优化现金流量，支持企业实现成本最小、收益最大的目标。

作为专业化从事信用管理咨询业务的机构，信用管理咨询公司最重要的产品是人——众多具有丰富经验、知识的管理咨询师，人员管理是信用管理咨询机构进行资产管理的核心，对从吸引人才、招聘和选拔人才到留住人才、培养人才，都是非常关键的。同时，知识管理是知识和经验积累、质量控制的保证，对信用管理咨询机构也具有特殊重要的意义。典型的管理咨询公司的知识管理主要是信息管理，是对管理咨询公司的知识财富进行积累、整理和增值的过程，包括案例的积累、知识的积累、研究成果、行业报告、行业数据库、信息来源、自己的理论体系和工具等等。信用管理咨询机构的其他日常经营及管理活动内容包括：招募和培养咨询师、寻找项目、时间分配、客户关系、行政支持等。

本章小结

信用管理中介服务机构是向市场主体的信用活动提供技术支持的行业，主要功能是在技术上支持信用活动。它主要包括信用信息管理机构、信用管理服务机构等两大类8

个分支。信用管理中介服务行业的发展是社会信用体系中极为重要的一环。各类信用管理中介服务机构均是在19世纪首先产生于世界主要发达国家。

征信机构是以企业和个人信息形成的征信数据为“原材料”,对其进行加工处理,向客户提供信息产品和增值服务的机构。其主要服务内容包括信用服务、决策分析、市场营销方案和直接为消费者服务等。

信用评级机构是专业从事信用评价的独立的社会中介机构,其基本产品是信用评级报告。信用评级机构的中立、专业、公正的形象是获得投资者及其他主体信任感和安全感的根基。

商账追收机构受顾客委托从事合法的催账和追收账款活动,其手段以信用记录和提起法律诉讼威胁欠债方,并根据收回的款额提取一定比例的佣金。

信用保险机构提供包括出口信用保险、政治风险保险和消费信贷保险等在内的保险业务,可以帮助授信人有效化解出口贸易、海外投资、消费信贷中的债务人信用风险。

保理机构为以赊销方式出售货物的供货商提供货款催收、贸易融资、坏账担保、账务管理等综合金融服务。

信用担保机构与债权人约定以保证的方式为债权人提供担保,当被担保人不能按合同约定履行债务时,由担保人进行代偿,承担债务人的责任或履行债务。信用担保机构通过提供集中的、系统的担保,能够引导资金和其他经济资源的配置,具有经济杠杆的作用。

信用管理咨询机构是专业化从事信用管理咨询业务的机构,其最重要的产品是人——众多具有丰富经验、知识的管理咨询师,是一个智力密集型的服务行业。

重要概念

信用管理中介服务机构　信用信息管理机构　信用管理服务机构　征信　征信机构　企业资信调查　消费者个人信用调查　信用评级　商账追收　信用保险　保理　国际保理　信用担保　信用管理咨询

思考与练习

1. 简述信用管理中介服务行业的分类。

2. 建设和运行征信系统有哪些模式?

3. 信用评级的主要功能和作用是什么?

4. 什么是商账追收?它具有什么优点?

5. 什么是信用保险?它有哪些基本种类?

6. 叙述我国信用管理中介服务行业的发展现状、存在的问题,以及如何促进其更好地发展。

第四章 信用分析技术

第一节 信用分析概述

一、信用分析的意义

信用分析是依据一定的信用标准和信用评价指标体系，运用科学的评价方法，根据客户（企业）法人代表素质、经营情况、财务状况、销售实绩及发展前景等信息，对其偿债能力和履约意愿等信用特征进行综合测度，据以判断客户信用状况的过程。信用分析是进行企业信用风险度量和风险甄别的重要环节，从信息经济学的角度看，是为了降低交易双方之间的信息不对称；从风险管理的角度看，是为了提高对受信主体信用状况的预见性，增强防范和控制信用风险的能力。信用分析由授信主体、受信客体（客户）、信用分析标准、信用分析原则、评价指标体系和评价方法等组成。其中财务信息分析、信用评价指标体系和评价方法是信用分析的中心环节。加强信用分析对企业信用管理具有以下几方面的重要意义。

（一）防范信用危机

信用管理是全过程管理，包括资信调查、授信决策、收款催账等。经验表明，实施事前控制（交货前）可以防止70%的拖欠风险，实施事中控制（交货后到合同货款到期前）可以避免35%的拖欠，实施事后控制（拖欠发生后）可以挽回41%的拖欠损失，实施全面控制可以减少80%的呆、坏账。

授信企业信用管理部门运用信用管理工具对客户资信情况及相关情况进行调查、分析，对客户信用风险进行识别、分析、评估，由财会部门对交易事项的成本进行核算，由信用管理部门对企业拟与客户签订的合同进行审查确认。对于高风险的交易事项、重大风险事项的处理方案，经过企业信用风险管理决策机构审批，可以保证授信过程心中有数，授信管理有据可依，授信决策正确，有效防范可能的信用危机。

（二）控制信用风险

企业信用管理的重要环节就是中期信用管理阶段的债权保障机制以及后期信用管理阶段的应收账款管理和回收机制。在授信业务处理程序上，视各企业组织情况而异，但由信用管理部门、财务部门对应收账款情况进行跟踪、监控，由信用管理部门对应收账款采用适当的方式进行追讨，是授信企业及时发现并有效控制风险的手段和方法，可以将客户信用风险控制在最小范围内。

（三）提升企业形象

对客户进行科学的信用分析和信用管理，可以带动企业改善经营管理工作，从而降低管理费用、财务费用和销售费用等占销售收入的比重，控制和降低坏账率，缩短收账期，提高市场占有率，增加现金流量，提升经营效益和综合竞争力。

二、信用分析标准

信用分析标准是对受信方进行分析评判的尺度。一般包括评价指标值的允许范围（可接受值和最佳值等）、基数、参照值等。根据信用评价方法的不同，对信用分析标准的要求也各不相同。分析标准一般可分为如下4类：

（1）计划（预算）标准。即以事先制订的计划、预算和预期达到的目标作为分析标准。计划标准主观性较大，人为因素较强，需要制定得科学合理。

（2）历史标准。即以受信方的历史业绩状况为衡量标准，它是一种自身最优判断方法，可以进行自身的纵向比较，具有排他性。历史标准的评价结果缺乏横向可比性。

（3）客观标准。即以其他可比对象的状况作为评价标准。它是以一定时期、一定范围内的同类对象为样本，采用一定的方法，对相关数据进行测算而得出的平均值，也可以是参与评价的全体对象作为样本取其最大值、最小值、平均值等作为评价标准。客观标准较为客观、真实，应用范围广，评价结果的可比性强，比较符合信用分析的要求。

（4）经验数据标准。即根据经济发展规律和长期积累的管理经验而产生的评价标准。

三、信用分析原则

在发达国家长期的信用管理实践中，人们总结出了对被评估对象的信用评价应着重考察的有关因素，将这些因素有机地结合在一起作为一种稳定性的标准运用于评价体系之中，并随着评估实践的发展而逐步充实和完善，进而形成了具有普遍指导意义的成熟的信用分析原则。这些原则最常见的有“5C”分析原则、“5W”分析原则、“6A要素”原则、“CAMPARI”分析原则等。

（一）“5C”分析原则

“5C”原则是渊源最长，应用最广的信用分析原则，其基本含义和内容是：

（1）品德（character）。对借款人品德的考察，主要是判断借款人过去偿付贷款和其他债务的记录。品德主要表现在人的道德品质、习惯和偏好以及个人在社会中的地位和声望等。通过这一标准，银行可以了解借款人偿付贷款的意愿和及时程度，以及与原料供应商的信用关系。

（2）能力（capacity）。借款人的能力包含了法律和经济两个方面的内容。从法律方面来讲，借款人的能力是指借款人能否承担借款的法律义务；在经济上，借款人的能力是指借款人能否具有按期偿还债务的能力，集中体现在借款人流动资产的数量和质量以及流动负债的性质。一般来说，借款人的流动资产越多，流动资产中某些部分越可能转换成现金,借款人偿付债务的财务实力就越强。此外,银行还应了解借款人流动资产的质量。例如,存货过多、过时或变质都将影响借款人资产的流动性,从而影响借款人的支付能力。

(3) 资本(capital)。资本的数量体现在借款人资产负债表上的所有者权益项目上,等于总资产与总负债之差,是体现借款人信誉的一项重要因素。借款人的资本越是雄厚,承受风险的能力也就越强,因而信誉也就越高。

(4) 担保品(collateral)。担保品是借款人拒付时能被出售并用以补偿贷款的资产。对贷款进行担保可以减少或消除风险。由于某些贷款的风险较大,因此银行在发放高风险贷款时一般都要抵押或担保,因而担保品的品质也成为衡量信用风险的要素之一。

(5) 环境条件(condition)。对经济环境的分析主要是分析经济环境对借款人所在行业的影响,分析该行业在国民经济中的比重、市场结构,分析借款人在该行业中的地位、技术更新对该行业产品需求的影响等。

值得指出的是,罗勃特摩利斯协会(Robert Moris Associates)将"5C"原则改为3要素:品德、能力合称为个人要素(personal factor);资本、担保品合称为财务要素(financial factor);环境状况改为经济要素(econoimic factor)。1955年,德耐克(Milton Drake)又将个人要素改为管理要素,形成目前的企业信用3要素,即管理要素、财务要素和经济要素。后来,各国在信用分析中发现工商企业的成败同其内部组织管理有关,主张增加组织要素(organization factor),因此,连同以上3要素,便形成了"4F"要素。

(二)"5W"分析原则

该模型着重从受信人信用动机和履约可能性的角度进行信用分析评价。在信用活动中,"5W"原则是从个人局部信用出发进行评价的方法。其含义如下:

(1) Who:谁借款,指信用评价首先应了解受信人的基本情况,如资产状况、经济能力、借款权利等。

(2) Why:借款人的借款理由,信用评价时应了解受信人取得信用的动机、目的、用途等。

(3) What:指借款人以什么作为担保品,担保品的质量如何。

(4) When:指借款人的贷款什么时候可以偿还,考察受信人何时能履行信用。

(5) How:指借款人如何偿还贷款,考察受信人如何履行信用。

(三)"6A要素"原则

"6A"分析原则是由美国国际复兴开发银行提出的,认为企业信用要素包括经济因素(economic aspects)、技术因素(technical aspects)、管理因素(management aspects)、组织因素(organizational aspects)、商业因素(commercial aspects)和财务因素(financial aspects)等6个方面。

(1) 经济因素。主要分析国际经济形势、国内经济政策等大环境是否有利于授信客户的经营和发展。

(2) 技术因素。主要分析授信客户在技术先进程度、生产能力、获利能力上是否有利于还款。

(3) 管理因素。主要分析授信客户内部各项管理制度及措施是否完善,管理者经营作风和信誉状况的优劣。

(4) 组织因素。主要分析授信客户内部组织结构是否健全。

(5) 商业因素。主要分析授信客户的设备、原材料、员工是否充分,产品销售的市场分布和占有率,销售价格优势等。

(6) 财务因素。主要从财务角度分析授信客户的资本结构、资金运用、偿债能力、获利能力等水平的高低。

(四)"10M 要素"原则

该原则从以下 10 个方面来分析受信方信用状况:

(1) 人力(man)。主要从经营者或高管人员的品质、能力、经验、作风和企业总体技术水平等方面来分析。

(2) 财力(money)。主要从财务角度分析授信客户的资本结构,资金的流动性、安全性和收益性,并辅助考察资金长、短期筹集和运用计划。

(3) 机器设备能力(machinery)。主要从机器设备的品质、效能、新颖程度、数量等方面分析其对授信客户的影响。

(4) 销售能力(market)。授信客户销售能力的强弱直接影响其收益能力,因此要从客户销售渠道是否稳定、销售网络是否完善、市场占有率、客户分布等方面进行分析。

(5) 管理能力(management)。主要从授信客户高管层的领导能力、组织能力、协调能力和计划执行能力等方面进行分析。

(6) 原材料供应能力(material)。主要分析原材料的品质、价格、成本、存量等对授信客户的经营造成的影响。

(7) 计划能力(making plan)。主要从授信客户有无制定长、短期经营活动的方针、制定的方针是否适合其经营和发展等方面来分析。

(8) 制造能力(manufacturing)。主要从授信客户人力、财力、机器设备能力、原材料供应能力等多方面综合分析其制造能力。

(9) 方法(method)。主要从授信客户生产、经营、技术角度分析其持续发展的能力。

(10) 获利能力(margin)。结合上述各因素分析得出授信客户的获利能力。

(五)"CAMPARI"分析原则

"CAMPARI"模型是从品德(character)、能力(ability)、边际利润(margin)、目的(purpose)、金额(amount)、偿还(repayment)、担保(insurance)等方面评价受信方信用状况的原则。该原则将贷款金额和贷款带来的利润纳入考察范围很有意义,使得评价者从评价受信方过去信息、受信人经济能力过渡到了评价贷款项目的未来效益上来,从注重过去过渡到了注重未来。

第二节　企业信用分析

对企业客户的信用分析内容包括财务信息和非财务信息。财务信息是指客户编制的财务会计报告,包括会计报表及其附注和其他应当在报告中披露的相关信息和资料。财务分析是授信方通过对客户财务信息的比较、分析和测算,了解客户的财务情况,分析其综合偿债能力,预测其未来经营趋势,揭示其存在的风险因素,为授信决策提供依据。

非财务分析是授信企业对影响客户信用风险的财务以外的所有因素所做的判断分析,它与客户财务信息分析相互印证、相互补充,为信用分析结果提供充分和必要的依据。它不仅有助于判断客户的偿付能力,而且可以判断客户付款的可能性,是检验其可信任程度的不可或缺的主要环节。

一、财务分析

(一)财务报表分析

会计报表主要包括资产负债表、损益表、财务状况变动表、现金流量表等。

1. 资产负债表分析

(1)资产项目

资产项目包括固定资产、流动资产和无形资产三大类。分析的重点是:

① 应收账款。这是企业偿还短期债务的主要资金来源,也是企业流动资产中流动性仅次于现金的资产。对它的分析应着重掌握3点:一是应收账款的分布。若集中于少数大客户,坏账风险较大。二是账龄分布。账龄过长的,风险较大。三是抵押情况。若应收账款被抵押出去,不能作为还款来源。

② 存货。是指企业购入的原材料以及在产品、半成品和产成品,也是偿债的主要物质基础。存货分析应着重掌握5个方面内容:一是规模是否合理。主要按照企业现有生产能力和规模衡量存货是否过量,主要看原材料储备是否过多,产成品有无积压情况。二是保留时间的长短。如果存货保留时间过长,往往意味着该种存货已不适用,需要从流动资产中扣除。三是存货的流动性状况。即存货是否能在市场上销售变现,流动性差的存货会占压企业资金,隐含偿债风险。四是有无陈旧变质风险;五是存货是否投保。

③ 固定资产。固定资产是企业资本的一部分,可用于最后的债务清偿。当银行向企业发放中长期贷款,特别是发放以固定资产作为抵押的贷款时,就需要了解该企业固定资产的状况:一是要了解企业是否按规定提足了折旧。如果没有按规定提足折旧,表明固定资产中含有虚假成分;二是要了解企业固定资产是否全额保险。那些没有保险的固定资产并不一定能给银行贷款带来安全保障;三是要了解企业固定资产的变现能力。如果企业的固定资产使用范围窄,变现能力差,那么,当企业不能还本付息时,银行就很难通过变现固定资产来取得还款资金。

④ 投资。企业除了进行生产和经营外,还进行短期金融资产的投资,购买有价证券。有价证券代表企业的债权或股权,也能够给企业带来投资收入。银行分析企业的证券投资,首先要注意企业所持有的各种有价证券的合法性、流动性和营利性,以及有价证券的期限、数额、结构是否合理,同时,要了解有价证券发行人的信用状况,从中分析可能影响企业偿债能力的财务关系或约定义务。发放以有价证券作质押的贷款,对企业证券投资的审查就更为重要。

(2)负债及资本项目

分析负债与资本项目的目的是为了了解企业的资金来源构成,借以判断企业的自身实力和银行贷款的风险。

① 负债。企业的负债包括短期负债(流动负债)和长期负债。短期负债主要包括应付账款、应付票据、应交税金和短期借款等。对短期负债的分析,首先要了解企业短期负

债的数额有无漏记,如有漏记而没有发现的,会造成银行对企业偿债能力的高估;其次,要了解短期负债的期限,如已过期,可能会被处以罚款。长期负债主要包括长期借款和发行的中长期债券。分析长期借款的重点是长期负债的到期日和企业偿还长期负债的安排,以正确评价企业的偿债能力。

② 资本。资本的大小既能反映企业财力是否雄厚和债务状况的好坏,又能反映企业的风险承受能力大小。分析资本项目,首先要了解企业的资本是否存在虚假成分,其次要分析企业的资本结构。对股份制企业来说,普通股资本所占比例较大的企业,其资本实力也比较稳定;反之,则比较脆弱。再次,要考察企业是否按规定补充自有资本。如果是独资企业,银行还要考虑其企业以外的收益、资产、负债和资本状况,因为,当发生经济纠纷时,这些因素都有可能影响企业的偿债能力。

2. 损益表分析

损益表反映了一定时期企业的经营成果。由于损益表属于动态报表,因而它可以弥补资产负债表只反映静态数据的不足。通过损益表,可以了解企业的经营业绩、理财成果和获利能力的大小。分析损益表,首先应了解企业销售收入、销售成本、各项费用的真实性,包括对各种账户和原始凭证的核对。其次,可采取纵向和横向比较的方法,将损益表中各项指标与上年度、同行业、同等条件的其他企业进行比较。如发现企业在某一方面的费用过高或收入过低,应进一步查明原因并限期改进。

3. 财务状况变动表分析

对企业财务状况变动表的分析,有助于银行了解企业在一定时期内营运资产的变动和企业的流动性状况。如果企业上年的销售大幅上升,净收入增加较快,与此同时,企业的资产也有扩大,那么,与较高的销售水平相适应,存货也相应增加,应收账款上升,固定资产投资也有所扩大。如果企业用发行股票或长期债券,或增加短期借款的方式筹措资金,实现其资产的扩张,那么,该企业可保持良好的流动性。倘若财务状况变动表显示当年的主要资金来源是应付账款和应付票据,那么,银行应认识到该企业虽然有盈利能力,但其当年的流动性已受应付账款和应付票据债务的影响,在审查贷款时,应了解企业准备如何改善其流动性状况。

4. 现金流量表分析

现金流量表是反映企业在一定时期内现金流入和流出情况的报表。判断一个企业的信用风险仅看其盈利能力是不够的。受信企业不能偿还货款常常是由于没有足够的、可以灵活周转的现金流量,所以要对涉及现金流量的有关项目进行详细的分析和计算,以更好地揭示受信企业现金周转方面的风险。

利润是偿债的来源,但并不能直接偿还债务。偿还债务的主要来源是现金。分析现金流量可以揭示企业过去和未来的付款能力。由于各个受信方的经营管理和财务状况各不相同,因此现金流量的分析必须针对不同对象,把握重点和层次。

(1) 针对特定企业确定分析的起点和重点。

① 不同行业或处于不同经营周期的企业具有不同的现金流量特点。

主要分析现金流量的内部结构,即经营、投资、筹资三者对现金流量的贡献,在分析过程中,要结合企业所处的经营周期来确定分析的重点。

处于初创期的企业,不仅没有销售收入,而且要为购买设备、原材料和雇佣员工支付现金。因而其经营活动和投资活动的现金净流量均可能为负，要重点分析它的筹资活动，分析其资本金的到位情况、资金流动性、企业是否过度负债、有无继续筹措足够资金的能力；同时，判断其投资活动是否适合经营需要，有无出现资金挪用或费用化现象等。通过现金流量预测分析，将还款期限定于经营活动可产生净流入的时期。

处于成长期的企业，开始有了销售收入，其开展经营活动的现金流量应该为正，应重点分析其经营活动的现金流入、流出结构，分析其货款回笼情况，了解成本、费用控制情况，预测企业发展空间以及企业是否充分利用了应付款项；同时，还要关注企业在这一阶段有无过分扩张导致债务增加的情况。

处于成熟期的企业，其经营活动的现金净流量稳步增长，开展的投资活动和筹资活动趋于正常化或适当萎缩，要重点分析其开展经营活动的现金流量是否有保障，现金收入与销售收入的增长速度是否匹配；同时，还要关注企业股利的分配情况、有无资金外流的情况、现金流入是否主要依赖投资收益或不明确的营业外收入。

处于衰退期的企业，开始撤出市场，销售下降，其开展经营活动的现金流量开始萎缩，要重点分析其投资活动在收回投资过程中是否获利，有无冒险性的扩张活动；同时，还要分析企业是否及时缩减了负债、减少了利息负担。这一阶段的贷款不应超过其现金净流量，以免发生赤字。

② 根据不同企业现金流量特点确定分析的起点和重点。

在初创期，授信方不需要考察客户经营活动的现金流量，而要关注其融资活动的现金流入，分析其在金额和期限上是否合理，以判断企业付款的可能性大小。同时，要分析其投资活动的现金流出是否恰当地满足了资本循环的需要，能否维系正常的生产经营活动。这些问题都会影响企业未来的现金流量。

进入成长期以后，企业期待从销售中获得现金，所以首先要关注企业营运投资是否合理，是否最大限度地减少应收账款和存货的增加、扩大应付账款。同时，要分析资本循环引起的融资活动现金流出是否是在企业充分利用现有设备后发生的。

在成熟阶段，企业不需要关注企业投资活动的现金流量，而要认真分析其经营活动是否最大限度地产生现金。

（2）根据现金流量判断付款能力和付款来源，明确信用级别，确定授信额度。

① 从现金流量的变化分析付款能力。

如果现金净流量为正，客户能够偿还货款。现金净流量为正意味着现金流入量大于现金流出量，现金收入足以支持经营、投资和融资等活动所需的现金支出，而清付货款属于经营活动中现金支出的一部分，因而这种情况下受信方能够偿还货款。

当然也要弄清其还款来源，即弄清企业当期取得的现金流入量中有多少是靠其经营活动得来的，有多少是靠投资、融资活动及非常性项目活动得来的，而经营活动中所取得的现金，有多少是靠销售商品、提供劳务取得的，有多少是来自对外投资的投资收益，等等。

如果现金净流量为负，意味着现金流入总量小于现金流出总量，即现金流入不能支持全部的现金流出。由于清偿货款只是现金流出的一部分，因而在现金净流量为负的情况下，企业仍有可能能够清偿货款。因此当现金净流量为负时，企业能否清付货款还需要作进一步分析。

② 从结构和现金流出顺序分析判断企业能否清付货款及其付款来源。

在正常经营情况下,企业要赊销,要采购原材料,同时要支付职工工资、营业管理费用,还要缴纳税金。所以,其经营活动的现金流入首先要满足这些现金流出,而不能用于还款。

当净利润为正时,企业经营活动剩余的现金还要分配股利。具体分为4种情况:

第一,净利润 >0,经营活动的现金净流量 >0,分配股利。细分为两种情况:一是若投资活动的现金净流量 >0,经营活动产生的现金在发放股利以后偿还货款;不足时,用投资活动的剩余现金支付;仍然不足时,就要借债。此时企业的还款来源可能是经营活动,也可能是投资、融资活动。二是若投资活动的现金净流量 <0,经营活动产生的现金在发放股利以后,首先要弥补投资活动的现金需求,然后偿还货款;不足以弥补投资需求或还款时,就需对外融资。此时企业的还款来源是经营活动或融资活动。

第二,净利润 <0,经营活动的现金净流量 >0,则企业不需要分配股利,因而可以直接用经营活动产生的现金还款或弥补投资活动的现金不足。

第三,净利润 <0,经营活动的现金净流量 <0。细分为两种情形:一是若投资活动的现金净流量 >0,则剩余现金首先要弥补经营活动的现金流出,然后才能还款;不足以弥补经营活动的现金流出或还款时,就需对外融资。此时企业的还款来源是投资活动或融资活动。二是若投资活动的现金净流量 <0,此时企业只有通过对外融资才能满足经营活动和投资活动的现金需要。

第四,净利润 >0,经营活动的现金净流量 <0,这时企业可能陷入比较艰难的处境,其清偿货款的能力就会明显下降。

(3) 划分信用级别,确定赊销授信额度。

① 若企业用经营活动产生的现金清付余下的账款或还款,而且现金流量稳定,则可认为其信用级别高,赊销授信额度大。

② 若企业用经营活动产生的现金还款,而其现金流量在减少,则可认为信用级别较高,赊销授信额度较大。

③ 若企业不能用经营活动产生的现金还款,而要通过出售证券或减少固定资产维修、更新和技术改造现金支出,甚至对外融资等方式来还款,则可认为其信用级别低,赊销授信额度较小。

④ 若企业对外融资产生的现金流入仍不足以还款,则认为其信用档次很低,应拒绝对其进行授信。

(二) 财务分析方法

财务分析方法主要有财务比率分析法和趋势分析法。

1. 财务比率分析法

财务比率分析法是在财务报表分析的基础上对企业财务状况的进一步量化分析方法。通过财务比率分析,可以了解企业的经营状况、债务负担、盈利能力,从而据此评判企业的偿债能力和信用风险大小。财务比率分析一般从流动性、财务杠杆、营运能力和盈利能力等4个方面构建比率指标来进行。

(1)流动性比率

流动性比率指标是衡量企业财务状况和经营能力的重要标志,主要用以衡量企业短期偿债能力。

① 流动比率。该指标是企业流动资产与流动负债之比,是衡量企业短期偿债能力的最常用的指标。其计算公式为

流动比率 = 流动资产/流动负债

流动资产包括现金、有价证券、应收账款和存货等。流动负债包括应付账款、应付票据、短期借款、应交税金和应计费用等。流动比率表明企业的短期债务可由预期的该项债务到期前变为现金的资产来偿还的能力。流动比率因企业的经营规模和性质不同而不同,一般在1.5到2.5之间比较合适。正常情况下,流动比率越高,偿债能力越强,债权人的债权越有保障。但也要注意,流动比率高可能是因为存货积压和产品滞销的结果,也可能是因为资金未能在生产过程中充分利用的结果。因而授信方对此应作进一步分析。

② 速动比率。该指标是企业速动资产与流动负债的比率,也称酸性试验比率,是考察企业资产迅速变现能力的指标。其计算公式为

速动比率 =(流动资产 - 存货)/流动负债

存货不包括在速动资产中,是因为在流动资产中,存货的流动性最差,且受残损变质、价格涨落和不易销售等因素的影响,因此,速动比率比流动比率更能够反映企业的短期偿债能力。这一比率通常应保持在1以上,即每一单位的流动负债至少需要有一个单位的变现能力强的资产相匹配。

③ 现金比率。该指标是企业现金类资产与流动负债之比,是衡量企业短期偿债能力的一项参考性指标。其计算公式为

现金比率 =(现金 + 短期证券)/流动负债

现金比率越高,表明企业的直接支付能力越强。当然,一般情况下,客户不可能也没有必要保留过多的现金类资产,通常现金比率只要不低于5%,就认为企业的直接偿债能力不会有问题。

(2)杠杆比率

杠杆比率指标是反映企业财务状况稳定与安全程度的重要标志,用以衡量企业的长期偿债能力。长期偿债能力表明客户对债务的承受能力和偿还债务的保障能力。

① 资产负债率。该指标是负债总额与资产总额之比,是衡量企业负债水平高低的重要指标。其计算公式为

资产负债率 = 负债总额/资产总额

从授信方角度看,该比率反映了企业资产对负债的担保能力。该比率越低,表明企业资产对负债的担保力越强,授信风险就越小;反之,则风险越大。因此,在客户信用分析中要仔细分析企业的资产负债率。通常资产负债率应控制在50%左右。

② 负债与所有者权益比率。该指标是指负债总额与所有者权益总额之比,反映企业资本承担负债的能力。其计算公式为

负债与所有者权益比率 = 负债总额/所有者权益总额

由于所有者权益是企业最后和可靠的清偿力,因而该比率越高,表明企业净资产担负的债务越多,偿债压力越重,违约风险也越大。反之,则表明企业的长期偿债能力越强,但这一比率也不能过低,即所有者权益比重不能过大,否则,尽管企业偿还长期债务

的能力强，却不能充分发挥负债的杠杆作用。

③ 利息保障倍数。该指标又称偿还能力比率，是指企业一定时期内息税前收益与利息支出之比，能反映企业偿付负债利息的能力。其计算公式为

利息保障倍数=(利润总额+实际利息支出额)/实际利息支出额

需要指出的是，实际利息支出不仅要包括进入财务费用账户的利息支出，而且还应包括未进入财务费用账户的资本化的利息支出。

该比率越大，说明企业支付利息的能力越强，授信风险越小；反之，则客户的偿债能力越差。为了充分说明偿付利息能力的稳定性，有必要计算若干年的利息保障倍数。西方国家一般要求计算5年的利息保障倍数指标，我国一般要求计算3年的数值。利息保障倍数的公认标准为3倍，如果低于该标准，说明客户偿付利息的能力较低。一般认为，利息保障倍数最低不得低于1。

(3) 营运能力

营运能力是指通过企业各种周转比率指标反映出来的资产利用效率，表明企业经营、管理和运用资产的能力。企业履约偿付能力和盈利能力的大小，在很大程度上取决于企业对资产的有效运用程度。资产利用效率高，则各项资产周转速度就快，资产变现的速度就快，企业就会有足够的现金用来偿付应付账款等流动负债，因而其短期偿债能力就强；同时，资产利用效率高，企业就能取得更多的收入和利润，就会有足够的资金还本付息、清欠，长期偿付能力就强。

① 应收账款周转率。该指标是指一定时期内企业主营业务收入净额与应收账款平均余额之比。用以反映企业应收账款周转速度的快慢和管理效率的高低。其计算公式为

应收账款周转率=主营业务收入净额/应收账款平均余额

或　　应收账款周转天数(账龄)=360/应收账款周转率

应收账款周转率越高，表明企业应收账款回收快，发生坏账损失的可能性小，资产流动性强，短期债务的偿付能力强。

② 存货周转率。该指标是指企业主营业务成本与存货平均余额之比，是衡量企业存货营运效率的综合指标，也是反映企业流动资产流动性强弱的重要指标。其计算公式为

存货周转率=主营业务成本/存货平均余额

或　　存货周转天数=360/存货周转率

存货周转率高，表明存货变现速度快，企业偿债能力强。存货周转率低，说明客户耗用量或者销量可能增加。但过快的存货周转次数，也可说明企业没有足够的存货可供耗用或销售，从而失去销售机会。还需要指出的是，该指标在不同行业存在一定的差异，每个行业都有其合适的存货周转率，如果存货周转率低于行业平均水平，表明存货的流动性较差，而存货周转次数增多，说明企业可能采购过量，或呆滞积压存货比重较大，或存货采购价格上涨。

③ 固定资产周转率。该指标是指一定时期内主营业务收入净额与固定资产平均净值之比。其计算公式为

固定资产周转率=主营业务收入净额/固定资产平均净值

固定资产周转率高，表明企业对固定资产利用较充分，固定资产投资得当，固定资产

结构合理。在实际分析中,为了真实反映固定资产的运用效率,应注意以下几个问题:首先,固定资产的净值随折旧时间的推移而减少,随固定资产的更新改造而增加,这些都会影响固定资产周转率;其次,在不同赊销客户之间进行比较时,还要考虑由于采用不同折旧方法对固定资产净值的影响;第三,比较不同行业的客户时,由于其生产经营的特点不同,因而其固定资产状况也不同。比如制造业、批发业和零售业,在主营业务收入净额相近的情况下,其固定资产平均净值会相差很大,因而其固定资产周转率也会相差很大。

④ 总资产周转率。该指标是指一定时期内主营业务收入净额与总资产平均余额之比。其计算公式为

总资产周转率 = 主营业务收入净额/总资产平均余额

该比率越高,表明企业以一定的资产实现的主营业务收入越多,资产周转速度越快。反之,该比率低,则说明其资产经营效率差,取得的收入少,最终影响企业盈利能力。

(4) 盈利能力

盈利能力是客户获取利润的能力。就实行信用销售的企业而言,对客户的盈利能力分析甚至比偿债能力更重要,因为客户正常经营并产生利润是偿付账款的前提条件。盈利能力越强,客户清付账款的可能性就越大,赊销风险就越小。

① 销售利润率。该指标是指销售利润与销售总额之比。其计算公式为

销售利润率 =(销售总额 - 税额 - 销售成本)/销售总额

该指标反映销售收入净额中所实现的销售利润为多少,用来评价企业产品销售收入净额的盈利能力。指标值越高,表明取得同样的产品销售收入的销售成本越低,销售利润越高。如果将企业连续几年的销售利润率加以对比分析,就可以判断和掌握其销售活动盈利能力的发展趋势。

② 资产收益率。该指标是指税后净利润与资产总额之比,衡量企业整体资产的获利水平。其计算公式为

资产收益率 = 税后净利润/资产总额

该指标值越高,表明企业资产的利用效率越好,企业的整体盈利能力越强,偿债越有保障。

③ 净资产收益率。该指标又称权益报酬率,是一定时期内税后净利润与净资产平均余额之比。其计算公式为

净资产收益率 = 税后净利润/平均净资产

该比率越高,表明企业资本的收益水平越高,盈利能力越强,营运能力越好。

2. 趋势分析法

趋势分析法是指对同一企业的两个或两个以上连续年度财务报表中的某些项目,或者相关财务比率进行比较分析,判断企业发展趋势的研究方法,具体包括 5 个方面。

(1) 销售趋势

销售是企业最基本的经营活动之一,销售是否活跃从一个侧面反映了企业的经营能力。企业的销售量随市场情况的变化而变化,不同行业中企业的销售特点各不相同,分析人员要充分了解有关客户所在行业的特点,才能做出正确的分析。企业自身的销售趋势可以说明企业的经营状况,通过企业之间销售趋势的比较,分析人员可以获得更多的有用信息。在销售趋势出现异常的情况下,要仔细判断形成这种趋势的原因。此外,销

售额的增加不一定与销售数量直接相关,要考虑市场价格的影响。

(2) 收益趋势

销售收入为企业提供了收入和现金的来源,企业获得的最终收益要从销售收入中扣除成本和费用。收益趋势是信用分析的另一个重要因素,要关注销售利润率的变化,对收益趋势要做企业间和行业间的数据比较。收益趋势与销售趋势具有可比性,在正常情况下,如果原材料和人工费用稳定,企业的盈利将与销售额同步增长,但在原材料和人工成本快速增加或者各项费用的增加超出销售额同步增长的时候,销售额的增长并不意味着利润的增加,如果销售量的增加是由于大幅度降价换来的,企业也会损失大量的利润,所以要将销售趋势和收益趋势结合分析。

(3) 净资产变动趋势

企业净资产是总资产减去总负债后的余额,代表企业所有者拥有的资产,也代表企业清算后最终能剩下的价值,所以债权人和授信人十分关注这一指标以及该指标变动的原因和影响。造成净资产变动的原因一般有以下几个方面:留存收益;股本变化;资产重估增值;债务减少等。分析人员要仔细分析净资产变动的原因,确定是否只是表面上的净资产变动,再分析其实质。无论是股本变化引起的净资产增加,还是资产重估以及债务减少引起的净资产增加,都只是表面上的净资产增加,往往会掩盖实际亏损的情况,只有留存收益增加或发行股份引起的净资产增加对企业才是有利的。

(4) 营运资本变动趋势

营运资本是流动资产减去流动负债的结果,营运资本与客户按时履行还款义务的能力有很大关系。营运资本的多少,一般能反映企业短期偿债能力的强弱,因而其变化趋势应引起关注。营运资本可以满足企业短期融资的需要,其稳步增长是企业经营良性循环的主要特征之一,营运资本的需要量与企业不同时期的业务量有很大的关系。随着业务量的变化,资产的流动性和质量会有很大的变化,尤其是应收账款和存货的质量,在分析营运资本的趋势时要仔细核查。

(5) 财务比率的变动趋势

分析人员通过对财务比率变动趋势的分析能获得很多的信息,一些比较重要的比率趋势以及分析方法有:流动比率和速动比率应保持稳定或稳步上升的趋势;存货周转率应保持平稳,在有较大变动时应调查其原因;应收账款周转天数应保持下降的趋势;营运资本周转率的大幅度提高可能表示要增加营运资本,而营运资本周转率的大幅度下降可能说明企业的流动性受到了严重影响;固定资产与净资产比率的大幅度增长或稳定增长,可能表示固定资产投资超出了企业的需要或者融资能力;总负债与净资产比率应保持一个比较低的水平,这样债权人才能得到更多的保障;销售利润率和净资产利润率的趋势很重要,它们与企业的发展直接相关。

二、非财务分析

(一) 行业基本面

对行业基本面的分析一般采用 PETS 方法,即综合考虑政策(policy)、经济(economy)、技术(technology)、社会(society)等因素对行业的影响。具体应从下几个方面来分析:

1. 法律

国家法律的变化可能给一个行业带来潜在的好处,也可能对一个行业形成威胁。在信用评价时,必须认真思考客户所在行业是否拥有良好的法律环境,对这一行业的经营、发展产生实质性影响的法律是否可能会出台。比如,"三高"企业在生产过程中排放大量有害物质,法律责任也高,向其赊销产品显然存在较大的风险。

2. 宏观政策

宏观政策也会对客户所在的行业产生不同程度的影响。有些行业对国家产业政策、信贷政策、税收政策等高度敏感,信用分析就要充分考虑其风险度。特别是像房地产、轻纺、化纤、水泥等行业的客户在评估过程中要特别注重对宏观政策的判断和分析。

3. 国内外经济技术环境

国际、国内的经济、技术环境会对客户所在行业产生较大的影响,诸如通货膨胀、国际金融形势、地区经济发展现状、世界能源问题、相关科学技术的重大突破和进步等。比如,世界石油价格的上涨,有可能给某些化工行业或客户的经营带来很大的困难;而技术的变革,对企业的产品及成本的影响也是显而易见的。

(二)组织形式和高级管理人员

1. 组织形式

企业组织形式的改变对其偿付能力的变化有十分显著的影响。增资扩股、重组、联营、兼并等组织形式的变化,均可能对企业的现金流、盈利能力等产生有利或不利的影响。如不少企业借改制盘活了资产,使老企业扭亏为盈,焕发生机;而有的企业则因兼并、破产、重组而遭受重大损失。因此,在客户信用分析中要特别关注这一因素有可能产生的影响及影响程度。

2. 高级管理人员的素质及其稳定性

对高级管理人员的素质分析除了着眼于学历层次、年龄结构、协作精神等以外,更要重视其行业管理经验及营销、技术、财务等综合能力,特别要关注其本身的信用状况。假如高管人员没有处理行业风险的经验,缺少控制经营风险的能力,那么,这样的管理层将难以应对市场和环境的变化,并将直接影响客户的发展。同时,如果高管人员自身缺乏信用,可想而知,其所在的企业就不可能有良好的信用。

另外,客户高管人员的稳定性也是需要加以关注的。如果一个企业的领导班子不够稳定、没有凝聚力,高管人员频繁更换,就不可能办好企业。

(三)经营发展规划和经营目标

企业的总体经营发展规划关系企业能否实现持续快速的发展。企业在经营过程中会受到政策、环境等各种各样因素的影响,如果缺乏长期发展规划,经营方向不明确,企业就有可能面临较大的风险。企业发展规划,是对企业定位的全面评估,它明确了企业发展的原则与目标,确立外部销售与内部管理及供应链的战略规划,为企业输入先进的管理理念,是实现企业战略设想的纲领性文件。如果一个企业没有科学的发展规划,它将很难应对激烈的市场竞争。因此,在评价客户信用时,不应忽视客户的总体发展规划。

(四)产品和市场

产品和市场是企业的核心所在,二者紧密相关。如果产品质量好、价格便宜、供货快,企业就有竞争优势;反之,如果产品技术含量低,质量或款式没有明显的优势,则企业对市场就可能失去控制力。因此,分析客户对市场价格和需求的控制能力、市场经销方式,对判断其偿付风险具有重要意义。

在科技技术发展迅猛、信息交流日益频繁的现代社会,评价客户的偿付风险,还要充分考虑其技术改造和研发能力。对客户来说,技术进步会对其产生重大影响,如果它不能及时采用新技术,生产效率就得不到提高,产品成本就不能降低,就可能会影响销售。而且从某种程度上讲,新产品研发能力的强弱,是客户综合能力的一种反映,它直接影响客户的市场、资金,甚至关系其存亡。

(五)发展前景

1. 产业及产业链

一个产业的发展一般要经历新兴、成熟、衰退这3个发展阶段。在市场经济条件下,企业因其产业所处发展阶段的不同而面临着不同的风险和机会。了解客户所在行业所处的发展时期,就可以预见客户面临的某些挑战,评价其对客户的影响程度。

2. 新产品上市及推广

不断研发出科技含量高、别人难以替代的新产品并及时推向市场,是一个企业始终立于不败之地、保持可持续发展的关键。客户信用评价不仅要重视企业的产品开发技术和能力,更要分析观察其市场推广和营销实力。产品只有走向市场,并为市场所认可,才能真正成为企业发展的潜能。

3. 知名度和品牌

构成企业知名度的因素有很多,包括管理层的能力、企业经营理念、员工素质、产品质量及品牌、资金实力及财务管理能力等。这些方面往往是一个企业实力的象征。信用评价关注客户的知名度,有助于对客户的风险度作出客观、全面的评价。

4. 自身的经济实力

经济实力是企业发展的基础。企业只有在具备一定的生产条件、资金实力和经营环境下,才能实现稳健经营和持续发展。因此,对客户发展前景的分析和有较强说服力的信用预期,依赖于客户自身较强的经济实力。

第三节 企业信用分析模型

企业在信用管理实践中,除了运用财务信息和非财务信息分析等方法分析客户信用外,还可以运用信用分析模型分析客户的信用状况,增强信用分析结果的科学性、有效性和客观性。信用分析模型是依据一定的财务指标或信用评价指标体系,运用数理统计方法构建起定量分析模型,据以判断受信方的违约概率或信用等级。目前国际上较常用的信用分析模型主要有:A记分模型、Z记分模型、巴萨利模型、营运资产分析模型和特征分析模型等。此外还包括一些决策树模型、神经网络模型和专家系统等。根据功能特点的不同,上述信用分析模型分为预测性模型和管理性模型,前者如Z记分模型和巴萨利模型,这类项目目标单一、对财务信息依赖性强。后者如营运资产分析模型、特征分析模型等,侧重于均衡地解释客户信息,衡量客户的财务实力,由于这类模型具有较大的灵活性并通俗易懂,因而被广泛应用。

一、信用分析模型的演进

国外的企业信用评价制度有上百年的历史。美国是世界上最早建立企业信用评价方法的国家，穆迪公司在1909年创建了世界第一家企业信用评估机构——Moody's Investors Service Inc，并对当时美国250个大型企业做出信用评估报告。穆迪公司又设计出对各种债务的资信评定级别，并逐步将这种方法推广到企业中去。此后，理论界和信用行业（尤其是金融机构）从不同角度不断对企业信用评价方法展开尝试和探讨，形成了一系列企业信用分析模型。近年来，随着人工智能技术的发展，人工神经网络和专家系统在信用评估领域的应用也渐渐发展起来。概括地讲，企业信用分析模型的演进经历了3个阶段。

（一）定性分析阶段

1940年以前，基本依据专家经验和主观分析来评估企业信用。即专家通过对待评对象的财务、经营、经济环境等信息的分析判断，得出评价结果，并依此将评价对象的信用划分为不同等级。主要的分析工具除前面已介绍的"5C"分析法和"CAMPARI"分析法等以外，还有"LAPP"法则等。"LAPP"法则是从评价对象的流动性（liquidity）、活动性（activity）、盈利性（profitability）和发展潜力（potentiality）4个方面评估信用状况。

（二）基于财务指标的分析模型阶段

这种模型以关键财务比率指标为基础，将其组合在一起并赋予不同的权重，通过模型产生一个信用分值或违约概率，如果这个分数或概率超过一定的值，受评企业被视为高风险企业。

建立基于财务指标的信用评分的基本模式有线性几率模型、logit模型、probit模型、判别分析模型、Z记分模型等。目前运用较多的是logit分析法。logit分析的思路是通过选择一组变量，运用这些变量产生一个借款人违约的概率，这一概率服从logit分布，其累积概率分布在[0,1]之间。这一概率能将偿还贷款和非偿还贷款区分开，好的模型可以将组内的差异降到很低，即发生错误的概率很小。

进入20世纪90年代，运用财务数据建立分析预测模型的方法继续得到发展，有人开始运用人工智能理论、神经元网络理论等提高区分信用风险的准确度和精度。

（三）综合性模型阶段

20世纪90年代以来，西方评估机构开始探索运用数学工具来定量评估信用风险和管理信用风险，提出了更为复杂的信用评分系统，从单纯分析测量单笔贷款或证券的风险向测量信贷集中风险转变。这种测度信用风险的综合模型分为两类：一类是组合理论模型，比如JP摩根的Credit Metrics、KMV法等；另一类是违约模型，如瑞士第一信贷银行的Credit Risk^{+}和麦肯锡公司的Portfocio View模型等。两类模型最大的区别是，违约模型是基于理论分析估计组合未来的违约分布，而组合理论模型则从历史数据中估计组合的未来违约分布。当然，从应用角度看，这些方法尚有待进一步完善。

二、信用记分模型

（一）A记分模型

A记分模型由约翰·阿根廷在《企业破产》一书中首先提出。其基本思路是：首先将与企业风险有关系的各种现象或标志性因素列出，然后依据它们对企业经营失败的影响大小进行赋值，最后将企业的所得分数相加从而得到该企业的确切风险程度。A 记分模型认为企业的经营失败并不是突然发生的，而是有一个过程，即企业首先发生一些经营上的缺点或不足，这些缺点或不足如得不到克服则会导致经营上的错误，而经营错误得不到纠正则会出现明显的企业破产征兆，如果此时企业仍不能采取有效措施加以解决，将导致企业最终破产。可见，A 记分模型的关键是对于风险因素的处理，这些因素可分为 3 类：企业的经营缺点、企业经营上的错误、企业的破产征兆。模型对这 3 类风险因素予以赋值，并根据各种风险因素的影响程度按其大小加以记分，记分值越大则风险越大，反之越小。按照这一思路，A 记分模型对各风险因素的评分分为满分或零分两种情况。该模型的临界值及其揭示的信用风险如下：

$$A\text{分值}=\begin{cases}[0,18] & \text{风险安全区/警戒区}\\(18,25) & \text{正常风险区}\\>25 & \text{高风险区}\end{cases}$$

约翰·阿根廷将管理不善归结为很多因素，如独裁管理、首席执行官和董事长由同一人担任、董事会不起积极作用、董事会成员结构不合理、会计系统不完善、没有预算约束、企业无法应对市场变化等。管理不善的企业往往存在这样的行为，如过度交易、所推进的大型项目出现问题、财务融资比率过高等。同时，管理不善的企业还会出现一系列恶化征兆，如财务比率恶化、管理层开始使用“寻机性会计”的方法修饰报表、非财务指标恶化、企业在最后几个月进入衰退“典型期”等，这些都是 A 计分模型要分析的因素。

通过分析管理不善企业的所有现象，并给每个现象制定最高分值，然后在测试企业时，根据企业表现打出相应的分数来预测企业潜在的破产风险。在总分为 100 分的情况下，若企业得分超过 25 分，则该企业就有潜在的破产风险。

（二）Z 记分模型

Z 记分模型（Z-Score）是用于预测公司财务健康程度的分析方法。1968 年由信用风险管理专家奥特曼（Altman）提出。该模型是通过获取健康企业和失败企业的样本数据，采取多元判别分析法构建的一种纯财务数据的多变量分析方法。模型的构建分两步：首先，选择将健康企业和失败企业区分开的指标；其次，计算每个指标的系数。奥特曼根据美国破产企业和非破产企业的 22 个会计变量和 22 个非会计变量，从中选择了 5 个财务比率作为模型的变量，通过对选择样本的回归分析，得出如下回归模型

$$Z=1.2X_1+1.4X_2+3.3X_3+0.6X_4+0.99X_5$$

式中：X_1 = 营运资本/总资产；

X_2 = 留存收益/总资产；

X_3 = 息税前收益/总资产；

X_4 = 权益市场价值/账面债务总额；

X_5 = 销售收入/资产总额。

Z 记分模型根据所选财务比率在预测企业经营失败方面的可能性大小给予不同的权重，以计算出的加权和作为企业的综合风险值（即 Z 值），将其与临界值对比，作为判断企业的风险程度大小的依据。根据对过去经营失败的企业统计数据分析，奥特曼得出一个适用于不同类型企业的经验性风险临界数值 $Z_0=2.99$，企业的 Z 值高于 2.99 时，可判断

为较安全企业,反之为高风险企业;若 Z 值低于 1.8,则该企业具有潜在的破产风险。如果 Z 值介于 1.8 和 2.99 之间,则企业的财务状况极不稳定。Z 值的临界值及其风险判别区域如下:

$$Z\text{值}=\begin{cases}<1.8 & \text{财务失败的概率很高,企业将会破产}\\(1.8,2.99) & \text{不确定区域,企业可能会破产,也可能不会破产}\\>2.99 & \text{财务失败的概率很小,企业将不会破产}\end{cases}$$

1995 年,奥特曼为了扩大 Z 记分模型的应用领域,对该模型进行了改进,提出了分别适用于非上市公司和非制造企业的 Z′评分模型以及适用于新兴市场国家公司的 EMS (emerging market scoring)模型。在上述 3 个模型中,X_4 使用权益的账面价值代替了原来的市场价值,同时在新兴市场国家公司的模型中加入了一个常量 3.25,以实现模型的标准化。3 个 Z′评分模型如下:

(1) 非上市公司模型:$Z'=0.717X_1+0.847X_2+3.107X_3+0.420X_4+0.998X_5$;

(2) 非制造企业模型:$Z'=6.56X_1+3.26X_2+6.72X_3+1.05X_4$;

(3) 新兴市场国家企业模型:$Z'=6.56X_1+3.26X_2+6.72X_3+1.05X_4+3.25$。

信用记分模型依据企业财务指标,建立了信用分值与各财务变量之间线性函数关系,模型精练可计量,对企业信用风险程度区分明确,是信用评价方法的重要创新,在国外被广泛应用。但这类评价方法也存在着不足:①模型变量较少且对财务信息依赖性太强,一旦财务数据不能反映真实变化的企业时,可能造成评价失误;②企业信用风险大小(信用分值)与模型中财务变量之间存在线性关系的假设,与实际状况相距较大;③模型中各变量系数不能进行动态更新,会对评价结果的准确性和模型的判断能力产生影响。此外,这类模型均是以外国企业为研究样本建立起来的,不一定适用于我国企业的信用分析。

(三)切塞尔信用记分模型

切塞尔(Chesser)将受信企业分成守约和违约两大类,在对 Z 记分模型进行改进的基础上建立了自己的信用预测模型,据此区分这两类不同性质借款人履行贷款合同的概率高度,进而判断其信用风险大小。切塞尔先后分析了 4 组 15 个财务比率,最后确定了模型中使用的 6 个财务比率。其模型如下

$$Y=-2.0434-5.24X_1-0.0053X_2-6.6507X_3+4.4009X_4-0.0791X_5-0.1020X_6$$

式中:X_1=(现金+有价证券)/资产总额;

X_2=销售收入/(现金+有价证券);

X_3=息税前收益/资产总额;

X_4=负债总额/资产总额;

X_5=固定资产净值/净资本;

X_6=净营运资本/净销售收入。

严格履行贷款合同的概率为

$$P=1/(1+e^{-y})$$

如果 $P>0.5$,受信方被归入有信用问题的一类;如果 $P\leqslant 0.5$,则受信方被归入信用良好的一类。

利用该模型进行授信管理,在违约前一年,违约行为被预见到的概率为 75%,在违约

前两年,违约行为被预见到的概率为57%。

三、巴萨利(Bazhory)模型

巴萨利模型是在Z计分模型的基础上发展起来的,由亚历山大·巴萨利建立。该模型由5个特定的财务比率指标构成,计算简便,且比Z值模型多了一个功能,即在预测企业破产可能性的同时,还能衡量企业实力的大小,适用于所有行业。5个财务比率指标为:

(1)(税前利润+折扣+递延税)/流动负债,用于衡量企业业绩。

(2)税前利润/营运资本,衡量营运资本回报率。

(3)股东权益/流动负债,衡量股东权益对流动负债的保障程度。

(4)有形资产净值/负债总额,衡量扣除无形资产后的净资产对债务的保障程度。

(5)营运资本/总资产,衡量流动性。

以上5项比率的总和便是该模型的最终得分,得分很低或出现负数均表明企业的前景不妙。

四、营运资产分析模型

信用分析的目的除了判断企业是否会失败以外,最好还应具有确定信用额度的功能。营运资产分析模型便是用于评估客户的资金和信用实力,同时可以核定客户的具体信用限额。该模型最大的贡献在于,它提供了一个计算信用额度的思路:对不同风险客户信用的评估值给予一个比例,然后按此比例和营运资本确定信用额度。其计算分为4个步骤:

(一)营运资产计算

$$营运资产=(营运资本+净资产)/2$$

$$营运资本=流动资产-流动负债$$

其中,净资产为企业自有资本或股东权益;营运资产为衡量客户规模的尺度,可以作为确定信用额度的基础指标。

(二)资产负债比率计算

在营运资产计算的基础上,该模型还计算了4个常用的资产负债比率:流动比率(W_1)、速动比率(W_2)、短期负债权益比率(W_3)和负债权益比率(W_4)。用于衡量客户的资产流动性和资本结构。流动比率越高,表明客户的短期偿债能力越高,债权人的风险越小;反之,债权人的风险越大。资本结构比率越高,说明客户的净资本相对越少,债权人的风险越大;反之,债权人的风险越小。

(三)计算评估值

根据上述4个比率指标构造出营运资产模型,即评估值(W)

$$W=W_1+W_2-W_3-W_4$$

该评估值综合考虑了资产流动性和负债水平两个最能反映客户偿债能力的因素。评估值越大,表示客户的财务状况越好,风险越小。具体见表4-1。

表 4-1　营运资产评价标准一览表

标准评估值	风险程度	信用程度	营运资产%
$W\leqslant -4.6$	高	低	0.0
$-4.59\leqslant W\leqslant -3.9$	高	低	2.5
$-3.89\leqslant W\leqslant -3.2$	高	低	5.0
$-3.19\leqslant W\leqslant -2.5$	高	低	7.5
$-2.49\leqslant W\leqslant -1.8$	高	低	10.0
$-1.79\leqslant W\leqslant -1.1$	有限	中	12.5
$-1.09\leqslant W\leqslant -0.4$	有限	中	15.0
$-0.39\leqslant W\leqslant +0.3$	有限	中	17.5
$+0.29\leqslant W\leqslant +0.9$	有限	中	20.0
$W\geqslant 1$	低	高	25.0

（四）信用限额的计算

将前面的营运资产和评估值加以综合考虑，即可计算客户的信用限额

信用限额 = 营运资产 × 营运资产百分比率

其中，营运资产百分比率是由评估值确定的，评估值代表了评估的信用等级，不同的信用等级所给予的营运资产百分比率是不同的（如表 4-1）。

【例题】　某公司的流动比率为 2，速动比率为 1，短期债务权益比率为 0.75，债务权益比率为 1.25，营运资本为 400 000 元，净资产为 900 000 元。则：$W=2+1-0.75-1.25=1$。营运资产 =（400 000 + 900 000）/2 = 650 000 元；对照表 4-1 列示的标准，可以作出如下判断：风险程度：较低；信任程度：高信用额度；营运资产为 25%，信用额度 = 650 000 × 25% = 162 500 元。

由于营运资产信用分析模型并未全面考虑影响信用风险的因素，因而依据此模型计算出来的信用限额只能作为企业进行信用销售的参考，而对实际信用额度的确定还要考虑不同行业的特点、企业的信用目标等因素进行制定，同时还要不断根据企业的信用销售政策和当前的信用销售总体水平进行调整。与 Z 值模型和马萨利模型相比，营运资产分析模型比较简单、易于操作，但它不能用来预测客户的破产可能性。

五、特征分析模型

特征分析模型采用特征分析技术对客户所有的财务因素和非财务因素进行归纳分析。特征分析技术是一种对客户各方面特征进行区分和描述的方法，它是从客户各方面特征中选择出对信用分析意义最大、直接与客户信用状况相联系的若干特征，对其进行分组，并对这些特征的不同表现进行综合分析，最后得到一个较为全面的分析结果。

（一）客户信用信息的特征分类

特征分析技术将客户信用信息分为三大类特征、18 个项目。

1. 客户特征

这一类因素主要反映那些有关客户表面、外在、客观的特点指标，包括 6 项。

（1）表面印象。主要指业务人员与客户接触过程中，获得的一些初步了解和印象，

包括企业经营管理是否规范、业务人员素质、经营环境、厂房与办公楼状况以及生产、销售、库存及产品市场状况等。

(2) 组织管理。可以从如下几个部分入手:①客户的股东结构及股东的背景,以及客户的经济组织形式及法律性质;②客户的内部管理组织结构及附属机构;③主要负责人背景,包括年龄、性别、学历、工作经历等。

(3) 产品与行业。即考虑客户的产品特点,如类型、质量、款式、设计等以及客户产品在同行业中的地位和水平。

(4) 市场竞争性。主要指客户的产品或服务在市场上的需求程度以及在市场上的地位。

(5) 经营状况。主要关注:①生产状况及经营范围;②购销区域、结算方式和特点;③主要供应商、经销商或代理商的状况;④经营业绩,包括销售额、业绩增长情况,尤其应注意客户主营业务的增长情况。

(6) 发展前景。包括该客户的发展历史、股东的支持、当前的经营状况、市场状况以及对客户所处行业及产品市场的分析预测。

2. 优先特征

这类因素主要是指企业在挑选客户时需要优先考虑的因素,体现与该客户交易的价值。共包括6项指标:

(1) 交易盈利率。企业可以对自己的产品销售确定一个最低利润率,只有满足了这一最低利润率要求,才有可能与其进行交易。该指标取决于交易合同金额或数量的大小,交易金额越大,可接受的最低利润率就越低。

(2) 交易条件。指本企业为了满足客户的要求所需付出的各种努力的程度。亦即企业是否容易满足客户提出的交易条件,如产品质量、款式、包装、运输条件、结算方式等。

(3) 对市场吸引力的影响。指与一个客户进行交易可能会对企业在市场上的吸引力产生怎样的作用。在交易盈利率差异不大的情况下,应优先选择对自己的市场吸引力有促进作用的客户。

(4) 对市场竞争力的影响。指企业为了取得自己在市场上的竞争地位而进行的考虑。例如,为了击败某一个竞争对手,要努力争取一个客户,为此有时会放弃暂时的利益而降低其他方面的条件与其交易。

(5) 担保条件。如果一个客户在信用条件之上还能提供部分额外的付款担保,如固定资产担保、交付定金、第三方担保、银行担保等等,那么可以大大降低信用风险。

(6) 可替代性。指本企业对客户的依赖程度。对于与本企业有长期往来的大客户,可以放低一些交易条件,而尽量维持与其稳固的合作关系。而对那些关系比较疏远的客户,则不必过分考虑由于信用条件中断交易的情况,因为在同样的信用条件下,还可以选择其他客户。

3. 信用与财务特征

信用与财务特征是直接反映客户信用状况和财务状况的因素。包括6项指标:

(1) 付款记录。是指客户以往对本企业或在同行业中对其他企业的货款支付情况。

(2) 银行信用。客户在银行的信用状况可以从以下几个方面去了解:①银行对该客户的信用评级;②该客户在银行的存贷款情况;③贷款是否存在拖欠;④是否能获得银行的资信证明书或保函。

(3) 获利能力。客户的获利能力直接影响到它的资信状况,亏损企业的信用风险通常较大。企业应详细了解客户的成本和盈利状况及利润增长状况。

(4) 资产负债表状况。从资产负债表中可以多方面揭示客户财务状况,应有重点有针对性地对其进行分析。

(5) 偿债能力。客户的偿债能力对于其信用风险具有很大的影响,因此除了从财务报表中获取数据进行分析外,还应考虑从其他渠道获得客户当前的真实资产、负债等信息,尤其是报表中无法了解到的重要信息(如面临债权人追债、处于诉讼追讨、面临破产清盘等),应给予特别关注。

(6) 资本总额。企业资本越大,股本越多,其筹资能力越强,改善经营、扩大规模的前景越好。

(二) 特征分析模型的计算

该模型的分析计算共分为 3 个步骤:

(1) 根据评分标准,在 1 ~ 10 范围内,对上述各项指标进行评分。某项指标情况越好,得分就越高。如果指标没有数据信息,则打 0 分。具体可以采用以下方法:先针对某个项目制定一个衡量标准,分为好、中、差 3 个等级,每个层次对应不同的分值。例如针对“产品质量”一项可设置以下衡量标准(见表 4-2)。

表 4-2　产品质量衡量标准

产品质量	衡量标准	对应分值
好	产品质量好,口碑好	8 ~ 10
中	质量一般,符合国家标准	4 ~ 7
差	质量差,存在明显缺陷	1 ~ 3
无法获得相应指标		0

(2) 根据设定的指标权数,用权数乘以 10,计算出各个指标的最大评分值。

(3) 将各指标的权数乘以实得分数并加总得出加权平均分,并以此与加总的最大可能评分值对比,得出最终百分率。最终百分率的意义如表 4-3 所示。

表 4-3　最终百分率分类与授信描述

最终百分率	授　信　描　述
0 ~ 20	收集的信用特征不完全,信用风险不明朗,或存在严重的信用风险,因此,不应该进行赊销交易。
21 ~ 45	交易的风险较高,交易的吸引力低;建议尽量不与之进行赊销交易,即使进行,也不要突破信用额度,并时刻监控。
46 ~ 65	风险不明显,具有交易价值,很可能发展为未来的长期客户,可适当超出原有额度进行交易。
66 以上	交易风险小,是有吸引力的客户,具有良好的长期交易前景,可给予较大的信用额度。

(三) 特征评分的用途

(1) 调整赊销额度:与营运资产分析模型相比,特征分析模型更为全面。实际中,可以将两种分析模型结合起来确定赊销额度。方法是:根据特征分析模型得出的最终百分率对在营运资产分析模型基础上得出的赊销额度进行调整(见表4-4)。

表4-4 调整的赊销额度

最终百分率(%)	可超出赊销额度的数量
0~20	0
21~45	赊销额度×21% ~赊销额度×45%
46~65	赊销额度×(46% +0.5)~赊销额度×(65% +0.5)
66以上	赊销额度×(66% +0.1)

(2) 与其他分析模型的结果相互印证。

(3) 对客户进行分级(见表4-5)。

表4-5 根据特征分析模型对客户分级

评估值	客户信用等级	评估值	客户信用等级
66以上	A	21~45	C
46~65	B	0~20	D

与其他信用分析模型相比,特征分析模型既考虑了财务因素,又考虑了非财务因素;既考虑了付款能力,又考虑了付款意愿。因而特征分析模型被企业广泛采用。

信用分析模型可以使企业信用决策实现规范化、程序化、科学化,但是由于该模型的适用前提是企业能收集到比较完整的客户信用信息,并且能对这些信息进行分类和汇总。而在实际中客户的某些信息不易获得,此时需要借助信用管理人员的专业经验和主观判断,因此也不应过分夸大信用分析模型的作用。

六、层次分析模型

(一) 层次分析模型的基本思路

层次分析法信用分析模型运用层次分析法(AHP法)将影响企业信用的"软"因素(定性因素)和"硬"因素(定量因素)融合在一起进行信用等级评价。

运用AHP法对企业进行信用评级的基本思路如下:首先,找出决定企业信用级别的主要构成要素,将这些要素分类;其次,按各构成要素之间的关联隶属关系,构造递阶层次模型;第三,通过每一层各要素之间对上层要素影响的两两成对比较,得到有关信用评价各构成要素之间的相对重要性排序;最后,按信用评价的层次结构关系,得到备选方案的综合排序。其中的关键是通过决定企业信用等级各构成要素的两两成对比较,得到各要素相对重要的量化分析数据。

(二) 信用评价指标权重的确定

1. 信用评价指标体系递阶层次结构模型的建立

中小企业信用评价指标体系A分为定量与定性两大类指标。定量指标主要依据财务报表分析和其他经营数据,了解企业的财务状况B_1、经营创新能力B_2和经济生态B_3。其中,财务状况B_1主要从偿债能力C_1,盈利能力C_2两方面分析,偿债能力C_1又以资产负债率C_{11}、流动比率C_{12}、现金比率C_{13}三个指标反映,盈利能力C_2以销售利润率C_{21}、资产报酬率C_{22}、成本费用利润率C_{23}三个指标衡量;经营创新能力B_2包括营运能力C_3和

创新能力 C_4，营运能力 C_3 以流动资产周转率 C_{31}、应收账款周转率 C_{32}、存货周转率 C_{33}、经营现金流量增长率 C_{34}4 个指标来反映，创新能力 C_4 由 R&D 投入强度 C_{41} 和研发人员比重 C_{42} 反映；经济生态包括成长潜力 C_5 和履约情况 C_6 两个方面，成长潜力 C_5 通过净资产增长率 C_{51}、销售增长率 C_{52}、工资总额增长率 C_{53} 等指标衡量，履约情况 C_6 以贷款本息按期偿还率 C_{61}、货款按期支付率 C_{62} 衡量。定性指标主要评价企业基础素质 B_4 的定性因素，主要包括经营者素质 C_7、企业素质 C_8、发展前景 C_9，经营者素质以品德 C_{71} 和能力 C_{72} 两个因素分析，企业素质 C_8 通过治理结构 C_{81}、管理水平 C_{82} 和职工素质 C_{83} 和财务报表质量 C_{84} 衡量，发展前景 C_9 以产品知名度 C_{91} 和行业发展前景 C_{92}。按照这一思路建立的中小企业信用评价指标体系递阶层次结构模型如图 4-1。

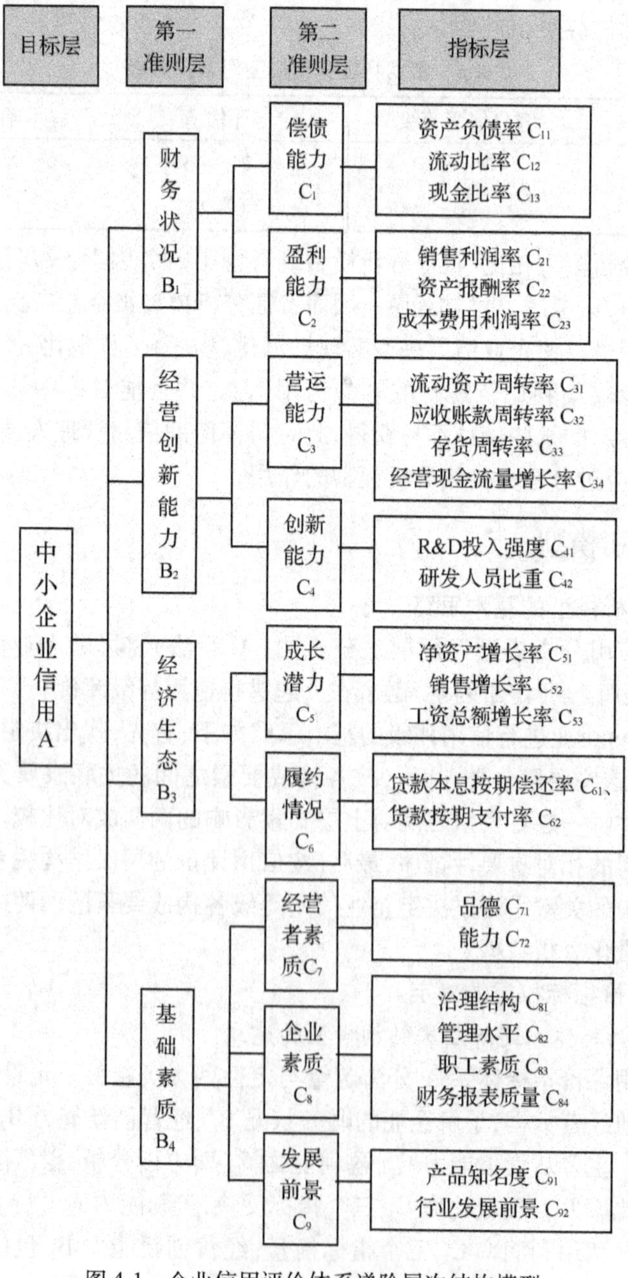

图 4-1　企业信用评价体系递阶层次结构模型

2. 信用评价指标权重的计算原理

根据影响企业信用的主要因素,建立信用评价的递阶层次结构模型以后,运用 AHP 方法确定各个评价指标的权重,大体分 4 步进行:

(1) 构造判断矩阵

对同一层次的各元素关于上一层次中某一准则的重要性进行两两比较,构造两两比较判断矩阵。即以上一层次某个因素为准,由于它对下一层次诸因素有支配关系,通过两两比较决定同层次指标的相对重要程度,比较标度用 1 ~9 个数字表示,1、3、5、7、9 分别表示"同等重要、稍微重要、重要、明显重要、绝对重要",2、4、6、8 是 4 个亚等级,用来表示上述相邻两个指标标度之间的相对重要程度。当递阶层次结构建立以后,需要确定一个上层元素所支配的下一层若干元素 $x_1, x_2, x_3, \cdots, x_m$ 关于这个上层元素的权重排序。各个对应的权重 $P_1, P_2, P_3, \cdots, P_m$ 满足 $0 \leqslant P_j \leqslant 1$,且 $\sum_{j=1}^{m} p_j = 1$。

(2) 由判断矩阵计算被比较元素对于该准则的相对权重

(3) 一致性检验

由于判断矩阵是人为赋予的,故需进行一致性检验,即评价矩阵的可靠性。对判断矩阵的一致性检验的步骤如下:

① 计算一致性指标

$$CI = (\lambda_{\max} - n)/(n-1)$$

$CI = 0$,说明 $\lambda_{\max} = n$,此时判断矩阵为一致矩阵。CI 越大,判断矩阵的不一致程度就越大。

② 查找相应的随机一致性指标

对 $n = 1, 2, \cdots, 9$,萨蒂教授给出了 RI 的值(如表 4-6 所示)。表中 RI 的值是这样得到的,用随机方法构造 500 个样本矩阵:随机从 1 ~9 及其倒数中抽取数字构造正互反矩阵,求得最大特征根的平均值 $\lambda'_{\max}$,并定义

$$RI = (\lambda'_{\max} - n)/(n-1)$$

③ 计算一致性比例

$$CR = CI/RI$$

当 $CR < 0.10$ 时,认为判断矩阵的一致性是可以接受的,否则需要重新进行成对比较,修正判断矩阵。

表 4-6　平均随机一致性指标 *RI* 取值表

n	1	2	3	4	5	6	7	8	9	10	11
RI	0	0	0.58	0.90	1.12	1.24	1.32	1.41	1.45	1.49	1.51

④ 计算各层因素对系统的组合权重,并进行排序

3. 判断矩阵的构造、指标权重的计算和一致性检验

下面根据图 4-1 构造判断矩阵,计算指标权重,并进行一致性检验。

(1) 第一准则层对于目标层的相关计算

将第二准则层中的 B_1, B_2, B_3 和 B_4 进行比较得出对于总目标 $\boldsymbol{A}$ 的判断矩阵

$$
A = \begin{array}{c|cccc} & B_1 & B_2 & B_3 & B_4 \\ \hline B_1 & 1 & 3 & 4 & \\ B_2 & 1/3 & 1 & 3 & \\ B_3 & 1/4 & 1/3 & 1 & \\ B_4 & 1/5 & 1/4 & 2 & \end{array}
$$

按行求几何平均数，得

$$\overline{w} = [2.783\,2 \quad 1.414\,2 \quad 0.451\,8 \quad 0.562\,3]^{T}$$

将$\overline{w}$归一化处理，得

$$W = [0.534\,0 \quad 0.271\,4 \quad 0.086\,7 \quad 0.107\,9]^{T}$$

$$AW = [2.234\,5 \quad 1.141\,1 \quad 0.310\,7 \quad 0.456]^{T}$$

$$\lambda_{max} = \frac{1}{4}\left(\frac{2.234\,5}{0.534} + \frac{1.141\,1}{0.271\,4} + \frac{0.301\,7}{0.086\,7} + \frac{0.456}{0.107\,9}\right) = 4.023\,7$$

$$CI = (4.023\,7 - 4)/(4 - 1) = 0.007\,9$$

$$CR = CI/RI = 0.007\,9/0.9 = 0.008\,8 < 0.1$$

通过一致性检验，$W = [0.534\,0 \quad 0.271\,4 \quad 0.086\,7 \quad 0.107\,9]^{T}$ 有效。

将上述计算结果列成表 4-7。

表 4-7 B_1, B_2, B_3, B_4 对 A 的权重及一致性检验

判断矩阵					W	λ_{max}	一致性检验
A	B_1	B_2	B_3	B_4			
B_1	1	3	4	5	0.534	4.032 7	CR = 0.008 8 <0.1
B_2	1/3	1	3	4	0.271 4		
B_3	1/4	1/3	1	1/2	0.086 7		
B_4	1/5	1/4	2	1	0.107 9		

（2）确定第二准则层对于第一准则层的权重

按照前述步骤计算第二准则层对于第一准则层的各个相关矩阵、λ_{max}与 CR 值，并进行一致性检验后，得到第二准则层各个因素对第一准则层的权重如表 4-8 所示。

表 4-8 第二准则层对第一准则层的各因素权重

因素 C_i	C_1	C_2	C_3	C_4	C_5	C_6	C_7	C_8	C_9
权重 W_{C_i}	0.25	0.75	0.585 8	0.414 2	0.8	0.2	0.626 7	0.279 9	0.093 6

（3）确定指标层对于第二准则层的权重

仍然按照前述步骤计算指标层对于第二准则层的各个相关矩阵、λ_{max}与 CR 值，并进行一致性检验后，得到指标层中各个指标对第二准则层的权重如表 4-9 所示。

表 4-9 指标层对第二准则层的各指标权重

指标 C_{ij}	C_{11}	C_{12}	C_{13}	C_{21}	C_{22}	C_{23}	C_{31}	C_{32}
权重 $W_{C_{ij}}$	0.163 4	0.539 6	0.297	0.428 6	0.428 6	0.142 8	0.423 1	0.227 4
指标 C_{ij}	C_{33}	C_{34}	C_{41}	C_{42}	C_{51}	C_{52}	C_{53}	C_{61}
权重 $W_{C_{ij}}$	0.122 2	0.227 4	0.585 8	0.414 2	0.423 4	0.387 8	0.169 2	0.75

指标 C_{ij}	C_{62}	C_{71}	C_{72}	C_{81}	C_{82}	C_{83}	C_{84}	C_{91}	C_{92}
权重 $W_{C_{ij}}$	0.25	0.5	0.5	0.426 9	0.229 4	0.136 4	0.207 3	0.25	0.75

(4) 计算指标层对总目标的权重

设 $C_{11}, C_{12}, \cdots, C_{91}, C_{92}$ 等25个指标(因素)相对于总目标的权重分别为 $W_1, W_2, \cdots, W_{25}$,则

$$W_1 = W_{B1} \cdot W_{C1} \cdot W_{C11}, W_2 = W_{B1} \cdot W_{C1} \cdot W_{C12}, \cdots, W_{25} = W_{B4} \cdot W_{C9} \cdot W_{C92}$$

各项指标总权重计算如表4-10所示。

表4-10　企业信用评价指标权重分配表

W_1	0.021 8	W_6	0.057 2	W_{11}	0.065 9	W_{16}	0.013	W_{21}	0.006 9
W_2	0.072	W_7	0.067 3	W_{12}	0.046 6	W_{17}	0.004 3	W_{22}	0.004 1
W_3	0.039 6	W_8	0.036 2	W_{13}	0.029 4	W_{18}	0.033 8	W_{23}	0.006 3
W_4	0.171 7	W_9	0.019 4	W_{14}	0.026 9	W_{19}	0.033 8	W_{24}	0.002 5
W_5	0.171 7	W_{10}	0.036 2	W_{15}	0.011 7	W_{20}	0.012 9	W_{25}	0.007 6

(三) 层次分析模型的应用

这里以本书作者调研所取得的16家中小企业资料为基础,从中抽选出10家资料最完备的企业,以此作为分析对象,探讨AHP模型在企业信用评价中的具体运用。

1. 样本中小企业信用数据的处理

(1) 定性指标信息的量化处理

企业基础素质所包括的10个因素(指标)的信息都是非数量化的,因此进行信用评价之前,必须对定性指标进行量化处理。采用的方法是赋值法。根据定量指标比定性指标更重要的原则,给予定量指标80%的赋值,相应地给予定性指标20%,即20分的赋值。按照各定性指标(因素)对中小企业信用的重要程度大小赋予不同的分值(见表4-11),在此基础上再根据被评级企业的实际状况给予相应的记分。

表4-11　定性指标量化表

评价指标(因素)	分值	优秀	良好	一般	较差	很差
品　德	4	4	3	2	1	0
能　力	4	4	3	2	1	0
治理结构	2	2	1.5	1	0.5	0
管理水平	2	2	1.5	1	0.5	0
职工素质	2	2	1.5	1	0.5	0
财务报表质量	2	2	1.5	1	0.5	0
产品知名度	2	2	1.5	1	0.5	0
行业发展前景	2	2	1.5	1	0.5	0
合　计	20	20	15	10	5	0

(2) 样本企业信用评价指标初始数据

表4-12是课题调查所取得的10家中小企业信用评价有关的实际数据。

表 4-12　10 家样本企业信用评价指标(因素)数据表

%;分

指标	1	2	3	4	5	6	7	8	9	10
C_{11}	64.08	67.64	39.08	76.72	62.52	41.28	61.6	24.32	32.41	66.88
C_{12}	135.07	92.26	252.18	70.33	124.08	63.71	59.79	308.91	75.40	95.50
C_{13}	2.18	5.60	1.05	14.76	1.63	8.23	7.58	11.82	3.79	7.51
C_{21}	10.69	16.07	10.32	6.93	2.60	14.33	9.51	5.27	26.86	17.83
C_{22}	0.10	7.48	0.25	3.56	2.94	39.8	-4.66	13.84	18.99	2.5
C_{23}	0.13	19.03	0.45	1.90	27.61	12.90	-8.0	10.11	22.5	4.17
C_{31}	158.37	205.87	103.45	391.38	371.04	145.83	360.41	108.46	328.57	278.18
C_{32}	85.53	63.29	122.15	77.44	131.56	138.71	109.17	108.24	110.00	173.11
C_{33}	245.01	567.71	469.23	231.32	137.08	123.64	556.45	147.42	195.88	224.71
C_{34}	6.98	34.23	30.96	63.68	19.05	22.13	23.61	-17.97	11.30	84.44
C_{41}	0.26	0.21	0.0	1.15	0.0	1.32	0.05	0.0	0.22	0.12
C_{42}	10.19	5.70	0.0	12.40	10.25	7.91	0.85	20.18	10.92	13.15
C_{51}	18.25	76.11	2.67	5.00	9.28	58.74	26.95	13.78	7.38	11.74
C_{52}	5.41	34.41	35.79	3.39	-30.43	32.64	5.13	1.79	20.65	22.02
C_{53}	8.57	11.48	0.0	11.73	20.51	37.50	29.15	94.98	29.41	8.33
C_{61}	100.0	100.0	80.0	100.0	100.0	100.0	100.0	100.0	100.0	100.0
C_{62}	80.0	75.0	100.0	90.0	95.0	85.0	100.0	75.0	80.0	100.0
C_{71}	3.0	3.0	3.0	3.0	3.0	3.0	3.0	3.0	3.0	3.0
C_{72}	3.0	3.0	2.0	3.0	2.0	3.0	3.0	2.0	3.0	3.0
C_{81}	1.5	1.5	1.5	2.0	1.0	1.5	1.5	1.5	1.5	1.5
C_{82}	1.5	2.0	1.5	2.0	1.5	1.5	2.0	1.5	1.5	2.0
C_{83}	1.5	1.5	1.5	1.5	1.5	1.5	1.5	1.5	1.5	2.0
C_{84}	2.0	2.0	2.0	1.5	2.0	1.5	2.0	1.5	2.0	2.0
C_{91}	1.5	1.5	1.0	1.0	1.0	2.0	2.0	1.5	1.5	1.5
C_{92}	1.5	1.5	1.5	1.5	1.5	1.5	1.5	1.5	1.5	1.5

(3) 信用评价指标的无量纲处理

上述企业信用评价指标体系中,有些定量指标是属于越大越好的正指标,而有些定量指标是属于越小越好的逆指标,还有些定量指标则属于适度性指标,即处于某一范围值或处于某一个值为最佳,如流动比率。因此,要综合评价一家企业的信用状况,必须使各指标间具有可比性,对指标进行无量纲处理,以消除量纲的影响。无量纲化处理有多种方法,这里采用线性变换法,即取每个指标的最优值 x_{ij}^*:首先要将指标进行标准化,即得出每个指标的标准值:

$$x_{ij}^* = \begin{cases} \max\{x_{ij}\}, j \text{ 指标越大越好} \\ \max\{x_{ij}\}, j \text{ 指标越小越好} \\ \max\{1/|x_{ij} - x_0|\}, j \text{ 为适度指标} \end{cases}$$

经过 x_{ij}^* 对 (x_{ij}) 进行标准化处理后,转换为 y_{ij}:

$$y_{ij}=\begin{cases}x_{ij}/x_{ij}^{*}\,,\ j\ \text{指标值越大越好}\\ x_{ij}^{*}/x_{ij},\ j\ \text{指标值越小越好}\\ 1/\left|x_{ij}-x_{0}\right|/\ x_{ij}^{*}\,,\ x_{ij}-r_{0},\ j\ \text{为适度指标}\end{cases}$$

其中,x_0 为适度指标的理想值,若 $x_{ij}=x_0$,取 $x_{ij}^{*}=1$。

在信用评价指标中,成本费用利润率为逆指标,资产负债率和流动比率为适度指标,标准值分别为40%和200%,其余均为正指标。计算调整结果如表4-13所示。

表4-13　10家样本企业信用评价指标(因素)量纲数据表

%

指标	1	2	3	4	5	6	7	8	9	10
y_1	415.28	361.79	108.7	272.33	444.05	7812.5	462.96	637.76	3241.0	1317.52
y_2	154.01	92.82	191.64	77.12	131.72	73.37	71.32	91.82	80.26	95.69
y_3	677.06	263.57	1105.71	1.0	905.52	179.34	194.72	124.87	389.45	258.49
y_4	39.79	59.53	38.42	25.8	9.68	53.53	35.41	19.62	100	66.38
y_5	0.25	18.79	0.63	8.94	7.39	100	-11.71	34.77	47.71	6.28
y_6	0.47	68.92	1.63	6.88	100	46.72	-28.98	36.61	81.49	15.1
y_7	40.46	52.6	26.43	100	94.8	37.26	92.09	27.71	83.95	71.08
y_8	49.41	36.56	70.56	44.73	76	80.13	63.06	62.53	63.54	100
y_9	43.16	100	82.65	56.6	24.15	21.78	98.02	25.97	34.5	39.58
y_{10}	8.27	40.56	36.68	75.45	22.57	26.22	27.97	-21.29	13.39	100
y_{11}	19.7	15.9	0	87.12	0	100	3.79	0	16.67	9.1
y_{12}	50.5	28.25	0	61.45	50.79	39.2	4.21	100	54.11	65.16
y_{13}	23.98	100	3.5	6.57	12.19	77.18	35.41	18.11	9.7	15.43
y_{14}	15.12	96.14	100	9.47	-85.02	91.2	14.33	5	57.7	61.55
y_{15}	9.02	12.09	0	12.35	21.59	39.48	30.69	100	30.96	8.77
y_{16}	100.0	100.0	80.0	100.0	100.0	100.0	100.0	100.0	100.0	100.0
y_{17}	80.0	75.0	100.0	90.0	95.0	85.0	100.0	75.0	80.0	100.0
y_{18}	100.0	100.0	66.67	100.0	100.0	100.0	100.0	100.0	100.0	100.0
y_{19}	100.0	100.0	100.0	100.0	66.67	100.0	100.0	66.67	100.0	100.0
y_{20}	75.0	75.0	75.0	100.0	50.0	75.0	75.0	75.0	75.0	75.0
y_{21}	75.0	100.0	75.0	100.0	75.0	75.0	100.0	75.0	75.0	100.0
y_{22}	75.0	75.0	75.0	75.0	75.0	75.0	75.0	75.0	75.0	100.0
y_{23}	100.0	100.0	100.0	75.0	100.0	75.0	100.0	75.0	100.0	100.0
y_{24}	75.0	75.0	50.0	50.0	50.0	100.0	100.0	75.0	75.0	75.0
y_{25}	100.0	100.0	100.0	100.0	100.0	100.0	100.0	100.0	100.0	100.0

2. 样本中小企业信用评价结果

据上述方法,对原始数据进行折算后得到数值 Y_{ij}。第 i 家中小企业信用的综合得分为

$$P_I=0.8\sum_{j=1}^{17}y_{ij}w_j+\sum_{i=18}^{25}y_{ij}w_j,i=1,\cdots,10$$

计算结果如表4-14所示。

表 4-14 10 家样本企业信用评价综合得分及排序

企业	1	2	3	4	5	6	7	8	9	10
P	0.629 4	0.585 6	0.715 6	0.431 7	0.698 1	0.970 6	0.429 3	0.479 4	0.808 9	0.740 5
排序	6	7	4	10	5	1	9	8	2	3

3. 中小企业信用评级标准

根据中小企业的信用度高低,参照目前我国信用评级行业的信用分类标准,可将被评价中小企业的信用等级分为6个等级(见表4-15)。

表 4-15 10 家样本企业信用评价等级

信用综合分值	≥0.9	[0.75,0.9)	[0.6,0.75)	[0.45,0.6)	[0.3,0.45)	<0.3
信用等级	AAA	AA	A	BBB	BB	B

4. 样本企业信用等级

根据上述计算结果和信用等级划分标准,得到10家样本企业的信用等级如表4-16所示。

表 4-16 10 家样本企业信用评价结果

企业	1	2	3	4	5	6	7	8	9	10
信用等级	A	BBB	A	BB	A	AAA	BB	BBB	AAA	A
排序	6	7	4	10	5	1	9	8	2	3

5. AHP 法应用的基本条件

本书设计的中小企业信用评级模型的运用及其有效作用的发挥,必须具备以下几个前提条件:

(1) 建立中小企业的信用信息征集系统。

(2) 提高中小企业信息披露质量,确保数据资料的真实性。信用评价主要是根据企业公开披露的信息资料,目前中小企业还存在比较严重的编造会计凭证、会计账簿和编制虚假财务会计报表的现象,将严重影响信用评价结果。因此必须在制度上保证中小企业真实地披露信息。

(3) 信用评价是一项既重视理论也重视经验的工作,评价业务既需要科学的评级理论的指导,又要求信用评估人员具有丰富的经验。

本章小结

信用分析是信用管理的重要环节。它是依据一定的信用标准和信用评价指标体系,运用科学的方法,对客户偿债能力和履约意愿等信用特征进行综合测度的过程。由授信主体、受信客体(客户)、信用分析标准、评价指标体系和评价方法等组成。

根据分析对象的不同,信用分析分为企业客户分析和个人客户分析两类。对企业客户的信用分析内容包括财务信息和非财务信息。财务分析的依据主要是资产负债表、损益表、财务状况变动表、现金流量表等财务报表。财务分析方法主要有财务比率分析法和趋势分析法。前者一般从流动性、财务杠杆、营运能力和盈利能力等4个方面构建比率指标来进行。后者则是指对同一客户的两个或两个以上连续年度财务报表中的某些项目或者相关财务比率进行比较分析，判其发展趋势。非财务分析是对影响客户信用风险的财务以外的所有因素所做的判断分析，主要包括行业基本面、组织形式和高级管理人员、经营发展规划和经营目标、产品和市场及发展前景等。

企业信用分析模型是依据一定的财务指标或信用评价指标体系，运用数理统计方法构建的定量分析模型，国际上常用的模型主要有 A 记分模型、Z 记分模型、巴萨利模型、营运资产分析模型、特征分析模型等。

重要概念

信用分析 信用分析标准“5C”分析原则“6A”要素原则 CAMPARI 分析原则 流动比率 速动比率 杠杆比率 利息保障倍数 Z 记分模型 营运资产分析模型 特征分析模型

思考与练习

1. 简述“5C”分析原则、“5W”分析原则、“6A 要素”原则的内容。
2. 分析企业客户现金流量应把握的重点和层次。
3. 应从哪些方面构建财务比率指标体系来分析企业客户信用？
4. 应从哪些方面运用趋势分析法分析判断企业的发展趋势？
5. 简述 A 记分模型和 Z 记分模型的基本原理和思想。
6. 如何运用营运资产分析模型确定对客户的信用额度？
7. 简述特征分析模型的计算步骤。
8. 如何构建层次分析模型？
9. 某公司的流动比率为 2.2，速动比率为 1.15，短期债务权益比率为 0.72，债务权益比率为 1.4，营运资本为 1 200 000 元，净资产为 2 500 000 元。

试计算：(1) 营运资产评估值 W；(2) 信用额度。

10. 某企业 2010 年度有关财务报表资料如下：

资产负债表

万元

项　目	上年数	本年数	项　目	上年数	本年数
现金	56	8			
应收账款	1 614	2 744			
预付账款	268	402	预收账款	248	402
存货	2 418	4 820	应交所得税	420	780
			应付股利	600	800
			长期负债	3 600	7 600
固定资产	8 600	16 470	实收资本	3 600	3 600
			资本公积	1 904	1 904
			留存收益	1 370	3 496
资产合计	12 956	24 444	负债及所有者权益合计	12 956	24 444

利 润 表

万元

项 目	上年度	本年度	项 目	上年度	本年度
一、主营业务收入	14 006	22 410	三、营业利润	1 668	3706
减:主营业务成本	7 496	11 618	加:投资收益净额	0	0
二、主营业务利润	6 510	10 792	四、利润总额	1 668	3 706
减:营业费用	4 410	6 174	减:所得税	420	780
财务费用	432	912	五、净利润	1 248	2 926

试根据上述资料计算该公司这两年的以下财务比率指标:

(1) 净资产收益率;

(2) 资产负债率;

(3) 存货周转率;

(4) 应收账款周转率;

(5) 流动比率;

(6) 速动比率;

(7) 利息保障倍数;

(8) 负债与所有者权益比率。

第五章　征信运营与征信技术标准

第一节　征信概述

一、征信的概念

征信(credit checking 或 credit investment)又称为信用调查或资信调查,是指专业化的、独立的第三方机构依法采集、记录、核实、整理、保存企业和个人信用信息,并依法对外传播信用信息的活动。

征信活动的产生源于信用交易的需要。市场经济是信用经济,在市场经济社会中,信用成为维系各个经济主体利益关系的纽带和维护市场秩序的基石,个人之间、企业之间、政府之间以及个人与企业之间、政府与个人和企业之间的经济联系都需要信用的维系。因此,信用作为特定的经济交易行为,是商品货币关系发展到一定阶段的产物。市场经济又是契约经济,其本质是债权债务关系,债权债务关系的建立是以交易双方之间的相互信任为前提的,即授信方相信受信方具有偿还能力,而同意受信方所作的未来偿还债务的承诺。当商品经济并不发达时,交易范围小,债权人较为容易了解对方的未来偿还能力。但当商品经济高度发达,交易变得更为广泛而频繁,不仅交易范围和内容越来越广泛,交易数量越来越多,交易方式日益丰富多样,交易主体之间的信息不对称程度不断增大,交易风险也随之增加,此时交易主体的资信就成为一种客观需要,征信活动也应运而生。所以,征信的产生和发展是随着商品经济的产生和发展的,市场经济越发达,征信活动的需求就越大。

征信业的产生可以追溯到 19 世纪 30 年代的英国。1830 年,世界第一家征信机构在伦敦诞生,该机构是一家企业征信机构,主要向贸易双方提供对方的背景和信用信息服务。由于技术手段的限制,早期的征信服务有些类似经济侦探服务。进入 20 世纪 90 年代以后,信用管理行业的服务方式从主要经营征信转变为全方位地向客户提供信用管理顾问和策划服务,全球一致的征信服务和信用管理外包服务也开始盛行。这些新服务方式的发展,既可以帮助没有必要建立独立信用管理部门的中小企业发挥信用管理功能,又可以帮助跨国公司降低信用管理成本。

二、征信的构成要素

征信是对经济主体基本信息及与交易有关的信息和数据进行采集、核实、加工和依法传播的一系列活动和过程，与此相适应，征信是由征信机构、征信对象、征信数据、征信服务和产品、征信市场等要素构成的有机整体。

（一）征信机构

征信机构是专门从事资信调查业务的专业机构。按性质可分为公共征信机构和私人（商业）征信机构。狭义的征信机构一般指私人（商业）征信机构，是指专门从事信用信息（征信数据）采集、处理、评价、传播业务的以营利为目的的企业。对于从事信用交易的双方，征信机构是信息中介机构。通过征信机构的服务，可以降低交易双方之间的信息不对称程度，帮助授信方规避风险，也帮助信誉卓著的受信方体现其特殊的信用价值。

征信机构按征信对象可以分为企业征信机构、个人征信机构及财产类征信机构。其中财产类征信机构是对受信人及其保证人名下的财产进行调查服务的专门机构。各类征信机构还可以根据其所经营的业务种类细分为若干种特定业务类型。

征信机构能否在一国开展征信业务活动，取决于该国的征信数据环境，即需存在合法且商业化的数据供应。政府还要以法律法规形式保证征信市场的开放，市场准入门槛设置合理。因此，一些非征信机构也提供少量的信用调查服务，例如一些律师或会计师事务所也向其客户提供信用调查服务，但不能被定义为现代征信服务。这是因为这些调查活动不是以大型征信数据库方式进行的，他们采取的个案调查形式，调查工作不见得遵守征信行业的行规。

（二）征信对象

征信对象即信用调查的客体，通常指企业法人和自然人。企业法人和自然人虽然都是民事主体，在民事活动中地位平等，但是两者在财产关系和人身关系，以及在经济实力、收入来源、举债目的等方面存在较大差异，因而征信的手段和方式等也不尽相同。这样征信就分为企业征信和个人征信。企业征信是指将采集到的企业信用信息，经过数据汇总、加工、存贮，形成征信数据库，将经过分析处理后的信息被有条件地披露给特定的主体。从业务流程看，企业征信包括信用数据采集、数据加工入库、征信服务 3 个方面。通常征信机构只有在接受授信方的委托后才进行企业征信调查。个人征信也称消费者信用调查，是指将分散在银行和社会各有关方面的个人信用信息汇集起来，加工成个人信用数据库，为相关交易主体提供个人信用信息服务。个人征信带有主动性，个人信用局依法力求取得所在国家或地区全部居民的信用记录，至少是一个城市全部经济活跃人口的信用记录，而不论被记录者本人是否愿意，也不论是否有委托调查。如果授信机构需要了解受信人的信用记录，直接向个人信用局表明是合法的个人信用调查报告用户，或者得到被调查人的认可，就可以获取被调查对象的信用报告。个人信用局将消费者信用调查报告卖给客户时，不再对报告的内容进行核实。个人征信一般在本国或本地区内进行，不允许将个人信用调查报告出售给外国人。由于财产征信的主要目标是具有自然人性质的信用申请人个人，因此财产征信也属于个人征信范畴。

（三）征信数据

征信数据是调查数据及其经过分类、整理之后的信用信息，是制作征信产品的原材料。征信数据分企业征信数据和个人征信数据。企业征信数据用于生产各类企业资信调查报告,包括制作行业调查报告和国家风险调查报告等。个人征信数据用于生产各类消费者信用调查报告。

征信数据分量化数据和非量化数据。非量化数据是对一些事实的记录,用语言形式进行描述。量化数据可以直接用来进行定量分析。许多非量化数据是可以被量化的。征信数据主要包括原始调查数据和经过加工处理的数据。征信数据既可以通过直接调查获得,也可以向数据供应商采购,还可以通过与相关数据交换取得。原始征信数据不能直接应用于征信产品的生产,必须经过加工处理才能使用。

征信数据在社会信用体系建设中有着重要的作用,主要体现在记忆、揭示和预警等三大基本功能的发挥上。记忆功能是对企业和个人的信用记录的存储,而信用记录以各类征信数据为载体;揭示功能是在法律允许的范围内,对企业和个人的信用信息的披露,是在对部分经过筛选和处理的征信数据的传播中体现的;预警功能是根据对征信数据的分析和研究,对具有特定行为特征的企业和个人的信用风险进行评估,并且对可能发生的风险提出预警。以征信数据为基础,通过数据库技术和信用分析系统,可以得出各种信用报告,从而为信用需求者制订规划、甄别风险提供参考。同时,定期发布不守信用的黑名单和介绍诚信企业,向社会公众公布有关信息,起到监督和约束不良商业行为,鼓励诚实守信的作用。所以,征信数据是社会信用体系运行的基础环节,对于社会信用体系功能的实现十分重要。

(四)征信服务和产品

征信服务是接受委托人的信用调查服务,是社会化的有偿服务。它是指征信机构取得被调查对象的信用信息后,将这些信息进行核实和加工处理,形成标准文本的信用报告,并依法传播给委托人。征信服务是企业信用管理和个人信用管理的基础性外部技术支持服务,因而又称信用信息服务业务,包括信用记录、信用调查、信用评分和信用评级。征信服务分为企业征信服务、个人征信服务和财产征信服务,征信服务的主要提供者是征信机构,征信服务的主要使用者是授信方,也包括一些相关政府部门和企业人力资源部门。

征信产品是指由征信机构将征信数据进行加工而成的具有格式化、技术性标准的信用报告文本,包括各类资信调查、信用调查报告和信用评分报告等。根据征信服务的深度,信用报告分为普通、深度和专项3个层次。普通的征信产品形式主要有信用记录、信用评级、企业资信报告和个人资信调查报告等。信用记录是指征信机构将从各个渠道取得的企业或个人信用的原始资料分类记录在案,并输入数据库。当客户需要调查某一客户的信用时,直接向征信机构购买该客户的信用记录资料。信用评级包括证券评级、企业信誉评级和个人信用评级等。国际评级机构通常根据信用水平高低将企业信用分为10级,从"AAA"到"D"不等。美国三大评级公司——标准普尔公司(Standard and Poor's)、莫迪投资服务公司(Mood's Investor's Service)、菲奇投资服务公司(Fitch Investor's Services)都建立了完善的信用评级制度。企业资信报告主要为企业信用管理部门或银行信贷部门管理客户风险提供服务。个人资信调查报告一般由消费者资信调查机构生产。英国的Experian公司、美国的Equifax公司和Trans Union公司是目前世界上最大的消费者资信调查服务公司(美国称之为信用局),均拥有庞大的个人信用数据库,能够提供标准格式的消费者个人信用调查报告。更深层次的征信服务是信用管理咨询服务,即征信机构在对企业诊断的基础上,提出规避客户风险的解决方案和预算,帮助企业建立或改进信用功能的服务。信用管理咨询旨在完善企业内部信用管理制度和必要的信用管理技术手段,改进日常信用管理工作。

(五) 征信市场

征信市场是指征信机构提供征信服务的目标市场。征信市场是根据征信服务的调查对象所在市场进行分类的。因此,每一种征信业务都服务于特定的征信市场。例如,资信评级是在资本市场上提供的征信服务,提供征信服务的专业机构是资信评级机构。

根据调查对象的不同,征信市场分为资本市场、商业市场、消费市场和商品市场。在不同征信市场上,提供不同征信服务的征信机构种类分别是资信评级、企业征信、个人征信和市场调查。除了消费市场外,其他 3 个市场上的调查服务不受国界限制。

不同种类征信机构提供服务的不同,决定了不同征信市场被调查对象熟悉的征信服务业务操作方式的不同。不同征信市场对应的征信服务情况如表 5-1 所示。

表 5-1 各个征信市场的征信服务及征信数据来源

市场类别	征信对象	服务内容	信息源
资本市场	金融机构、上市公司、企业债券等	资信评级	金融机构、上市公司、被评级对象等
商业市场	中小企业	企业征信	工商、统计、法院、海关、质检、银行、供应商等
消费市场	本国居民、在本国长期活动的外国居民、个人资产	个人征信与财产征信	公安、法院、通讯、金融机构、信用卡公司、房产与汽车登记等
商品市场	各类商品	市场调查	产品用户、消费者

三、征信的种类

(一) 按照业务类型可分为企业资信调查和消费者信用调查

企业资信调查是指专门收集企业信用信息、生产企业信用产品,是提供企业信用状况的征信活动;消费者信用调查是指专门收集个人信用信息、生产个人信用产品,是提供个人信用状况的征信活动。有的国家这两种业务类型由一个机构完成,也有的国家是由两个或两个以上机构分别完成,或者在一个国家内既有单独从事个人征信的机构,也有从事个人和企业两种征信业务类型的机构,一般都不加以限制,由征信机构根据实际情况自主决定。比如美国的征信机构主要有 3 种业务类型:(1)资本市场信用评估机构,其评估对象为股票、债券和大型基建项目;(2)商业市场评估机构,其评估对象为各类大中小企业;(3)个人消费市场评估机构,其征信对象为消费者。

(二) 按照服务对象可分为信贷征信、商业征信、雇佣征信以及其他征信

信贷征信主要服务对象是金融机构,为商业银行信贷决策提供支持;商业征信主要服务对象是批发商或零售商,服务内容扩大到信用之外,为投资和一般性交易提供决策支持;雇佣征信主要服务对象是雇主,为雇主用人决策提供支持;其他一些征信服务活动,如市场调查,债权处理,动产、不动产鉴定等。

（三）按照征信方式可分为同业征信、联合征信和金融联合征信

同业征信是指征信机构在一个独立或封闭的系统内部（如金融业、汽车业、房地产业等）进行征信和提供征信服务的工作方式。同业征信可以是同业个人征信，也可以是同业企业征信。采用同业征信的方式，征信机构主要从同属于一个行业的企业内采集征信数据，信息资源仅在业内共享，所生产的征信产品也只在业内应用。在本系统内部，原始信息的提供者经常也是征信机构信息产品的使用者，即这种征信机构的主要信息源和客户仅来自同行业的企业，征信机构一般不向行业以外提供其征信产品和服务。

联合征信主要针对个人征信而言，它是指征信机构根据协议，将第三方中介机构分散在各个相关征信数据源单位的个人信用信息汇集起来，进行加工和储存，形成个人信用数据库的方式。征信数据源单位是指掌握征信数据的政府和非政府单位，如商业银行、公用事业单位、邮政、移动通讯公司等，它们有偿或无偿地向征信机构提供征信数据。联合征信有两个特征：一是允许向所有拥有征信数据的单位采集征信数据；二是通过征信机构提供征信数据的单位之间存在数据资源共享的关系。

按照操作方式的不同，联合征信又可以分为直接联合征信和间接联合征信。直接联合征信是指各征信数据源单位达成向征信机构提供征信数据的协议，征信机构分别向所有能够提供征信数据的单位直接采集征信数据。间接联合征信是指由其他政府或非政府机构协调部分或全体征信数据源单位，先将其掌握的征信数据提供给信息服务机构，由该机构将征信数据从协调来的数据中剥离出来，然后再成套地提供给经过筛选的征信机构。

金融联合征信是金融机构向指定的征信机构提供企业或消费者个人的信贷记录、偿贷记录、信用卡付费记录、与银行往来情况记录等，由征信机构将征信数据处理后，生成信用调查报告，然后再向所有金融机构提供征信服务。金融联合征信一般是个人征信，这是因为消费者个人与金融机构的交易数据是形成消费者信用调查报告的重要来源。金融联合征信不完全是同业征信，因为金融机构需要的授信参考不仅限于金融行业内的信息，采用这种方式的征信机构还需采集金融行业外的征信数据，以形成消费者信用调查报告，但其仅仅服务于金融机构，对外保密。

（四）按照征信的地域可分为国内征信和国际征信

国内征信是针对国内的被调查对象所作的资信调查，是目前各国普遍采取的机构形式。国际征信是指委托人和被调查的对象不在同一国家，调查工作需跨越国境。跨国征信服务近年来发展较快，主要是两方面因素的推动：一是发达国家的一些老牌征信机构为了拓展业务，采用诸如设立子机构、合作、参股、提供技术支持、设立办事处等多种途径向其他国家渗透；二是由于经济全球一体化进程的加快，各国经济互相渗透，互相融合，跨国经济活动越来越多，跨国征信业务需求也随之增加，为了适应这种发展趋势，国际征信机构也必然越来越多。

第二节　征信产品

一、企业征信及其产品

（一）企业征信的作用

企业征信的作用主要体现为：(1)增强企业间信用信息的透明度，降低交易成本，规避信用风险；(2)促进企业信用记录、监督和约束机制的建立和完善；(3)为企业的交易和信用管理决策提供信息和评估支持，为金融机构等主体与企业间的合作提供资信信息支持；(4)为金融机构与企业之间的合作提供资信信息方面的支持；(5)为社会信用体系的建立和完善奠定基础。

我国的企业征信开始于20世纪80年代中期，是我国对外开放及经济金融体制改革的产物，随着我国金融市场、证券市场的建设而发展起来的。市场经济是信用经济又是风险经济，中国正处于向市场经济转轨的重要时期，有效规避风险、恪守信用、确保经济交易中的各种契约关系如期履行，是市场经济正常运行的基本前提。因此，只有建立和完善包括企业征信系统在内的社会信用体系，才能维护良好的信用关系，保障健康的市场经济秩序。

当前我国企业信用缺失问题比较突出，加强企业征信具有特别重要的作用：

1. 有助于企业防范商业风险，为现代企业制度的建设提供良好条件

转变企业经营机制，建立现代企业制度的最终目标是使企业成为依法自主经营、自负盈亏、自我发展、自我约束的市场竞争主体。企业成为独立利益主体的同时，也将独立承担经营风险，企业征信将有助于企业实现最大的经济利益。随着市场竞争的日益激烈，制定正确的客户信用政策成为企业竞争的有效手段之一。信用政策的确定必须建立在对客户信用状况的科学评价分析基础上，这样才能达到既从与客户的交易中获取最大收益，又将客户信用风险控制在最低限度的目的。另一方面，由于企业征信是对企业内在质量的全面检验和考核，而且资信等级高的企业在经济交往中可以获得更多的信用政策，可以降低筹资成本，因此既有利于及时发现企业经营管理中的薄弱环节，又为企业改善经营管理提供了压力和动力。

2. 促进资本市场的公平、公正、公开和诚信

企业是资本市场的主要筹资者，其信用状况对于实现资本市场的公平、公正、公开和诚信十分重要：(1)对于投资者而言，随着资本市场的发展，各类有价证券发行日益增多，他们迫切需要了解发行人的情况，以优化投资选择，实现投资安全性，取得可靠收益。而企业征信可以为投资者提供公正、客观的信息，从而起到保护投资者利益的作用。(2)可以作为资本市场管理部门审查决策的依据，保持资本市场秩序的稳定。资信等级是政府主管部门审批债券发行的前提条件，可以使发行主体限制在偿债能力较强、信用程度较高的企业。(3)有利于企业降低筹资成本。企业迫切要求自己的经营状况得到合理的分析和恰当的评价，以利于投资者按照自己的经营管理水平和信用状况给予资金支持，并通过不断改善经营管理，提高自己的信用级别，降低筹资成本，最大限度地享受相应的

权益。

3. 提高授信决策和风险管理水平

企业作为经济活动的主体，一方面，在其经营过程中要与其他企业客户经常发生业务往来和债权债务关系，为了规避和防范赊销风险，授信企业需要获取客户的客观、真实的信用信息，甄别风险，筛选客户，为授信决策提供依据。另一方面，银行信贷作为企业最主要的外源资金，企业只有与商业银行建立信贷关系，才能获得所需的生产经营资金。商业银行信贷业务经营强调安全性、流动性和营利性原则。因此，为了减少信贷业务中的信息不对称，控制信贷风险，商业银行建立了严格的借款人（企业）的信用评估机制，对借款人的经营活动、经营成果、获利能力、偿债能力等方面进行全面的风险评价，以信用等级为基础进行授信决策，企业征信对银行信贷风险管理和授信决策水平提高的作用是无可替代的。

（二）企业征信调查的内容和原则

1. 企业征信的内容

企业征信即企业资信调查，被调查的对象是企事业单位，调查的内容是企业资信状况，它是指在对企业、债券发行者、金融机构等市场参与主体的信用记录、经营水平、财务状况及其所处外部环境等诸因素进行分析研究的基础上，对其信用能力所作的综合评价。企业征信在形式上表现为一种对履约能力及其可信程度所进行的一种综合测度，是市场经济体系不可缺少的中介服务。具体来说，资信调查可以反映被调查企业的以下信息：(1)基本信息，包括机构名称，机构代码，机构性质，注册地址，经营地址，注册资本，历史沿革记录，专项或周期性检验、检测、检疫（含年检年审）结果，等等；(2)资质信息，包括企业的资质等级、专项行政许可、注册商标记录等；(3)所有者和经营者信息，包括法人代表记录、主要股东记录、主要管理者记录等；(4)银行信用信息，包括贷款记录、还款记录，担保、质押、抵押记录等；(5)商业信用信息，包括赊销信用额度、商账还款记录、合同履约记录等；(6)经营和财务信息，包括资产负债记录、利润分配记录、现金流量记录、财务警示记录、财务审计记录等；(7)公共信用信息，包括重大质量、安全生产事故及诉讼记录，行政处罚记录，刑事责任追究记录，扰乱市场经济秩序、危害交易安全的其他严重违法、失信行为记录，劳动用工和工资支付情况，纳税和社会保险费缴纳情况，产品、服务、管理体系认证情况，产品获得国家证书、称号等；(8)媒体披露信息，包括披露来源、披露时间、披露内容描述等；(9)自愿披露信息，包括披露时间、披露内容、发布人、披露内容公证记录等。

2. 企业征信的基本原则

(1) 真实性原则。真实性是征信工作的生命，它不仅反映征信过程的科学性和征信技术的有效性，更体现着社会的公正性，虚假的征信及其结果会损害征信的公信力。因此，在征信过程中，应努力采取一定的方法核实基础信用数据的真实性，保证基础信用数据真实、准确。

(2) 一致性原则。即所采用的基础数据、指标口径、评估方法、标准要前后一致。

(3) 独立性原则。即征信人员在征信过程中要保持独立性，不能受征信对象及其他外来因素的影响，要根据基础数据资料独立做出评判，运用自己的知识和经验客观、公正、公平地开展征信。

（4）稳健性原则。征信和对征信结果的分析中，结论要客观谨慎，特别是在给定性指标打分时，要严谨细致。对影响企业经营的潜在风险要准确揭示，对企业某些指标的极端情况要做深入分析。

（三）企业征信的工作程序

为了保障征信任务的顺利完成和企业征信质量，企业征信机构都建立了科学严格的工作流程。

1. 前期准备阶段

征信机构客户服务部门与委托方接触，接受委托，签订《征信业务协议书》。通过相应渠道下达任务给生产部门，指派项目小组，由项目小组进行前期研究。

（1）业务受理。征信工作是从企业客户提出信用需求开始的。企业客户的具体信用需求虽不尽相同，但无外乎两个方面：一是融资需求，如向商业银行申请贷款，或是向租赁公司申请融资租赁，或是向社会发行债券；二是交易需求，如商品赊销预付、工程项目招投标等。无论是融资需求还是交易需求，都涉及企业客户（征信对象）的信用状况或资信状况。

（2）简单面谈。征信机构安排有关人员接待客户并与之进行简单的面谈。面谈内容包括：①信用需求的内容。如融资需求方面，是银行信贷还是企业债券，在信贷需求上是贷款需求还是银行承兑需求或是信用证需求，是短期贷款需求还是中长期贷款需求。②企业基本情况。包括企业的经济性质、主要股东、行业归属、主营业务、经营规模、员工人数、主要客户、财务状况等。③企业融资情况。包括企业有无贷款、融资租赁和发行债券情况以及有无应付账款情况等。

2. 数据采集阶段

这一阶段工作是从征信数据库检索调查对象的档案或历史记录等信息，或向数据供应商采购，调查员根据采集单进行调查并核对收集到的相关资料。同时，调查对象的外围环境，配附被评对象最近的财务报表。

（1）查阅资料。征信人员需要查阅有关资料，核对有关情况，发现有关问题，明确调查重点。需要查阅的资料有以下几类：政府部门的有关统计分析资料，如统计年鉴、行业指引、区域规划等；行业信息服务部门的有关统计分析资料，如行业信息、业内企业、行业分析等资料；同类企业的以往征信报告，以便对同类企业的业务及财务情况进行比较分析；企业客户的以往交易记录。

（2）拟写提纲。调查提纲一般包括以下内容：需要客户填写哪些资料，需要客户提供哪些资料，需要核对和查阅客户哪些资料，需要会见客户哪些人员，需要考察客户哪些地点或部门，等等。

（3）实地调研。实地调研是获得客户第一手资料的主要方法，应着重调研以下几个方面：查看和落实《企业法人营业执照》上的住所地；走访和证实客户主要经理人员；考察客户的经营设施和经营活动；核对和查阅有关证件、单据等资料；索要有关授信资料。

（4）资信查证。经过实地调查后，就应围绕得到的资料、掌握的情况和发现的问题从外围进行资信查证。资信查证的目的是进一步证实从客户那里得到和反映出来的各种信息。征信机构可以通过各种公开途径获取企业的征信资料，及依法从其他第三方信息提供机构获得资料：①查询客户的往来厂商，了解客户的往来情况，如合同金额、结算金额、赊账金额等，据以判断客户所提供信息的可信度。②查询客户的同业。出于竞争的需要，同业之间对对方在行业地位、市场份额、经营规模、技术水平、产品质量、购销渠道等方面的情况会大致了解。征信人员可以借助征信业务中熟知的客户来了解征信对象的情况。③查询政府相关部门。调查对象许多信用信息往往分散在政府相关部门（工商、税务、房管、车管、金融监管、海关、法院及其他行业主管部门等）手中，征信机构可以依照国家法规从上述部门查询调查对象的相关信息。④查询商业银行。通过查询商业银行，可以了解客户的开户情况、结算情况、信贷情况等，从而可以大体判断客户的现金流量、信用状况等。⑤查询传媒。大众传媒主要有报纸、杂志、广播、电视等。征信人员通过传媒可以进一步了解有关经济、金融及行业信息和有关企业报道，从而查证与征信对象有关的情况。⑥查询互联网。征信机构利用互联网的信息检索服务、信息浏览服务、信息传输服务，搜集有关征信对象的信息，例如了解某个上市公司的情况，只要点击有关证券网站或财经网站，即可获得该公司披露的有关资料、该公司的即时行情，以及对该公司的各种评价等。

3. 分析评估阶段

完成以上诸环节工作后，即可根据资料和信用评价指标体系，通过数据处理、分析财务报表，对调查对象的经营环境、竞争地位、管理水平、财务质量及信用状况等方面进行综合评价。

4. 形成征信报告阶段

在分析评估结果的基础上进一步形成征信结论，根据征信报告模板格式撰写征信报告，经内部审核后，交付客户。图 5-1 给出了征信机构从数据采集到形成企业征信产品的工作过程。

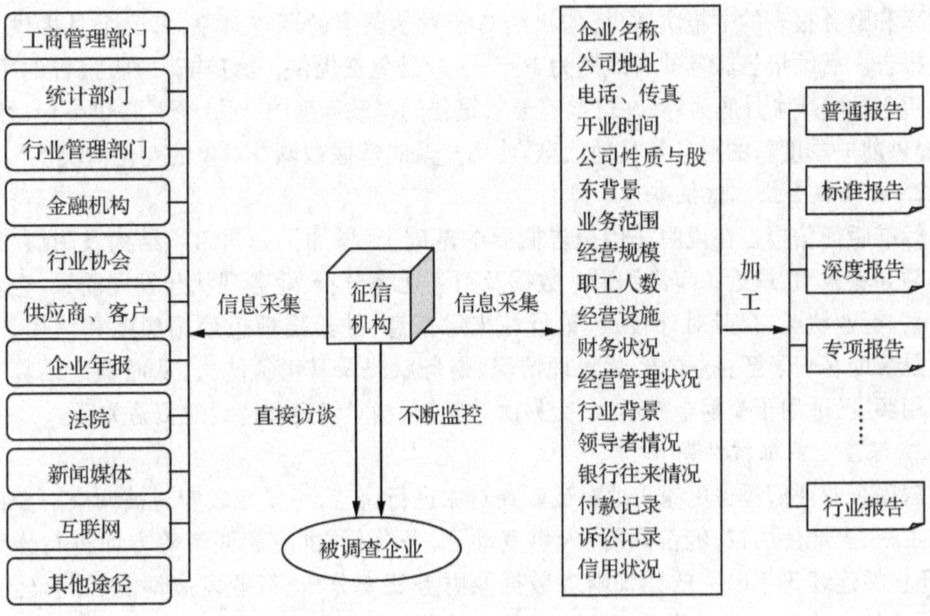

图 5-1　企业征信机构工作流程

（四）企业征信产品

企业征信产品是为信用交易服务的，供使用人作为判断企业信用状况的参考。信用报告是企业征信产品的表现形式，其内容涵盖了调查目标企业存在的合法性、所有权、经营情况、财务状况及银行往来、管理人员背景以及所在行业的基本情况等，并以此为基础，进行综合评价和信用评级，为客户控制交易风险和确定授信额度提供依据。根据不同客户的需求，还可以为客户量身定做专项信用报告。信用调查服务不限于国内企业之间，由于国际贸易和投资面临的风险更大，因而信用调查服务在国际贸易和投资中的作用和市场往往更大。

多样化的企业征信产品适用于不同的客户需求。常见的企业征信报告分为普通版征信报告、标准版征信报告、深度征信报告、专项征信报告和其他类征信报告等不同层次。

1. 普通版企业征信报告及其后续报告

这是各个征信机构都生产的主流征信产品，它可以提供企业授信决策所需的基本信息。许多企业的信用管理部门使用这种报告作为客户档案的主体部分。与企业的国内外客户相对应，普通版征信报告通常分国内企业征信报告和海外企业征信报告。普通版征信报告是征信机构向用户提供的性价比极高的产品，其设计的基本思想是保障用户以足够低的费用，尽可能准确地判断与被调查对象进行赊销的成功可能性。报告的主要内容包括：企业发展史简介、业务范围、基本经营状况、员工人数、付款记录、诉讼记录、财务状况、进出口情况、主要经营者履历等，以及征信公司对被调查企业给出的资信级别和风险指数。用途是帮助客户判断企业的合法性，了解企业概貌，更新和核实普通合作伙伴的资料。目前能够直接提供全球各国企业的普通企业资信调查报告的公司主要有美国的邓白氏公司和荷兰的格瑞顿公司等。

后续报告是普通版企业资信调查报告的后续跟踪报告。根据征信数据库的数据更新频率和财务报表的上报次数，征信机构对于发达国家的调查对象，每 3 个月提供一次后续报告。后续报告服务的有效期为 1 年，一般是免费提供，凡订购普通版报告的用户，以每年 3 月底或 4 月底为界，在订购普通版报告的财政年度内，每 3 个月提供一份后续报告，提供前一季度新的财务及其他信息，使用户及时掌握被调查对象的变化情况。

2. 标准版企业征信报告

标准版征信报告在说明征信报告概要的基础上，增加了公司组织结构及附属机构、公司领导者素质、最近一年详细财务数据及财务比率分析、业务现状与发展前景、企业实地考察、行业状况、企业对外投资、银行往来等信息，并给出理想信用额度和信用评级。用途是帮助客户了解企业的经营管理情况、财务状况及其偿债能力，从而确定结算方式和信用额度，适用于交易金额不大、交易次数频繁、相对稳定和持续的贸易关系。

3. 深度企业征信报告

深度企业征信报告更深入地对被调查对象进行调查，主要在政府对被调查对象的批示和授权、土地使用权、经济纠纷、人事变动、财务分析、供应商调查等方面进行详细调查，还包括连续 3 年以上的详细财务数据及财务比率分析、行业发展情况、综合经营信息、行业基本状况、企业竞争力分析等资料，同时也包括企业主要领导者个人信用、竞争对手分析等，并给出对企业的综合评估。深度调查报告主要用于帮助客户全面了解企业的生产、经营、管理情况，可作为企业并购、企业拍卖、争取大客户、扩大业务、争取银行贷款、大型投资项目可行性分析和企业重大经营活动以及法律诉讼、重要贸易伙伴日常监控等的决策参考依据。

4. 专项调查报告

专项报告是针对用户需要的信用项目进行调查，即根据客户的特定要求，涉及普通版报告和深度调查报告中没有包括的信息，向客户提供特殊信用信息需求的专项资料，适用于企业生产经营活动中产生的不同专项信用信息需要。专项报告主要用于购并等重大决策、区域或行业市场进入、产品结构调整等，以及政策研究、战略发展规划、诉讼及判决执行过程中调查资产去向等目的。

5. 其他种类的征信报告

（1）风险指数报告。这种报告主要帮助识别那些信用值较低的公司。风险指数是对被调查企业的过去连续 12 个月付款记录、财务信息、诉讼记录等信息进行量化分析的结果。帮助企业评估被调查企业相对于其他企业的风险，并预测企业的技术性破产的可能性。

（2）企业家族调查报告。该报告主要分析被调查企业的母公司和子公司、母公司和分公司、公司的投资结构或参股的其他公司之间的关系。这些关系可以用于帮助企业确定母子公司的信用情况，尤其有助于掌握一个家族内的企业的信用状况。

（3）国际供应商评价报告。这种报告提供的信息包括供应商的财务实力、财务状况的长期稳定性、供应商的国际融资能力、供应商的销货折扣、对采购合同的分析和被调查行业的平均购货折扣水平等。企业可以凭此报告制订采购计划。

（4）付款分析报告。付款分析报告主要提供被调查企业的供应商对被调查客户企业付款行为的评价，可以帮助企业信用管理部门和市场销售部门将新客户归类。

（5）行业状况调查报告。这种报告根据对本行业典型企业群的比较分析，提供被调查行业的一些平均值。通常报告的种类分国际同行分析、国内同行分析、综合分析等几种。从报告的主要内容来看，包括行业的有关新政策、行业发展趋势、企业竞争对手的财务技术指标等。

（6）国家风险调查报告。国家风险是指在国际经济活动中可能发生的、由于债务人所在国的某些国家行为而引发的重大事件，使得债务人拒绝或无法偿付国外债权人和投资者的债务，从而给国外债权人和投资者造成损失的可能性。国家风险调查报告提供被调查国家的政治、政策变化，国家的宏观经济状况的最新发展动态，有关该国的出口信用保险问题等信息，分析一个国家或地区主要风险因素、成因、所处的水平及发展趋势，从而可以引导贸易和资本的合理流向，以达到预期效用的最大化。

二、个人征信及其产品

（一）个人征信机构的服务与作业方式

1. 个人征信机构及其服务

个人征信机构是提供消费者个人信用状况调查服务的专业机构，它们主要提供消费者信用调查报告、征信数据和个人信用评分服务，大量提供个人征信报告和数据服务的个人征信机构俗称为信用局（Consumer Credit Bureau）。信用局的业务操作包括个人信用信息采集、数据处理、信用记录和信用档案的建立和维护、信用价值评价、个人征信报告生产、信用记录传播的全过程。实际中，个人征信调查可分为两类：一是基于客观事实的调查,即对已发生的个人信用行为的真实记录,绝大多数个人征信机构只基于这个原则建立所有的个人信用档案。因此,如果个人征信机构在其生产的个人征信报告中完全使用基于客观事实的数据,那么它提供的报告就是客观报告,这种个人征信机构被称为报告机构(reporting agency)。二是个人征信机构反映知情人看法或观点的调查,这种调查需要进行实地访谈,以取得主观性的调查结果,形成带有对被调查对象的看法和观点的主观报告,这种征信机构称为调查机构(investigation agency)。

个人征信机构分私营机构和公共机构,其实是指私营和公共模式的个人征信机构。在我国,采用私营模式的个人征信机构并非私人投资机构,而是指采用联合征信模式的征信机构。如上海资信有限公司,其实是国有控股性质的企业。而采用公共模式的个人征信机构则专指中国人民银行总行负责运行的个人信用信息基础数据库,它采用的是金融联合征信方式。不论私营机构还是公共机构,它们都提供消费者信用调查数据和报告服务,只是服务的对象范围不同。在有些国家只有私营的个人征信机构,如美国和英国;在有些国家只有公共的个人信用信息系统,如法国、罗马尼亚和一些拉美国家;多数国家则是两种机构并存。此外,还有一些其他类别的个人征信机构,如个人信用风险管理机构、个人征信技术服务类机构、个人财产征信机构和个人信用修复类机构等。

个人信用局是市场化的主流个人征信机构,个人征信市场上90%以上的产值来源于这类机构。个人信用局的产品或服务可以分为三大类:提供各类个人征信报告的在线或离线服务;向各类授信机构提供批量的数据服务;提供信用评分产品。

2. 个人征信机构的作业方式

个人征信的调查对象是来自零售信用、现金信用和服务信用领域的信用申请人或应聘者,如消费信贷的申请和使用者、信用卡的申请和持有者、个体工商户、应聘者、租房者、水电气用户、电话或移动通信服务使用者等。

个人征信机构通常都采取主动征信的方式,不论被记录者本人是否愿意,也不论是否有调查委托在前。个人征信机构都事先建立起一国或一地全体居民的个人信用档案,形成大型征信数据库,并提供个人征信报告或数据服务。征信数据库的覆盖面应具有相对完整性,即应毫无遗漏地将一国或者一地的全体合法居民(包括长期在本地停留和生活的外国人)的信用状况记录在案。个人征信机构的业务操作建立在大型征信数据库和通信技术的基础之上,它们对覆盖人群的信用记录进行长期动态的跟踪和档案维护,向合法用户提供多种类型的个人征信报告和数据。

征信机构在向用户提供个人征信报告时,会直接从个人征信数据库中提取数据,快速组成报告,并不再对报告中的内容进行核实,亦即个人征信报告不是由人工编制,而完全由机器生产,不需要遵守类似企业征信的现地现认原则。

(二)个人征信数据的内容和来源

个人信用报告是全面记录个人信用活动,反映个人信用状况的文件,是个人信用信息基础数据库的基础产品。个人征信信息数据的内容主要有以下几方面:(1)基本信息。主要包括:个人身份信息(姓名、性别、出生日期、身份证号码、婚姻状况)、居住信息(户籍所在地住址、现住址)、职业与收入信息(工作单位、职业、职务、职称、最高学历、上年个人及配偶年收入等信息)。(2)信用交易信息。主要包括:银行信贷信用信息、信用卡信息、贷款信息、为他人贷款担保信息。(3)公共记录。主要包括:①法院、检察院等机构掌握的个人案件记录;②公安处罚记录;③行业组织掌握的执业人员惩戒信息;④其他政府行政部门和管理机构掌握的个人行政处罚信息。(4)特殊交易信息。展期(延期)、担保人代还、以资抵债或者其他类型。(5)特别记录。应引起特别关注的信息,特别是负面的,如欺诈、被起诉、破产、失踪、死亡、核销后还款等。(6)查询记录。主要指一定时间内(一般为6个月)信用报告被查询的记录。

个人征信数据或信用报告的内容主要来自下列征信数据源:(1)个人基本信息来自于消费者填写的信用申请表,公安部门的个人身份证信息、居民户籍资料和出入境管理局护照资料,邮局的投递地址资料。(2)信用交易信息和特殊交易信息来自于商业银行的消费信贷使用和偿贷信息,信用卡公司的消费者使用循环信用的记录,其他有储贷功能的信用社、财务公司、保险公司等的信贷记录。这部分来源的信用信息是最重要的,对消费者的信用价值评价和预测的贡献最大,而且数据量相当大。(3)公共记录和特别记录来自于司法部门的民事案件审理记录、民事经济案件判决记录、偷漏税记录、拖欠子女抚养费记录和个人破产申请、税务部门掌握的个人欠税记录、商账追收机构的催账记录。这部分信息反映了个人生活中的突发事件,对个人信用价值评价的贡献也相当大。(4)个人收入、缴费和消费形态等记录来自于数据供应商。如劳动人事部门、人才交流机构及相关公用事业单位。(5)查询数据直接来自内部数据源。如授信机构为了处理信用申请而提出查询请求,雇主为审查应聘申请而提出查询请求,消费者为维护自己的信用记录而要求提供信用档案内容,金融机构为了授信而查询目标客户信息,等等。查询数据十分有用,通过分析查询记录,个人征信机构的分析师可以完整地勾勒出一个消费者使用信用的经济行为以及经济状况变化的完整轨迹。

各个征信数据源向个人征信机构提供数据的方式各有不同,通常有如下3种方式:(1)自愿免费向个人征信机构提供征信数据;(2)提供商业化的征信数据,将征信数据销售给个人征信机构;(3)与个人征信机构交换数据,或者用个人征信数据交换个人征信报告。

目前,我国相当一部分个人信用信息分散在政府相关部门和其他公共机构,这些部门和机构是我国个人征信数据的主要来源。表5-2列出了15个政府部门所能提供的个人信息。

表5-2　政府部门的个人信息系统一览表

部　门	个人信用信息系统
公安部	公民身份联网核查系统、户籍管理系统、车辆登记系统等管理信息系统
人力资源与社会保障部	养老、失业、医疗、工伤、生育保险管理信息系统和劳动保障监察信息管理系统
环境保护部	环保管理信息系统
住房城乡建设部	住房公积金管理系统、住房登记和抵押信息系统、全国房地产和建筑市场诚信档案系统等管理信息系统
商务部	商务领域信用信息系统
人民银行	内部管理信息系统,金融业统一征信平台建设
海关总署	企业信息综合管理系统

续表

部门	个人信用信息系统
税务总局	纳税人信用数据库
工商总局	工商行政管理信息系统
质检总局	企业质量信用信息数据库、管理体系认证行政监管系统、计量信用信息数据库、组织机构代码管理系统
银监会	银行业金融机构监督管理信息系统
证监会	证券期货市场诚信档案系统
保监会	保险产品管理信息系统、中介营销员及兼业代理管理信息系统、保险公司机构和高管人员管理信息系统
外汇局	外汇监管信息系统、企业外汇信息档案数据库
最高人民法院	执行案件管理信息系统、诉讼案件管理信息系统

(三)对个人征信数据的保护与存储

1. 个人征信数据的保护

世界各发达国家都对保护个人隐私权问题十分重视,认为个人隐私权是人权的一部分,而且将这种人权理念贯彻到对个人征信数据采集、存储和传播领域,要求对个人征信机构的业务操作予以严格的规范。

为了满足市场公平交易原则的要求,对于从事个人征信和传播个人征信数据的个人征信机构来说,其全部业务操作过程必须符合法律法规的严格要求,包括对个人信用信息或征信数据的采集、存储、处理和传播,特别是对失信记录公示年限的“量刑”。遵守信用法律法规是个人征信机构需要坚持的首要原则,美国和英国的各大个人征信局都设有专门的信用信息检查职位,对自己的个人征信数据库所存储的征信数据进行自律式的检查,并随时根据法律的变化情况调整征信数据库的存储方式和传播方式。对于法律法规不允许利用的数据,即使对于评价个人信用具有重要的参考价值,征信机构也不可触及,更不宜使用。

报告类个人征信机构所制作的信用记录必须符合事实,要坚持信用记录仅基于事实的原则。对于非报告类的调查机构,更要依法谨慎使用主观数据。只要个人信用信息稍有含混不清又无法核实的,征信机构就不应采用。对于征信机构自己取得的访谈信息,不能被正式地记录到个人信用档案中。在接受授信单位提供的客户失信投诉时,征信机构要对相关事实进行技术性审核。

个人征信机构生产的任何一种报告都是一些个人信用记录或征信数据的汇总,尽管报告中提供的资料都是基于事实的记录,真实地反映了消费者的付款、偿债、犯罪、转职等既有事件,所反映的个人负面信息也是客观真实的。但是,如果个人信用记录不适当地被居心不良者利用或广泛传播,会影响当事人的正常生活,触及敏感的个人隐私问题。因此,发达国家都建立了个人征信数据保护法,对个人征信报告和征信数据的使用范围作出了明确规定。法律既限制个人征信报告的使用对象,也限制个人征信数据的传播范围。我国的《征信管理条例》(征求意见稿)第 5 条规定,征信机构应当依法保护个人隐私;第 23 条规定“征信机构应当建立健全征信信息保密管理制度,建立信息查询内部分级管理制度,在信息收集、整理、保存、加工和使用过程中确保信用信息不被泄露”,“征信机构的工作人员应严格遵守保密制度,不得擅自查询或越权查询该机构拥有的信息,不得泄露在业务工作中获悉的信息"。

2. 个人信用数据的合法存储期限

对于个人征信数据库中的个人信用记录,许多国家的法律都对其的传播和存储作了一些硬性的限制规定。在存储和公示的限制方面,相关的法律规定主要体现在负面信息的保存、删除和公示的操作方面,特别是失信记录的公示年限。负面信息大多是当事人的失信记录。各国法律都对负面的个人信用记录保存期限做出了明确规定。例如美国的《公平信用报告法》规定,对于任何个人征信机构,个人破产记录的保存年限为10年,普通负面信息允许被保存7年。在澳大利亚,法律规定消费者的失信记录允许被保存5年。我国草拟的《征信管理条例》中,允许消费者的失信记录被保存5年。在信用记录保留期限方面,美国个人征信局的通行做法是,正面信息保存10年,负面数据保存6年零9个月。在达到法律规定的保存年限之后,个人征信机构必须删除个人信用记录中的负面信用信息。

(四)个人征信产品

个人征信产品的表现形式主要为个人信用报告。个人信用报告一般分为两大类:客观报告和主观报告,也被称为个人信用记录型报告和个人信用调查型报告,前者是主流的报告产品,后者的市场需求很少,在此不作介绍。在消费者个人信用记录报告产品中,普通版当事人信用调查报告是生产量最大、市场上最常见的报告,所有个人征信机构都能够提供。除此之外,市场上常见的个人征信报告还包括:

1. 购房信贷信用报告

购房信贷信用报告提供的信息比普通版当事人信用调查报告内容详细,带一些分析,有时还有个体企业的财务分析和个人负债比率等。该报告旨在帮助授信者准确评估授信风险,帮助他们获得和维系优质客户,降低自身交易风险。

2. 就业报告

就业报告是提供给雇主的一种报告,用于判断应聘者是否合乎所申请岗位的基本要求,俗称雇主报告。报告主要反映应聘者的公共记录(包括若干年内的无犯罪记录)、转职情况、以前的工资收入水平等,有时包括前雇主或者其他证明人的意见。雇主能够根据报告内容印证求职人所填写的应聘申请表主要内容的真实性。

3. 商业报告

商业报告不是标准版式的报告,它是根据用户的特别请求,提供小型非股份有限公司的分析。商业报告是在消费者版本的基础上压缩一些内容并根据顾客需要增添一些其他内容之后形成的,可以帮助顾客更好地评估和控制交易风险,获得和维系优质顾客。

4. 销售支援报告

销售支援报告是一种属于基本信息类的报告,其内容包括对客户的分行业和信用评分分数段信息以及根据上述分析程序而制作的客户预选清单。所谓预选清单,是指征信机构根据委托人设定的客户标准而筛选出的目标客户名单。

5. 个人信用评分报告

个人信用评分报告包括个人识别信息、对其的信用评分、信用评分结果的意义说明。信用评分是采用数理统计方法计算出来的,可靠的个人信用评分有利于简化授信评估和审查程序，节约时间成本和人力成本，提高信用决策的速度和准确度。个人信用评分报告通常使用通用的 FICO 评分（详见本书第三章），信用评分有时附在某种报告上，作为报告的一个组成部分。

除上述常见的个人征信产品外，一些国家的个人征信机构还提供其他种类的个人征信产品和服务。如美国的 Equifax 公司还生产诸如尖端档案、Beacon 评分系统、人力资源决策支援系统、客户资源挖掘系统、安全扫描系统、防欺诈顾问系统、个人身份识别顾问系统、消费者追踪系统、决策支持系统、多功能风险评估模型、保险理赔可能性分析系统等近 40 种个人征信产品。

第三节 征信机构的组织模式

一、征信机构的组织模式

（一）两种征信机构的发展概况

纵观各国征信制度，征信机构有两种组织模式：一种由政府投资组建，作为政府部门，以行政机构形式存在；另一种由企业或个人投资组建，以企业形式存在。一般前者被称为公共征信机构，后者被称为私人征信机构。非政府部门开设的，即使是非营利性的征信机构，也被称为私人征信机构，这些机构是征信市场上信用信息产品的主要生产者和提供者。私人征信机构的出现早于公共征信机构，私人征信机构的早期是区域性、行业性的，或是作为生产或商业企业的附属机构存在。随着信用经济的扩展和科学技术的进步，私人征信机构在兼并整合的过程中，逐步产生了一批跨行业、覆盖全国、甚至跨国界的专业信用调查机构。

世界上第一家公共征信机构起源于欧洲。1934 年，德国成立第一家公共征信机构。在此后的 20 多年间，公共征信机构发展缓慢，只有法国、智利、土耳其等几个国家建立了公共征信机构。20 世纪 60—80 年代，公共征信机构的发展逐渐加快，有 22 个国家建立了公共征信机构。1989 年以后，无论是私人征信机构还是公共征信机构，都进入了一个快速发展时期。在世界银行调查的 30 个有公共征信机构的国家中，有 14 个国家的公共征信机构是在 1990—2000 年期间建立的；对全球 50 个私人征信机构的调查显示，大约有半数的机构是 1989 年以后开设的。

（二）公共征信机构

公共征信机构主要是指由政府部门出资建设、以金融监管为主要目的的征信机构。大多数国家的公共征信机构都是由中央银行或金融管理部门建立的。欧洲中央银行将公共征信系统定义为旨在向商业银行、中央银行以及其他银行监管当局提供有关受信企业和个人对全国银行系统负债情况的信用信息系统。公共征信系统具有如下外在特征：（1）由政府财政出资建设和财政资金支持；（2）由中央银行或银行监管部门建立，中央银行负责日常运行；（3）采用金融联合征信方式工作，最大的信用信息来源是商业银行；（4）采取会员制，强制性要求金融机构加入，其征信服务的对象也只有会员金融机构。

公共征信系统主要服务于中央银行或银行监管部门的监管职能需要，为中央银行提供商业银行及其他金融机构的信贷信息，目的是分析商业银行的运行状况，强化政府对商业银行的监管，控制银行系统的风险。对于公共征信系统的会员金融机构，可以通过征信系统了解它们客户的信用状况，防范偿贷能力和意愿不佳的信用申请机构或个人，提高授信的成功率。

在运作上，公共征信系统通过法律规章的形式，强制性要求商业银行和其他金融机构参加，并按法律法规的严格规定，定期将信用信息提供给公共征信系统。这种强制性的信用信息采集方式，使公共征信系统中的金融机构信息相当完整。在采集信用信息的范围方面，公共征信系统采集的信用信息通常有如下特点：(1)公共征信系统的信用信息来源相对较窄，很少搜集贸易信贷信息，对企业地址、所有者名称、业务范围和损益表以及破产记录、犯罪记录、被追账记录等信息基本不收集；(2)个别系统只采集负面信息，大多数系统既采集正面信息，也采集负面信息；(3)既采集个人信用信息，也采集企业信贷信息；(4)在规定信贷额度以上采集信息数据，低于规定额度的信贷信息不必提供；(5)几乎不采集非金融类赊销合同信息；(6)仅采集少量的非金融信用信息，甚至只采集商业银行的信用信息。

在提供报告服务方面，许多国家对公共信用信息登记系统的数据传播和使用有非常严格的规定和限制。公共征信系统只提供当前的信用信息，而不提供借款人的借贷历史记录。公共征信系统经常实行提供信用信息和使用对等的原则，只有为公共征信系统提供信用信息的机构才能获得服务。即公共信用登记机构的信用数据只能向金融机构提供，而不向社会其他需求方提供。提供信用信息的对等原则决定了公共征信系统的服务不是商业化的，它提供的个人征信报告不是市场意义上的商品。因此，许多公共征信系统对会员提供的是免费服务，即使有收费也只是象征性的。

(三)私人征信机构

私人征信机构模式下，政府完全不提供个人信用信息服务，甚至政府对银行的监管也使用私营个人征信机构提供的报告和评分产品。目前，采用私营个人征信模式最典型的国家是美国和英国。例如美国的个人征信机构(不仅个人征信机构，企业征信机构也都是私营的)都独立于政府之外，都是由私人股东投资和独自运行的私营机构，完全没有公共征信系统存在。在20世纪80年代以前，美国拥有数千家个人征信机构。20世纪80年代中期以后，随着市场竞争对征信市场的整合，特别是计算机和IT技术的快速发展，美国进入行业合并与大征信公司对外扩张和并存的时期，其独立的征信机构从2 000多家减少到2000年的400家，形成了由益百利公司、Equifax和环联公司(Trans Union)三大私营个人信用局雄霸天下的局面。目前，美国的个人征信报告主要由上述三大私营机构提供，其余的小型征信机构只在某类个险业务或在一个较小的区域范围内提供服务。

在信用信息的来源和采集方面，美国私营征信机构的信息来源非常广泛，不论金融和非金融、正面和负面的信用信息全部被采集了上来。除了来自商业银行的信用信息之外，私营征信机构的信用信息还来自其他金融机构(如信贷协会、财务公司、租赁公司、信用卡公司等)。在非金融机构领域，私营个人征信机构还采集来自商业零售机构、公用事业公司、雇主、出租房屋房东等的信用信息。所采用的方式是由上述机构与个人征信机构自愿签订协议，它们按协议规定定期向个人征信机构上报信用信息。私营征信系统采集的信用信息有如下特点：(1)商业银行及其他金融机构按照标准的征信数据格式上报信用信息；(2)按照标准征信数据格式采集来自非金融机构信用信息；(3)采集纳税记录、破产记录、犯罪记录、被第三方追账机构追收的记录；(4)既采集负面信息，也采集正面信息。

二、征信机构组织模式的比较

(一) 两种组织模式的优劣

1. 公共征信机构组织模式

政府主导型征信模式是指由国家或政府组建起公共征信机构，并由政府相关部门负责运行管理。公共征信机构主要为中央银行的监管职能服务，提供贷款信息，包括金融机构对企业和个人发放的贷款、贷款评级和贷款附属担保品的价值信息等，不为社会提供企业信用报告。法国是这一模式的典型代表，除此之外还有约30个国家也是按这一征信模式组建公共征信系统的。该模式的特点是：(1)信用数据获取的强制性。在信用数据的获得方面，征信机构通过法律规定强制要求所监管的所有金融机构必须参加公共信用登记系统。(2)信用信息来源的特定性决定了信用信息来源相对较窄。(3)信用信息使用的限制性。采用这一模式的国家对公共信用登记系统的信用数据使用有较严格的限制。

该模式的优势是：(1)可以充分发挥政府的协调作用；(2)在公共数据分散或缺乏的情况下，可以由政府来协调社会各个方面，强制企业将各种数据提供出来，形成共享的信息资源；(3)便于在较短时间内建立起覆盖全国的征信数据库。但这种模式的不足也是显然的：(1)政府直接介入不利于信用市场竞争机制的形成；(2)政府的性质决定了它在信用行业中难以做到中立和高效；(3)由于建立企业征信系统耗资巨大，作为非市场主体的政府难以持续地大量投资；(4)可能出现政府同企业竞争的不良情况。因此，该模式比较适合于小国或处于转型期的一些国家。

2. 私营征信机构组织模式

市场主导型征信模式是指企业信用信息的征集由独立于政府之外的民营机构组织进行，民营机构完全按市场化、商业化方式运作，政府通过立法对其进行监管。美国的企业征信机制是典型的市场型模式，英国、加拿大以及北欧部分国家的信用征信机制也是按这种模式运作的。该模式的特点是：(1)信用信息来源的广泛性。征信机构的信息除来自银行和相关金融机构外，还来自信贷协会和其他各类协会、财务公司或租赁公司、信用卡发行公司和商业零售机构等。(2)信用信息内容的全面性。征信机构获取的信用信息不仅有负面信息，也有正面信息。(3)信用信息服务的规范性。如在美国，信用数据的获取和使用受到《公平信用报告法》及其他相关法律的约束，只有在法律规定的原则和范围内，才能使用相关信用信息。(4)信用信息提供的有偿性。征信机构完全按照市场化原则运作，提供的信用报告是商品，按照商品交易的原则出售给需求者。

该模式的优点是：(1)作为一种纯粹的市场方式，信用经营机构可以根据市场的需要来提供信用产品和服务；(2)竞争机制有利于促进信用服务范围的扩大和质量的提高；(3)有利于征信产品和服务的本地化。但该模式也存在如下不足：(1)初始阶段投资资金的不足制约了信用行业的发展速度；(2)信用经营机构从业人员之间专业水平的差异可能影响信用产品和服务的质量；(3)若政府缺乏有效保护机制，国外成熟征信企业会抢占国内市场,从而不利于本土信用企业的发展。因此,只有征信国家和地区才适合采用这一模式。

(二)两种组织模式运作比较

由于公共征信机构和私人征信机构在建立目的上存在根本区别,二者在信用信息的收集、整理、发布和机构的安排上也有诸多不同。在信用信息的收集方面,私人征信机构在收集信息的渠道、范围等方面比公共征信机构要广泛得多。公共征信机构通常是在金融机构强制性地收集企业或个人的信用信息,而私人征信机构则是以合同方式收集信用信息;由于公共征信机构主要为金融监管服务,因此仅收集规定限额以上的企业(贷款大户)的信用信息和与防范金融风险有关的个人信用信息。在信用信息的发布方面,通常公共征信机构整理的数据只提供给为公共征信机构提供数据的金融机构和银行监督机构,而且通常提供汇总数据和当期数据,不提供历史数据。两者运作特点的比较如表5-3所示。

世界银行的研究报告认为,至少有两个因素对公共征信机构和私人征信机构框架的形成有一定的影响:一是公共征信机构通常会在对债权人的权利保护不很得力的国家出现;二是隐私保护规定的宽严程度可能影响私人征信机构框架的形成。如法国的隐私保护规定十分严格,严格得令私人征信机构实际上找不到生存空间,而美国的隐私保护规定比较温和,征信行业的发展很繁荣。更重要的是,公共征信机构和私人征信机构不是简单的取代关系,而是互补关系,它们相互补充,成为一个国家征信体系的重要组成部分。

表5-3　两种征信机构组织模式运作特点的比较

	公共征信机构	私人征信机构
制度类型	政府建立	各种经营组织及个人建立
信息来源	被监管机构	各种来源
采集信息的方式	强制上报	合同、协议采集
收集信息的内容	正、负面信息	某些情况下收集正面信息
采集信息范围	只采集大额贷款人信息	根据需求,依法全面采集
提供信息的范围	对非成员保密	依法对外提供
对计算机技术的依赖程度	严重依赖	一般
工作人员	很少	相对较多
服务费	不收或少收	收

三、两种征信机构组织模式的选择

公共征信机构和私人征信机构两种组织模式各有利弊,不同的国家和地区,由于法律安排、文化背景、社会信用基础不同,利弊表现亦不同。征信机构采用哪种组织模式更为有利,不能一概而论,要根据具体情况权衡利弊。分析世界各国征信业的发展历史可以发现,征信机构组织模式的选择一般有3种情况。

一是只有私人征信机构。如征信业最早出现的美、英等国,这些国家选择私人征信机构模式,原因有二:(1)历史的原因。征信机构出现之前,个人信用信息主要通过由亲属、婚姻、宗教或其他私人关系联系起来的商人组成的网络流传；另外一条途径是商人组织内部，比如圆桌会议、联合会以及互相保护协会等。在此基础上，逐步演变为以营利为目的的专门信用报告机构，这些机构大多是由商人组织集资筹建起来的，是商人自发性成立的组织，主要是为商人扩大经贸范围，提高交易安全性服务，一开始就与政府没有直接的联系，只是后来为了规范征信业市场，政府才从法律安排、监督管理等方面介入。(2)社会环境的原因。征信业最初于19世纪20—50年代出现在美国，这个时期是美国现代民主思想开始形成的阶段，其政治特点是“自由”、“公平”和“机会”。在这样的环境里，稳定封闭的组织不太可能得到发展，这就使得早期信用报告机构极力追求开放、充满活力并且透明的运作机制，这种运作机制更适合私人机构组织模式。这两种原因使这些国家的征信机构以私有形式生存并发展起来。加上这些国家在较长时间的征信实践中获得了较好的社会信用基础和法律环境，因此，这种组织模式的征信机构可以比较好地满足社会需求。

二是公共征信机构与私人征信机构并存。选择两种组织模式并存的国家，一般都是由于一种组织模式的征信机构受到法律、社会信用基础等外在条件的制约，难以发挥完整的征信作用，为了弥补效能缺失，才以另一种组织模式的征信机构来补充。二者之间互为补充，拾遗补缺，形成一个国家完整的征信体系。据世界银行的调查，在个人征信领域，许多国家既有民营征信机构，也有公共征信系统。在一些欧洲国家，如德国、奥地利、西班牙等国，虽然征信机构以“公共模式”为主，但在20世纪90年代后也增加了一些新的民营征信机构，形成了两种征信机构并存的“混合模式”。

三是只选择公共征信机构组织模式。这种安排有两类情况：一类是法律安排没有私人征信机构的活动空间，或者活动空间太少，私人征信机构难以大规模发展，征信活动只能通过公共征信机构来完成。当然，不排除某些国家公共征信机构运行机制比较完善，能够较好地满足社会需求，不需要私人征信机构加以补充的可能性。二类是没有征信活动基础，社会信用意识较差，信用信息供给匮乏，市场需求不足，只能依赖政府用强制手段来推行。

从目前看，虽然各国征信机构组织模式的选择不完全相同，但随着一国法律安排、社会信用基础这些外在环境的变化，也会出现新的变化。总之，征信机构组织模式的选择不是一成不变的，关键要看在一个特定的环境里某种模式是否具备生存条件和更能发挥有效作用。

四、我国的征信机构组织模式

（一）我国征信系统建设状况

1. *以政府相关部门为主线建立的企业纵向征信系统*

2001年4月十部委联合下发信用管理指导意见，2002年3月国务院启动企业和个人征信立法与实施方案起草工作，2002年6月中国人民银行企业信贷登记咨询系统实现全国联网，国家工商总局建立全国工商企业登记注册系统，上海市税务局率先在全国实施纳税信用等级分类管理办法，将非个体工商户以外的其他纳税户纳入统一的纳税信用等级分类管理系统。政府各相关部门通过建立本部门企业征信系统，获得了大量企业信用信息。2004年，中国人民银行成立征信管理局和征信中心，并建立起个人信用信息登记系统，数据库收录的自然人数达到3.4亿人，2010年个人主动查询自己信用报告的数量达到127.5万人次。2005年，在银行信贷登记咨询系统的基础上建立起企业信用信息登记系统，该系统采用地市、省市和全国3级数据库体系，主要从商业银行等金融机构采集企业的基本信息、在金融机构的借款、担保等信贷信息，以及企业主要的财务指标，全国各家商业银行与该数据库联网查询。

2. 以地方政府为主线建立的横向征信系统

地方政府信用征信机制主要有以下3种代表性模式：(1)上海模式。这是一种政府推动、市场运作、先易后难、循序渐进、合作共建的模式。其发展思路是：首先，实现3个跨越，从同业征信入手，向联合征信过渡；从为银行服务开始，逐渐向社会其他行业和个人开放；以建立信用档案为基础，形成信用调查检索查询、个人信用评估、分析评分卡模式、个人资质证明的梯次化发展格局。其次，是用市场化手段推动社会化服务项目。第三，是发挥理事会作用，用理事会的机制来规范公司的经营行为，先形成一个初步的行业约束准则，为进一步规范信息的采集、整合和合理使用创造条件。(2)深圳模式。这是由政府组织推动，人民银行协作，政府有关部门参与的征信模式。该模式政府并不直接投资，而是委托中介公司筹建，按市场机制运作，提供有偿信用服务。(3)浙江模式。这是由政府牵头，人民银行和政府有关部门参加，财政投资组建中介机构并由中介机构按照市场化运作机制实现各成员单位之间信用信息的互联、互通和互用的联合征信模式。这种模式中，政府协调相关部门按征信内容，定期将信用信息数据通过信用信息中介机构形成公共信息数据库，中介机构主要向成员单位提供信用信息服务。

上述3种地方模式的共同点是：征信机制建立初期由政府推动，实行市场化运作，征信产品基本相同。其区别为：(1)征信系统机制建设的投资主体不同，一种由政府直接投资，一种由中介机构投资；(2)征信产品接受方式不同，一种是市场手段，一种是会员制手段。

(二) 我国企业征信模式的选择

我国正处在经济转型阶段，企业征信机制的运行既不能照搬单一的市场主导型模式，也不能采用简单的政府主导型模式，而应选择一种切合我国市场经济发展深度和信用管理发展水平的模式。就征信业而言，我国征信业起步晚，发展程度低，尚存在诸多问题：(1)信用数据收集困难，导致资信调查报告难以真实、准确、完整地描述企业的资信情况，征信报告难以发挥其应有的功能。(2)市场不公平竞争严重，破坏了征信行业的市场秩序。官营征信公司利用自身和政府的特殊关系，可以低价而便利地获取信用数据，而民营征信公司却没有这种“天然”优势，在市场竞争中处于劣势地位。(3)征信成本较高，征信机构步履维艰。造成企业信用数据封锁的主要原因：一是信用数据开放无法可依，由此很难界定数据开放与保护商业秘密之间的关系；二是信用信息系统发展滞后，征信数据资源缺项太多，征信技术手段落后，经费不足；三是国有企业存在征信数据保密的传统；四是征信数据资源被政府部门和民间机构垄断和封锁；五是征信数据的市场价格难以把握，造成信用信息采集成本过高；六是行业自律不足，执业技术标准不统一。

根据我国信用管理发展情况，综合各种征信机构组织模式的利弊，目前我国征信体系建议采取混合经营模式比较适宜。这种模式主要是由政府指定具有相应资格的征信机构对企业资信数据及信息进行收集、整理并进行商业运营。征信机构可采用股份公司形式，在全国各地区设立信息采集点，负责企业资信数据的采集、整理、加工并生产信用报告。

企业通过注册成为征信公司的客户，既向征信公司提供相应数据，同时又可获取信用公司提供的其他服务。为了加强行业自律，还必须将各征信机构联合起来成立行业协会。政府除对征信机构进行资格认定外，还要规定征信行业的国家标准，如信用行业指数设置、数据库检索权限规定及服务规范等。混合征信模式的具体操作框架如图 5-2 所示。

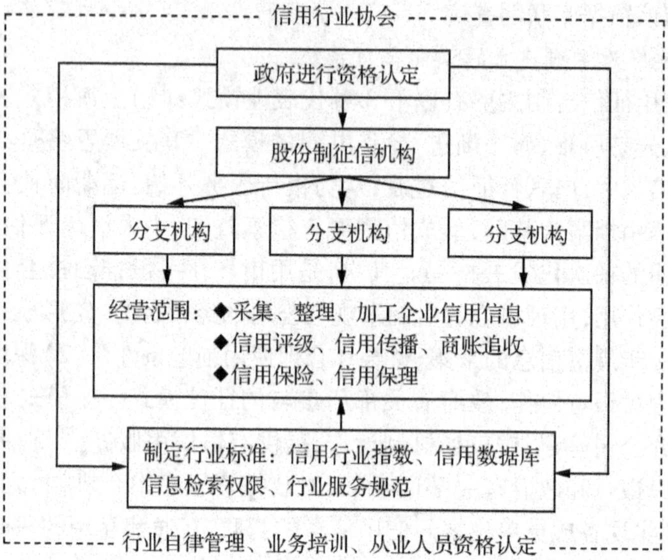

图 5-2　混合征信模式基本结构

混合征信模式下的中小企业征信机制的运行需要政府、征信机构和中小企业之间的协调配合。就政府而言，要推动信用立法，对征信机构进行特许经营授权，要推动建立统一开放的征信数据库，制定征信技术标准，成立征信行业协会，发挥其在行业自律管理、信用培训教育的作用。就征信机构而言，要依法采集企业信用数据，制作企业信用报告，生产信用产品，向社会提供有偿信用服务；组织公司的技术、管理、服务；帮助行业协会、信息检索平台提供所需的数据、调查报告等。对中小企业而言，要建立企业内部信用管理制度，提升自身信用，并向征信机构及时提供所需信用信息。此三者的地位和职能如图 5-3 所示。

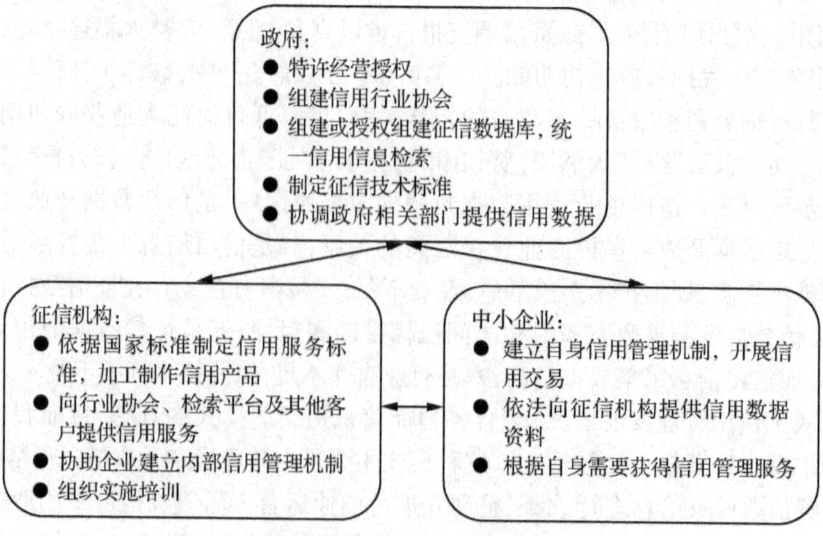

图 5-3　政府、征信机构和中小企业相互关系

第四节 征信技术标准

一、征信标准概述

实现信息共享和信息交换是征信系统的关键,而征信数据标准是建立征信数据库和实现信用信息统一共享的技术基础。无论是征信产品的生产和征信数据库的运营,还是信用管理咨询、信用管理软件的开发以及网上征信服务的开展等,都需要有统一的征信标准。征信标准按照适用范围可分为通用标准和专用标准,或国家标准和国际标准。通用标准适用于许多行业,例如行业分类、行业规模分类、职业分类、网络安全、保密协议等。专用标准是指针对信用行业和信用产品特征制定的标准,主要包括征信数据库检索系统、企业资信评估符号体系、普通企业资信调查报告版本、普通消费者信用调查报告版本等。建立征信标准的途径主要有两种:一是一国根据本国国情设立独立的国家标准,以便于实现征信产品和信用管理服务的本地化;二是直接采用合适的国际标准,以利于与国际接轨。

国际标准化组织(ISO)是目前世界上最大、最有权威性的国际标准化专门机构。该组织于 1947 年 2 月成立,目前拥有成员 138 个,技术委员会(TC)187 个和分技术委员会(SC)552 个,截至 2000 年 12 月底,ISO 已制定了 13 025 个国际标准。由于征信行业是一个新兴行业,在国际标准化组织中并没有与之相对应的技术委员会或分技术委员会。但是由于征信的发展与金融、网络通信技术和信息技术的发展有着密切关系,因此,征信国家征信行业标准的制定绝大多数采用了世界上通用的信息技术标准和网络标准、安全标准,仅在一些行业特色较强的方面,一些大的征信公司提出了自己的标准。例如美国征信行业主要由邓白氏公司、Equifax、Trans Union 和益百利等大征信公司组成,这四大公司的内部标准也逐步成为美国征信行业的标准。美国信用管理行业目前使用的行业分类编码是标准工业分类编码(Standard Industry Classification,简称 SIC),1997 年在此基础上形成了美国、加拿大、墨西哥共同遵守的北美工业分类系统(NAICS)。

二、行业分类编码

对于征信行业,行业分类编码的基本作用是客户分类管理和数据检索。确定这样一套行业分类系统非常重要,不仅信用管理行业需要,其他行业也需要。目前世界上最常见的行业分类编码是标准工业分类编码(SIC),它是美国最主要的编码体系之一,也是一种美国的国家标准。半个多世纪以来,SIC 编码已成为世界各国广泛的习惯,并且为国际标准化组织接受。在各国出版的有关工业、商业、贸易、市场工具书等出版物上,SIC 编码都是主要的检索点之一。

常见的编码体系基本可以分成两大类,数字编码体系和数字字母混编编码体系。常见的编码体系基本可以分成两大类,数字编码体系和数字字母混编编码体系。SIC 编码采用的是前一种编码体系——4 位数字的数字编码体系,即它是一种 2 加 2 数字编码系统，前两位数字代表的是企业所在的行业大类，而后两位数字代表的是在一个行业内对企业的专业细分。SIC 编码的结构如表 5-4 所示。

表 5-4　SIC 编码示意

01 ~ 09	农产品——庄稼
011 0112	小麦 水稻
20 ~ 39	制造业
2511 3085	木质家具 塑料瓶
40 ~ 49	交通、通讯和公用事业
4011 4813	铁路交通 电话通讯

SIC 编码体系建立不久，就被很多信用管理企业接受，用于对其调查的对象企业进行行业分类和标识，并成为英文版企业资信调查报告的主要检索点之一。

SIC 编码系统建立于 1930 年，适应了当时美国以工业为主导的经济环境的需求。随着第三产业的蓬勃发展，新兴服务业门类层出不穷，SIC 编码体系和 4 位数的数字编码结构已经不能适应经济发展的需要。1997 年，美国、加拿大、墨西哥 3 国分别批准了建立北美经济区的 NAFTA 协议，以促进北美经济一体化进程。为适应这种变化，北美工业分类系统的管理和预算办公室于 1997 年 4 月正式批准了北美工业分类系统（North America Industry Classification System，简称 NAICS）作为新分类法取代 SIC。NAICS 是一种数字字母混编编码体系，更注重实践性，对于新兴行业和合并的行业能进行方便的确认和分类，因而比 SIC 适应性更广。NAFTA 的经济分类政策委员会于 1997 年公布的 NAICS 编码如表 5-5 所示。

表 5-5　NAICS 编码示意

11 类	农、林、渔
111 1111 11111 11112 111191	农作物 油籽和粮食耕种 大豆种植 除大豆以外的油籽种植 联合种植油籽和粮食
21 类	矿业
211 2121 21221 212312	石油和天然气钻探 煤田开采 铁矿石开采 粉碎的石灰石矿开采

值得指出的是新的工业分类编码体系的出台，并不意味着 SIC 编码停止使用。事实上，包括 NAFTA 机构在内的所有公司和机构，在采用或者正在更新 NAICS 编码的同时，仍然继续使用 SIC 编码。

三、企业和个人识别编码

企业识别编码就相当于企业的“身份证”号码，它是一个企业及其全部子母关系企业的唯一识别号码，并且是企业的终生对应号码。编码的位数在10位以上（包括校验位）。例如邓白氏公司的DUNS编码系统（Data Universal Numbering System）便是一种成功的企业标识编码系统。该编码已被世界上50多个工业和贸易组织接受，成为一个国际标准的编码体系。DUNS编码在1989年被美国标准化组织（ANSI）接受，1991年被联合国接受，1993年被国际标准化组织（ISO）接受，1995年被欧洲共同体接受。

消费者个人信用调查数据库的档案编码一般以一国公民身份证号码为基本检索点，不编特殊的识别编码，但美国的社会安全号码（SSN）并不是个人信用局必须采集的信息。而一旦数据库包含外国人的个人档案，就要为这些档案设立新的档案编号。在实际操作中，除使用个人身份证明号码作为识别标志以外，一些个人征信机构还设立一套档案编码。这种编码的位数超过11位。例如，益百利公司的档案编号是一个16位阿拉伯数字的编号系统。

四、国际主要征信机构的技术标准与信息共享

（一）美国信用局协会

美国信用局协会（Associated Credit of Bureaus，简称ACB）是一个国际贸易协会，它代表消费者信用、抵押报告、雇用和租赁情况及追收欠款服务业。其总部设在华盛顿区，ACB提供立法帮助以及对成员的疏通，和消费者报告代理一起建立了消费者报告业的标准。

为了减少美国信用行业竞争和组织上的障碍，信用局协会组织一些大征信公司制定出美国信用局协会的Metro2格式标准。Metro格式起源于20世纪70年代，一直是美国信用报告行业的格式标准，具有以下特点：标准满足《公平信用票据法》（FCBA）、《公平信用报告法》（FCRA）、《平等信用机会法》（ECOA）的需求和所有适用的州法律；被所有的消费者报告代理接受，Metro2格式使正确、全面和及时的信用信息报告成为可能；使所有的字段每个月都应用正确和得到报告，遵守法律得到保障；允许信用信息具有较大连贯性的追加或影响到消费者档案；允许对每个消费者每月报告有完整的标示信息，这样能够提高消费者报告系统适应消费者的需求能力；提供数据的循环报告，这样能够更及时地更新信用档案；提供其他格式不能提供的用于信用信息报告的附加信息。

1997年，美国信用局联合会根据新的需要，开始制定取代Metro格式标准的新标准。新标准在2000年正式实施，主要是规范信用报告者向信用局报告消费者信用数据的格式。新标准对Metro2格式、Metro2执行检查列表、自动化通用数据程序和自动化消费者争议确认进行了规范性描述，是一个通用性很强的征信标准。

（二）邓白氏公司

（1）邓白氏全球数据库。邓白氏公司的全球数据库是全世界信息量最大的企业信用数据库，其信用产品和服务的基础就来源于该数据库。邓白氏公司数据基地位于美国东部，在全球37个分支机构建有数据库分基地，有3 000多人从事数据的收集和加工工作。该数据库由5个子系统组成：邓白氏全球数据库联机服务系统、全球企业家谱和联系系统、全球数据库支持系统、全球市场分析系统和全球市场方案系统。目前，邓白氏全球数据库拥有全球企业信息7 000多万条，覆盖214个国家和地区，使用95种语言、181

种货币。拥有客户15万家，其中包括《财富》杂志500强中80%和《商业周刊》全球1 000强中90%的企业。数据库不仅累积了多年收集的信息，而且每天以100万次的频率更新。

（2）邓白氏编码系统。DUNS编码是邓白氏公司信息库及其信用分析系统所使用的编码系统，能够定义客户及其档案，在同一编码下的信息均是针对同一企业的。该编码由9位数字组成。从结构上看，DUNS编码的前8位用于定义一个独立的企业，第9位数字用于校验编码的不重复性和准确性。每个邓白氏编码对应的是邓白氏全球数据库中的一条记录，被广泛用做标准工具，用来识别、整理、合并各个企业的信息。其主要作用有管理现有客户和潜在客户档案，识别企业家族族系，连接相关贸易伙伴，扩大商机；帮助客户清理内部档案；整合企业内部数据库。

DUNS编码的功能还包括：帮助消除客户档案中的重复；同电子数据交换（EDI）系统和条形码直接对应；对与某项生意有关的发票、采购、付款、货运、报关等进行鉴定；将供应商联系起来，增强企业的采购功能。DUNS编码的企业"家谱"功能包括同编码下的各地公司、公司的子母关系、总部、独立法人资格的子公司、非独立法人资格的分公司、企业部门等关系。

由于"世界数据库"中的企业记录数目急剧膨胀，邓白氏公司在1997年开始设计并实施经过升位的新DUNS编码体系——MOD-10，DUNS编码将升到10位数。

（三）益百利公司

曾长期排行世界消费者信用调查行业第一大规模的美国TRW公司，对征信业的发展作出了极大贡献。在消费者信用服务部分被兼并以前，TRW公司设在南加利福尼亚的数据中心支持着庞大的消费者个人信用信息服务中心。该公司的信用记录数据库保存有近两亿份个人信用记录，可以按照行业规定的版式向用户提供包括消费者个人姓名、地址、年龄、婚姻、职业、公共记录、信用史等信息，并依法向合格的订购者提供消费者个人信用调查报告。为了不违反有关法律，在TRW公司的记录中，消费者的不良信用记录信息要被保存6年零6个月，而企业破产信息被保留9年零9个月，消费者的良好信用记录将被永远保留。除提供标准的消费者个人信用调查报告外，TRW公司还提供贷款评级和银行储蓄户评级等服务。1989年，TRW公司兼并Chilton公司，数据库规模和客户网达到最大规模。1996年11月，TRW公司旗下的消费者个人信用服务部门被英国的The Great Universal Stores PCL兼并，随后不久又与总部设在英国诺丁汉的信用管理公司——CCN合并，组成了现在的益百利公司，是美国和英国最大的信用局。

（四）全联公司

总部设在芝加哥的全联公司（Trans Union）是美国的三大信用局之一。全联公司1988年才开始提供美国全国性消费者信用调查报告。全联公司数据库中的2.2亿个消费者的姓名和档案资料，覆盖了北美的美国、加拿大、维尔京群岛和波多黎各。全联公司发展迅速，至1990年，公司直接拥有45家地区性信用局和220家代办处。另外，全联公司还发展了一些海外分支机构，在23个国家拥有分公司。

全联公司是拥有一百多家企业的Marmon集团公司，向全世界50多个国家提供550种产品和服务，员工人数超过4万，总营业额超过68亿美元。信用报告的网上销售每年已达4亿次,其他传统方式查询更达150亿次之多。在数据采集方面,全联公司拥有7 000个数据供应机构。公司每月对2.2亿个客户的资料进行12次数据更新,每次更新涉及20亿条的数据档案记录。

本章小结

征信又称为信用调查或资信调查,是指独立的第三方机构依法采集、记录、核实、整理、保存企业和个人信用信息,并依法传播信用信息的活动。由征信机构、征信对象、征信数据、征信服务和产品、征信市场等要素构成。

征信有多种分类:按照业务类型可分为企业资信调查和消费者信用调查;按照服务对象可分为信贷征信、商业征信、雇佣征信以及其他征信;按照征信方式可分为同业征信、联合征信和金融联合征信。

征信产品是征信的中心内容。企业征信产品分为普通版征信报告、标准版征信报告、深度征信报告、专项征信报告和其他类征信报告等不同层次;个人征信产品的表现形式主要是个人信用报告。普通版当事人信用调查报告是生产量最大、市场上最常见的报告。除此之外还包括购房信贷信用报告、就业报告、商业报告、个人信用评分报告等。

各国征信机构归结起来有两种组织模式:由政府投资组建的公共征信机构和由企业或个人投资组建的私人征信机构。两种征信组织模式各有利弊,不同的国家和地区由于法律安排、文化背景、社会信用基础不同,利弊表现亦不同。征信机构采用哪种组织模式更为有利,不能一概而论,要根据具体情况权衡利弊。综合来看,目前我国征信体系建议采取混合经营模式比较适宜。

实现信息共享和信息交换是征信系统的关键,而征信数据标准是建立征信数据库和实现信用信息统一共享的技术基础。征信标准按照适用范围可分为通用标准和专用标准或,国家标准和国际标准。征信国家征信标准的制定大多采用通用的信息技术标准和网络标准、安全标准。一些大的征信公司提出了自己的标准。美国信用管理行业目前使用的行业分类编码是标准工业分类编码,1997年在此基础上形成了美国、加拿大、墨西哥共同遵守的北美工业分类系统(NAICS)。

重要概念

征信　征信数据　征信产品　同业征信　联合征信　金融联合征信　标准版企业征信报告　公共征信机构　私人征信机构　征信技术标准　SIC编码　NAICS编码

思考与练习

1. 征信的构成要素有哪些?
2. 简述企业征信的基本原则。
3. 同业征信、联合征信和金融联合征信有何区别?

4. 简述企业征信的工作程序。
5. 企业征信产品有哪些种类?
6. 个人征信数据的来源渠道有哪些?
7. 征信过程中应如何保护个人征信数据?
8. 比较公共征信机构和私人征信机构的特点。
9. 目前我国地方政府信用征信有哪几种代表性模式? 我国适宜建立何种征信模式?
10. 目前国际上采用的征信行业分类编码是什么?

第六章　企业信用管理

第一节　企业信用及其管理

一、企业信用形式

企业信用是现代信用体系中的重要形式。企业除了以赊销商品的方式提供信用外，还有预付货款、分期付款、经销、委托代销等信用形式，归纳起来主要有赊销和预付两大类。

（一）赊　销

赊销是企业最常用的企业信用形式，它是指买方与卖方签订购货协议后，卖方让买方取走货物，而买方按照协议在规定日期付款或以分期付款形式逐渐付清货款的销售方式。赊销一般发生在买方市场的情况下，面对激烈的市场竞争，企业为了提高自身的竞争力，多采用赊销的方式来吸引客户。

赊销通常在以下两种情况下发生：第一，买方对产品性能、质量等信用问题不确定，要求产品先试用、后付款，从而产生一种事实上的赊销行为。这种赊销形式在购买大型成套设备等产品时极为普遍。第二，买方资金不足，需要卖方给予短期的资金融通，以便先取得商品。

赊销是建立在卖方对买方的未来付款预期和对客户的信任上，不确定性因素较多，由此产生信用风险的可能性也较大，容易导致坏账、三角债、欺诈等失信现象。

（二）预付货款

预付货款是卖方市场最主要的企业信用形式，是一种由买方以货币形式的信用订购卖方商品、授予卖方信用的形式，其信用的对象是货币资金。在实际交易中最常用的是预付定金，预付定金具有提前支付货款的性质，在已交纳预付定金的情况下，销货方必须优先保证购货方的需求。

（三）分期付款

分期付款是指按交货批量分期偿付货款，其信用的对象经常发生在完工的工程或提供的商品交易中，是一种由提供商品方授予分期付款者信用的形式。

（四）经销和代销

经销和代销都是代售货方推销产品，但两者的授信内容不同，经销是自行购销、自负盈亏，而代销只是接受委托收取佣金；经销是买卖关系，代销是委托—代理关系。由于售货方给予经销商独家经营的权力以及价格、折扣和货款支付等方面的优惠权力，因而经销是提供一种权力信用，信用的对象是独家经营权和其他方面的优惠权力。而代销则是企业凭借对代理人的信任，将一定数量的产品委托给代销商的销售，也属于信用销售。代销产品一般为品牌产品，产品的所有权属于委托代销商，承托代销商虽无支付货款的义务，但要承担代销产品的安全，享有获取佣金的权利，所以代销也是一种债权债务关系。

二、企业信用管理的含义和内容

企业信用管理是对企业的授信活动和授信决策进行的科学管理，有广义和狭义之分。

广义的企业信用管理是指企业为获得他人提供的信用或授予他人信用而进行的以筹资或投资为目的的管理活动。企业通过全面的信用管理活动，完善在赊销、赊账、投资、担保等各项经济活动中的企业信用管理流程和技术手段，保持应收账款和应付账款的合理持有，保障应收账款及时足额的收回以及投资、担保等业务的安全性，达到企业利润和企业价值的最大化，实现企业长期可持续发展。

狭义的企业信用管理是指企业以信用销售为主要内容的管理活动。企业内部信用管理部门或信用管理人员对企业授信客户的信用活动所进行的综合处理、判断与形成相应结果的一系列管理过程，包括前期信用管理阶段的资信调查与评估机制、中期信用管理阶段的债权保障机制以及后期信用管理阶段的应收账款管理与回收机制等。企业信用管理机制的主要任务是通过制定信用管理政策，指导和协调企业内部各部门的业务活动，对客户信息的收集和评估、授信额度、债权保障、应收账款回收等各个环节进行监督和管理，以确保应收账款的安全和及时收回。

企业信用管理的内容可以从不同角度加以概括：(1)从信用管理活动看，包括企业为获得他人提供或授予他人信用而进行的以筹资、投资为目的的信用管理以及企业为扩大销售、提高市场份额而进行的以应收账款管理为主的信用管理两个方面。(2)从企业所涉及的信用关系看，企业内部信用管理机制是一种包含了企业与银行、企业与客户、企业内部各职能部门的综合信用管理，包括银企信用关系管理、客户信用关系管理、企业内部信用关系管理等3个不同层次。(3)从信用管理环节看，企业内部信用管理机制是前期信用管理、中期信用管理和后期信用管理三位一体的管理系统。前期信用管理以调查客户信用信息和评估客户信用为主；中期信用管理的重点是实施以担保保证、保理、信用保险等为内容的债权保障措施，转嫁信用风险；后期信用管理的重点是建立应收账款管理和回收机制。(4)从信用管理运行来看，企业内部信用管理机制是客户资信调查、信用评估、信用审查与客户筛选、授信、受信、信用档案建立与管理、信用风险预警、账款回收与催收等各环节有机组成的工作流程。

三、企业信用管理的目标和功能

（一）企业信用管理目标

企业信用管理的目标就是力求企业实现销售最大化的同时，最大限度降低信用风险、提高企业效益和价值。企业通过信用销售可以扩大销售，提高营利水平，但与此同时，信用销售产生的应收账款在不断侵蚀企业的利润。企业信用管理就是要解决企业采用信用销售带来的双重难题，把好信用销售关，管理好应收账款，在实现销售最大化的同时保持信用风险特别是坏账损失最小化。

成功的企业信用管理目标可以用以下等式表达：

最大销售（包括大量的信用销售）+ 及时回款 + 最小坏账 = 最大利润

成功的企业信用管理是在销售额很大的情况下也能保持资金的及时回笼和低比率坏账，从而创造最大利润。企业信用管理的具体目标是：

（1）建全信用管理制度，提高企业信用管理水平；

（2）强化客户资信管理，防范信用风险；

（3）开拓信用销售业务，提高企业的市场竞争力；

（4）控制逾期应收账款，加速资金周转，提高财务质量；

（5）加强欠款追收，减少坏账损失，提高企业利润。

（二）企业信用管理的功能

构建科学的信用管理机制，实现客户信用风险管理的科学化、系统化，是企业走出债务拖欠和经营亏损困境的关键环节。20 世纪 60、70 年代，美国刚刚度过经济危机，步入繁荣之时，美国许多中小企业面临着高坏账率、高逾期账款率的困境，很多企业因此破产倒闭。也是从这时起，信用管理受到美国企业的高度重视。几乎每个美国企业都在建立自己的信用管理机制，成立信用管理部门，规范赊销行为。在短短几年内，企业平均坏账率和逾期账款率大幅度下降，赊销比例不断上升。美国企业的平均坏账率仅 0.25% ~ 0.5%，信用交易成本只有 3%，而中国企业平均坏账率为 5% ~10%，平均信用交易成本是销售收入的 14%。信用交易的发展要求企业必须建立健全专门的信用风险管理职能，设立信用管理部门，专门承担企业客户风险控制和应收账款管理的责任。这样，以信用管理为轴心，将企业的销售、财务和信息管理有机地结合起来，形成一个完整的、科学的内部管理系统。企业信用管理部门的管理功能体现在客户档案管理、客户授信、应收账款管理、欠账追收和利用资信数据库拓展市场 5 个方面。具体包括：(1)客户信用建立与更改的审查和批准；(2)客户档案的维护和管理，客户信息的收集；(3)对客户资信进行评级，确定客户的信用期限和信用额度；(4)控制企业应收账款平均持有水平和 DSO（应收账款销售变现天数）指标；(5)分析和监控应收账款的账龄，检查应收账款的准确性，及时对客户发货进行控制，防范逾期应收账款的发生；(6)客户合同、往来记录的保存和检查，债务凭证的监管；(7)制定应收账款的催收程序和逾期应收账款处理方案，组织账款催收追账；(8)协助销售部门开拓市场，促进销售变现，掌握信用政策的松紧程度。

四、企业信用管理的意义

(一) 健全企业管理体系

在市场经济条件下,信用关系是企业之间的最基本经济关系,信用销售逐渐成为主要的交易方式,信用管理在企业管理体系中具有基础性地位。据西方调查机构的相关调查,在企业十几项管理中,赊销与信用管理被排在第一位,其次才是战略管理、生产管理、财务管理、人力资源管理等,足见信用管理在西方企业中的地位。相反,中国的企业长期以来由于忽视信用管理,使得企业之间相互拖欠等信用问题十分突出,严重影响企业正常的交易秩序。赊销过程中的信用风险问题既源于外部环境,又与企业自身落后的管理和薄弱的信用风险防御能力直接相关。有调查数据表明,在我国,由于政策性原因导致的企业间拖欠仅占不到16%,而超过60%的拖欠源于被拖欠企业自身的管理问题。这说明我国企业在内部管理机制上普遍存在严重缺陷。过去由销售部门或者财务部门间接承担的信用管理职能已经不能满足企业信用活动的发展要求。因为销售部门看重销售额的扩大,在高报酬的销售激励机制带动下,业务人员往往会不顾客户的资信水平,盲目扩大信用规模来提高销售量,给企业造成信用风险隐患。而仅靠财务部门也不能有效控制信用风险,这是因为财务部门不了解客户背景和交易状况,无法对信用风险做出准确的判断,也无力承担收账工作。同时,一般财会人员由于缺乏足够的专业知识和经验而难以适应信用管理和风险控制的要求。通过设立专门的企业内部信用部门,将企业的销售、财务和信用管理职能进行有机整合,形成集客户资信管理制度、内部授信制度、应收账款管理制度和信用风险转移制度于一体的综合管理制度,对企业采购、生产、营销、销售、财务等各个环节进行全面信用管理,不仅可以有效减少经营管理费用,增加销售收入,缩短应收账款的平均回收期,提高企业综合效益,而且可以改善企业对客户的服务质量,增强市场竞争力。更重要的还在于科学的信用管理可以带动和促进企业内部其他管理制度的完善,从而有利于建立起科学的经营管理体系。

(二) 防范信用危机

企业信用管理是对资信调查、授信决策和收账催账等各个阶段的全过程信用控制和管理。企业信用管理的具体实施过程就是通过调查授信对象的能力和意愿,与合适对象签订合约,最后采取各种催收技巧收回账款。资信调查属于事前控制,授信决策属于事中控制,收账催账属于事后控制。企业通过运用信用管理机制,可以对客户资信状况进行调查分析,对交易信用风险进行识别评估,对信用交易及其决策进行确认、审查、批准,从而可使企业免遭信用危机之虞以及坏账损失。据有关研究,企业实施事前控制可以防止70%的拖欠风险,实施事中控制可以避免35%的拖欠风险,实施事后控制可以挽回41%的拖欠损失,而实施全面控制则可以减少80%的坏账损失。

(三) 控制转移信用风险

企业信用管理是指在业务程序控制中强化信用风险的控制环节。其重要环节是中期信用管理阶段的债权保障机制和后期信用管理阶段的应收账款催收机制。在业务处理程序上,企业信用管理部门对应收账款情况进行跟踪、监控,对应收账款采用适当的收款和追款方式,及时发现并有效控制可能的信用风险,最低限度降低风险损失。同时,企业信用管理部门还通过采用恰当的风险转移手段,如信用担保、信用保险、保理服务、证券化等,转嫁信用风险,实现信用损失的最小化。

(四) 规范信用行为

信用管理是一项系统管理。企业内部信用管理通过征信市场机制的运作,实现企业内部信用管理系统和社会信用管理体系的有机对接,形成社会联防机制,对企业起到威慑作用,对企业信用不良行为予以惩戒,这对于规范企业信用行为,提升企业整体信用水平具有重要作用。

(五) 增加企业盈利

企业信用管理的根本目的是实现更大的营利。实施信用管理,一方面有利于争取客户,扩大销售,另一方面有利于企业提高营利水平。假设实施信用而增加的销售量为 q,单位产品的营利为 p,信用规模为 s,信用风险造成的损失概率为 r,则企业授信对利润的贡献 d 为:$d = pq - rs$。可见,企业在实施信用的条件下要实现更大的利润,必须控制和降低信用风险及其引起的损失率。所以,建立科学的信用管理机制对增加企业价值具有十分重要的作用。许多资料表明,企业实施信用管理后,财务、销售等费用在销售收入中的比重下降,坏账率降低,账龄缩短,市场占有率上升,销售增加,现金流量增多,综合效益提高,竞争力增强。中小企业内部信用管理机制的上述效应如图 6-1 所示。

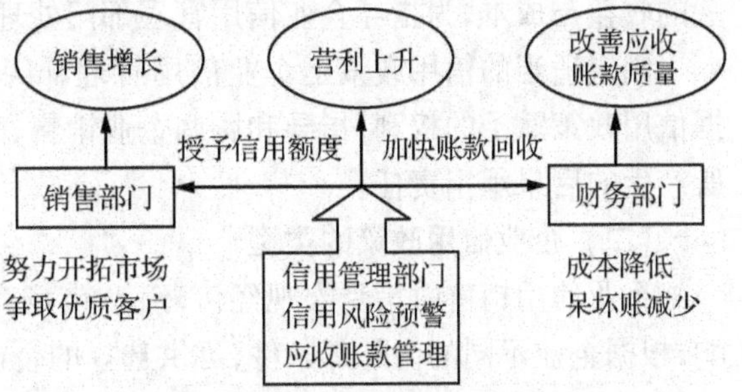

图 6-1　企业内部信用机制的效应

五、企业信用管理流程

信用管理部门是企业信用管理活动的中心,因此企业信用管理工作流程应围绕信用管理部门而展开。从图 6-2 可以看出,在企业信用管理工作流程中,从客户资信调查与评级到应收账款管理等各个环节,信用管理部门均全面参与到企业的经营管理之中,与社会中介机构发生联系获取信息对客户进行资信评级,与企业销售、研发等部门进行合作,加强信息交流与沟通,形成统一的面向客户的信用管理工作机制,使企业经营风险置于有效的管理之中。

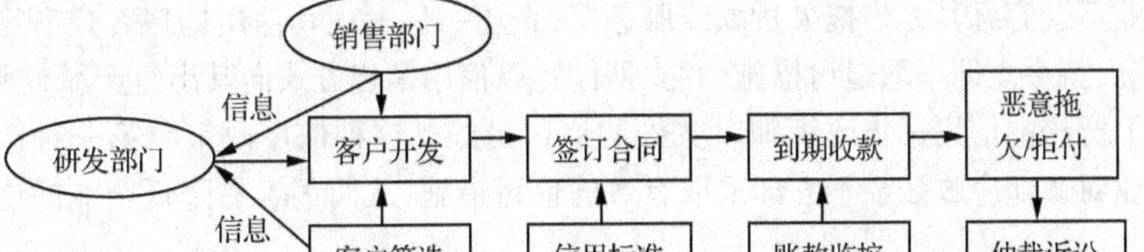

图 6-2　企业信用管理流程

第二节　企业信用政策

一、企业信用政策的概念与类型

（一）企业信用政策的概念

企业信用政策是指导企业信用管理工作及其相关活动的基本准则。广义的企业信用政策包括企业信用管理部门的工作目标、信用管理部门的建立、信用额度的确定、部门之间利益的协调、收账政策的制定、对信用管理部门工作的评价等诸多方面。狭义的企业信用政策专指应收账款的管理政策，即在特定的市场环境下，企业权衡与应收账款有关的收益与成本，为指导企业信用管理部门处理应收账款所制定的措施。

制定适当的信用政策是企业信用管理部门一项重要的工作任务。信用管理部门根据信用政策赋予的权利，指导和协调企业销售、采购、财务、仓储等部门之间的工作，并对所产生的后果承担责任。

（二）企业信用政策的类型

企业信用销售政策受宏观经济环境、市场竞争、企业本身财务状况等多种因素的影响，根据企业不同的内外部条件，可供选择的企业信用政策有以下几种：

（1）宽松的信用销售政策辅以严格的追讨措施。采用这种政策的企业，不考虑客户的资信条件，向所有客户提供额度不等的信用销售。在这种政策条件下，企业不会因任何理由同意、容忍客户逾期付款，甚至拖欠款项。一旦发生上述情况，企业会立即采取措施进行追讨，同时也会对客户拖欠的款项加收一定程度的利息。

（2）严格的信用销售政策辅以宽松的追讨措施。采用这种信用政策的企业，在确定信用销售额度和信用销售条件时使用十分严格的审核标准，同时还会要求客户提供某种形式的付款担保凭证。由于采用严格的信用销售政策，其信用销售客户的资信普遍良好，由此产生呆坏账的比率较低，所以一旦出现客户逾期不付款的情况，企业也只是以口头或书面信函的方式提醒客户付款。

（3）严格的信用销售政策辅以严格的追讨措施。这种信用政策与第二种政策的区别是企业不会容忍其客户拖欠货款或服务费，企业一旦发现其信用销售客户有逾期未付款的情况，就会立即采取追讨措施，并立即停止以信用销售方式向其出售产品或服务。

（4）宽松的信用销售政策辅以宽松的追讨措施。这种信用政策与第一种政策的区别是企业对逾期应收账款不立即采取有效的追讨措施，从而很容易降低企业的应收账款质量。

（5）适当的信用销售政策辅以适当的追讨措施。这种信用政策是指企业根据宏观经济条件、市场竞争因素和企业本身的经营及财务状况，采用适合企业发展的、积极稳妥的信用销售政策。适当的信用政策是指在支持企业持续发展、不断增加企业经营收入的同时，又增强企业对内、对外融资能力的信用政策。而适当的追讨措施是指企业在不影响其销售增长目标的前提下，以尽可能小的成本，在尽可能短的时间内收回客户的逾期未付款，同时争取保持与客户的销售关系。

上述5种信用销售政策的优缺点分析如表6-1所示。

表6-1　企业信用销售政策比较

政策种类	优点	缺点	适用条件
宽松的信用政策,严格的追讨	实现企业销售快和流动资金的较快增长,并有利于企业快速成长	使企业发展超过其财务承担能力,出现流动资金短缺现象,呆坏账数量增加,管理成本增加,利润下降	适合处于成长期的企业采用
严格的信用政策,宽松的追讨	应收账款质量较高,呆、滞、坏账率较低,管理成本较低	不利于企业销售和吸引潜在客户,影响企业融资能力,企业发展受到限制	适合处于初创期的企业采用
严格的信用政策,严格的追讨	保障应收账款质量较高,坏账损失较低	不利于争取潜在客户,影响企业销售收入,限制企业发展	很少有企业采用
宽松的信用政策,宽松的追讨	能实现企业销售量的快速增长	极易降低应收账款质量,给企业生产经营带来损失,甚至导致企业破产	极少有企业采用
适当的信用政策,适当的追讨	平衡企业销售和企业财务之间的关系,利于企业稳定、可持续发展,在经营收入增长的同时,企业融资能力增强	对信用管理人员素质要求较高,并需根据企业内外部环境变化,随时调整信用政策	适合成熟型企业采用

企业在选择适合自身发展的信用销售政策时,必须结合自身所处行业,结合自身生产经营和财务状况,根据企业自身所处的内外部条件,找准市场定位,选择最佳信用销售政策。

二、信用政策的内容

信用政策主要包括信用标准、信用期限、信用额度和现金折扣4个方面。

(一)信用标准

信用标准是企业向客户授信时,对客户资信要求的最低标准。信用标准定义了企业的信用销售对象,并在很大程度上决定着企业的客户群规模。由于信用标准的设置直接影响到客户的信用申请能否得到批准,因此,根据企业自身的资金情况和市场环境来确定合理的信用标准是企业制定信用政策的重要环节。一般而言,信用管理人员在确保企业销售目标和财务目标的前提下,根据企业现有的支持信用销售业务的资金规模和所能承受的风险能力来确定信用标准,同时应考虑预期的DSO(应收账款销售变现天数)和坏账损失率两个因素。

信用标准与企业销售部门的工作密切相连,信用管理部门依据信用标准筛选信用客户,决定是否同意给予该企业信用额度。授信标准也与企业的应收账款持有水平间接相关,并影响着企业的应收账款持有规模和成本。这是因为,严格的信用标准可能使很多有潜力的申请人因无法通过申请而被排斥在外,甚至可能将一些客户推向竞争对手,从而影响到企业销售水平;宽松的信用标准容易使信用申请者成为最终客户,并可能实现较高的账面销售收入,但可能会导致企业持有应收账款的机会成本和坏账风险增加。这种关系如图6-3所示。

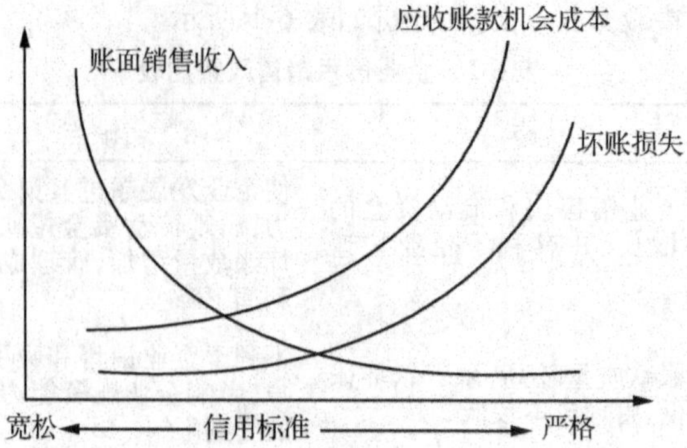

图 6-3　企业信用标准选择

由此可知,信用标准同时涉及企业的收入和成本两个方面,它的选择是一个极值问题,过严或过松的信用标准都不可取。如果严格的信用标准使损失的销售毛利大于企业所希望避免的应收账款持有成本,那么企业就应该适当放松信用标准,反之则应施行较严格的信用标准。

确定信用标准的主要因素包括竞争对手情况、客户分析情况、市场战略、产品库存水平以及其他因素等。企业信用标准随企业、行业和市场情况的变化而有所不同。

信用标准的设定主要依据以下两种:(1)"5C"系统。即信用"5C"原则,主要考察客户的及时偿债能力和交易潜力,它由品德(character)、能力(capacity)、资本(capital)、抵押(collateral)和条件(condition) 等5 个因素构成,是应用较广泛的判别企业客户信用品质的信用标准。(2)信用部门的例外管理。企业采用例外管理制度的核心在于控制例外情况。一般分两个步骤:首先运用统计方法并依据客户的风险程度将其划分为若干个风险等级(见表 6-2),然后信用管理部门将注意力集中于控制极易发生信用风险的客户。

表 6-2　例外管理客户风险等级划分①

风险等级	不能收回现金比率(%)	同等级中客户所占比例(%)
1	0~0.5	60
2	0.5~2	20
3	2~5	10
4	5~10	5
5	10~20	3
6	>20	2

(二)信用期限

信用期限是指企业允许客户在购货后赊欠货款的时间界限,即企业给予客户的延迟付款时间。信用期限对企业销售和应收账款的影响明显,尽管各行业惯例制约着企业的信用期限,但是企业常常通过变动信用期限来影响销售。因此,企业在确定信用期限时,必须在新增销售额所带来的收益与新增应收账款投资所带来的成本之间进行权衡。合理的信用期限应当着眼于使企业的总收益达到最大,理论上的信用期限最低限度应该是

① 转引自周首华,杨济华:《当代财务管理基础》,东北财经大学出版社,1997 年,第 189-190 页。

损益平衡。

企业产品销售量、盈利能力与信用期限之间存在着一定的依存关系。一般而言,企业给予客户的信用期限越长,所能增加的销售额也越多,企业的应收账款也会增大。信用期限从以下两个方面对企业的盈利能力产生影响:一是影响企业成本,信用期限越长,企业背负的成本越大;二是信用期限影响企业的竞争力,企业给予的信用期限越长,客户购买商品时所支付的代价就越低,产品市场竞争力越强。最佳信用期限取决于两者之间的平衡。

确定合理的信用期限是企业制定信用政策应首先解决的问题。较长的信用期限意味着给客户更优越的信用条件和使 DSO 变长,以此吸引更多的客户,实现更高的销售额,并相应增加应收账款,这既给企业带来了扩大市场份额的好处,也给企业带来了风险。相反,较短的信用期限虽然减少了持有应收账款的成本,但直接影响到企业的信用销售规模,增加了库存压力。因此企业在确定信用期限时,必须在新增销售额所带来的收益与新增应收账款投资所带来的成本之间进行权衡。合理的信用期限应当着眼于使企业的总收益达到最大,理论上的信用期限最低限度应该是损益平衡。

通常情况下,信用期限取决于交易传统,同行业的企业往往采取相近的信用期限,但不同行业间的信用期限可能有较大差别,一般在 30 天到 70 天不等。影响信用期限的因素有:(1)市场竞争激烈程度,赊销企业所处的行业竞争越激烈,客户获得的信用期限越长;(2)上游市场提供的信用期限,销售商从其上游原材料供应商处获得的信用期限越长,也就会给下游客户提供更长的信用期限;(3)购买者拥有货物的时间,一般信用期限都不会超过赊购者消耗或再销售货物的时间;(4)季节因素和促销手段,销售量比较大的季节或为了促销,通常也采取较长的信用期限;等等。

在实际工作中,信用期限的确定应该是在行业惯例的基础上,通过科学的方法计算得到。常用的方法有边际分析法,该方法的基本思想是以本企业上一年度的信用期限、本行业的平均信用期限、信用期限的定值假设为基础,作出适当延长或缩短信用期限的不同方案,分别计算出各新方案较之基准信用期限假设的边际成本和边际收益。在边际收益大于边际成本时,选择边际净收益最高的方案中所设定的信用期限作为最佳候选,待信用政策的其他因素确定后,再进行调整。

(三) 信用额度

1. 信用额度及其最佳规模

信用额度是在信用条件下企业授予客户的信用销售限额,包括企业的总体信用额度和发放给某一具体客户的信用额度。对企业总体而言,信用额度是指企业基于自身的资金实力、销售政策、最佳生产规模、产品库存以及竞争压力等因素确定的可对客户发放的信用总额。对某一客户而言,信用额度是企业赋予客户的信用限额,即对其进行信用销售的最大规模。从数量上看,企业信用销售总额度等于客户已使用信用限额的总和,并不等于客户群的个体额度总和。信用销售中,企业持有的应收账款额度应略大于企业授予客户的信用额度总额。

信用额度与信用风险之间呈一定的比例关系,随着信用规模增加,信用风险也相应增加,开始增加较慢,然后增加较快。信用规模的增加对销售量初期应有较大贡献,但随着信用规模增加,其贡献率会呈下降趋势,达到一定程度可能就不会再增加。由此,可以根据图6-4确定企业的最佳信用额度。图6-4中,信用风险曲线即边际信用风险曲线,收益曲线即边际收益曲线。只要企业的目标是尽可能营利,则公司的最佳信用额度就是边际信用风险曲线与边际收益曲线两者相交时的信用额度。

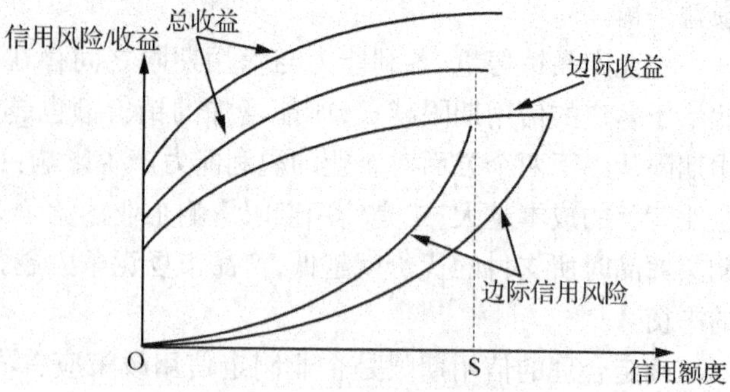

图6-4　企业最佳信用额度

企业进行信用风险管理的目的就是在尽可能降低信用风险的同时,也尽可能对企业的产品销售不造成影响。即把图中的边际风险曲线右移,但不会同时引起边际收益曲线的移动或移动较少。图6-4中假定由于信用管理而引起了边际信用风险曲线右移,而边际收益曲线不变,如果边际信用风险降低,企业的最佳信用额度就会增加,这有利于增加对企业产品的需求,从而企业的总收益也会增加。

2. 企业总体信用额度的确定

确定企业总体信用额度时要考虑企业自身的资金实力、信用政策、最佳生产规模、库存量等因素以及外部的竞争压力。实际中,信用管理部门通过计算和总结以往经验,可以确定一个科学的总体授信额度,然后以此指导和控制企业的信用销售活动和应收账款持有水平,并确定一个保险系数,以防止对客户过度授信造成的企业流动资金枯竭。总体授信额度能在一定程度上反映销售企业实力及其所承担的机会成本和坏账风险。

企业总体信用额度的确定方法主要有最小成本法或最大净收益法。最小成本法主要是利用企业进行信用销售产生的应收账款短缺成本与其他成本之间呈反比例变化的关系,导致其总成本曲线上存在一个最低点,与这一点相对应的信用销售额度就是企业当前最佳的信用销售总体授信额度,企业在该点可取得最佳收益。最大净收益法是将信用销售产生的销售收入,减去被占用资金的机会成本、管理成本、坏账成本等得到的信用销售净收益,通过对多个信用销售方案的比较,找出取得净收益最大的方案,从而确定出最佳的总体信用额度。

3. 个体信用额度的确定

确定个体信用额度是针对合格客户进行的,通常用“信用销售额度审核点”来控制客户一定时间内的最高授信额度。信用销售额度审核点的计算方法有5种:一是以注册会计师审核的客户有形资产值的10%作为最高授信额度;二是以资信评估公司所公布的客户有形资产的10%作为最高授信额度;三是以客户从其他机构得到的有担保(抵押)的信用额度的50%作为最高授信额度;四是以其他供应商给予该客户的信用销售额度作为参考,结合本企业的实际经营和财务状况,在其最高额度和最低额度之间找出一个适当的中间值作为对客户的最高授信额度;五是以客户在一定时期内现金、准现金的一定比例和应付款项的差额(正值)作为最高授信额度。

除上述方法外,还有更为科学的确定方法,最基本的如营运资产法和销售量法等。营运资产法的计算原理请参见本书第三章第三节。这里仅介绍销售量法。

销售量法是根据客户以往的订货量和订货周期确定信用限额的方法,是确定个体客户信用额度应用最为广泛的方法。该方法以客户的历史订货量为基本数额,以本企业标准信用期限为参数,计算客户的信用额度,再以客户的历史付款记录或信用等级作为修正参数。具体计算步骤如下:

第一步,确定客户单位时间的订货量。单位时间可选取月度、季度或年度,订货量根据历史统计数据获得,也可以是预测值。

第二步,确定本企业的标准信用期限。标准信用期限一般是以本地区本行业的一般信用期限为参考值,再根据本企业的实际情况等因素进行调整。

第三步,计算最大信用额度。如以季度为例,则计算公式为

$$最大信用额度 = 季度订货量 \times 标准信用期限 \div 90$$

第四步,修正信用限额。计算公式为

$$信用限额 = 最大信用额度 \times 风险修正系数$$

其中,风险修正系数是依据客户的信用等级或信用记录确定得到的。不同行业修正系数各不相同,需要专业人员进行分析总结。

采用何种方法计算企业客户的最高授信额度要视企业所处的外部情况和自身条件而定。而且要随着市场供求和宏观经济的变化情况,对所确定的客户授信额度进行不断修正。

(四)现金折扣

现金折扣是企业销售商品时向客户提供的价格优惠,即企业对客户在商品价格上所做的扣减,目的在于激励客户为享受优惠而提前付款,缩短平均收款期。通常,企业给予客户的折扣包括两种情况:一是对付现的客户给予价格上的折扣,以鼓励客户进行现金交易;二是在信用销售方式下,对在规定的时限内付款的客户给予发票金额的折扣,以鼓励客户尽快付款。

现金折扣与销售额和应收账款规模有密切的关系。首先,现金折扣对客户有相当的吸引力,优惠的折扣会促使销售额不断增加,应收账款持有水平亦不断提高;同时,折扣率越高则越能鼓励客户尽早偿付货款,又会在一定程度上减小应收账款的持有规模。现金折扣期限也会影响应收账款的持有规模,较长的折扣期限会延长收款的时间。

现金折扣为企业和客户带来益处的同时,也会产生成本,并且不同的现金折扣所产生的收益与成本是不同的。其所带来的收益在于:一是可以吸引新顾客以提高销售收入;二是可以促使老顾客提前付款,从而降低平均收账期,减少应收账款规模。提供现金折扣所产生的成本主要是由于产品的边际贡献率会因现金折扣的提高而降低,导致销售收入减少。最佳的现金折扣应是它所带来的边际收益等于其边际成本。

最优信用政策确定因素如图6-5所示。

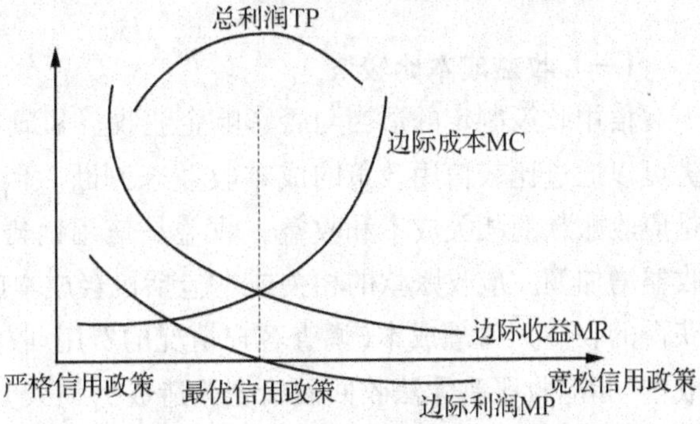

图6-5 最优信用政策确定因素

企业给予客户的现金折扣包含两个要素:折扣期限和折扣率。折扣期限是指客户在多长时间内付清应付账款便可以取得

折扣优惠。折扣率是指在折扣期间内给予客户多大的折扣，通常是按照信用销售额度的一定比例进行计算。企业可以根据自身实际情况确定折扣期限和折扣率，折扣普遍采用如“a/n_1，b/n_2，c/n_3”的形式表示，斜杠号前数字表示可以享受的价格优惠，斜杠号后数字表示付款期限。现金折扣率与折扣期限呈反比例变化，即折扣期限越短，折扣率越高；反之，折扣期限越长，折扣率越低。

现金折扣虽然可以刺激客户提前付款，但也会造成营利的损失，所以企业在采用现金折扣时要仔细分析，不应经常使用，要结合信用期限一起搭配使用。

三、收账政策

（一）收账政策的含义

收账政策是指当客户违反信用销售合同，拖欠甚至拒付账款时，信用管理部门应当采取的收账策略与措施，是企业对信用管理部门如何处置失信违约客户的一种授权。经验丰富的信用管理人员能够在收账政策允许的范围内灵活行事，在尽可能不彻底得罪客户的基础上，取得某种最大的收账效果。收账政策比较详尽地规定出允许信用管理部门采用的收账方法。信用管理部门应以企业收账政策为依据，针对客户的特定情况设计出对逾期应收账款的追收操作办法。

（二）收账政策的内容

收账政策的具体内容为指导企业信用管理部门的日常催账程序，包括合同期内的应收账款管理、商账诊断、商账催收、商账追收、追账成本控制、法律方法处理违约客户和申报坏账等的实际操作。此外还应该包括对客户延期还款的申请批准和在延展期内对客户进行管理的一系列方法措施。

收账政策的松紧程度应该设置在适宜的范围之内。如果收账政策过于积极，应收账款的机会成本和坏账损失的风险会被降低，但收账费用势必增加，而且有可能损害与客户的关系；如果收账政策过于消极，则不能实现理想的收账效果，企业成本和风险都有增加的趋势。总而言之，企业设置收账政策也是对相应的成本收益进行权衡之后做出的最优决策。

四、企业信用政策的评价

（一）收益成本比较法

信用政策制定的适当与否影响企业收益和成本的增加，因此评价企业信用政策的优劣可以通过比较信用政策的成本收益来判断。信用政策给企业增加的成本和收益主要是应收账款的相关成本和收益。收益是信用销售给企业创造的收入扣除销售成本后的收益增加额。应收账款的相关成本包括机会成本（指企业的应收账款用于其他投资可能获得的收益）、管理成本（调查客户情况的费用、收集各种信息的费用、人员工资等）、坏账成本（指应收账款无法收回而给企业造成的损失）、收账成本（应收账款的正常收账费用和对逾期应收账款的催收费用）等。

比较企业持有应收账款的成本和收益，使企业净收益达到最大的信用政策便是最佳信用政策。

(二) DSO 指标法

DSO(days sales outstanding)是指应收账款销售变现天数,即企业收回应收账款的平均天数。DSO 指标为不管企业对客户的信用期限多长,企业实际收回全部赊销货物产生的应收账款平均需要的天数。

DSO 指标主要有 3 种计算方法:

1. 期间平均法

这种方法最简便,误差也最大。

DSO = (期末应收账款余额/当期销售额) × 当期销售天数

计算期间可以是季度、半年或一年。最典型的是计算年度 DSO,用期末应收账款除以总销售额再乘以 365 天,可以求得年度 DSO。采用此法计算 DSO 的目的是为了进行横向比较和纵向比较,用这个数据与本企业前几个年度进行比较,可以得知本年度的现金回收速度变化,从而为下一年目标的制定做准备,也可以用这个数据与其他企业进行比较,考察本企业的信用管理是否优于同类企业。

2. 倒推法

倒推法是从最近的一个月开始,用总的应收账款余额逐月减去销售额,直到总应收账款余额为零时,再查看减去的总天数,这个总天数即为 DSO。该法的使用率最高,能最准确地反映每个月的 DSO 变化,从而使企业及时做出安排。如果本月 DSO 较上月减少,说明账款回收业绩提高;如果本月 DSO 较上月增加,说明收款速度放慢,资金被更多地占用,需要更严格的审查额度和加大追款力度。倒推法的缺点是无法了解每笔被拖欠货款的账龄。

3. 账龄分类计算法

这种方法综合考虑赊销额和账龄的关系,对一段期间内不同账龄的应收账款分别用期间平均法计算 DSO,最后将其进行加总,得到整个期间的 DSO。在运用这种方法计算 DSO 时,可以对每笔应收账款进行掌控,并通过计算每个阶段应收账款的比例,发现拖欠的原因和解决方法。用账龄分类计算法得出的 DSO 数据也存在一定误差。

【例题】 某企业于 2010 年 3 月采用新的销售信用政策,上半年企业销售情况如表 6-3 所示。

表 6-3　某企业 2010 年上半年销售情况表

万元

	1月	2月	3月	4月	5月	6月
平均日销售额	23	21	20	22	20	22
销售天数	31	28	31	30	31	30
销售总额	713	588	620	660	620	660
其中未收账款	360	250	280	300	240	310

根据上述资料按前述 3 种方法计算的 DSO 指标如下。

1. 用期间平均法计算

第一季度总销售额:713 + 588 + 620 = 1 921(万元)

第一季度应收账款余额:360 + 250 + 280 = 890(万元)

第一季度销售天数:31 +28 +31 =90(天)

第一季度的 DSO:(890/1 921) ×90 =41.70(天)

第二季度总销售额:660 +620 +660 =1 940(万元)

第二季度应收账款余额:300 +240 +310 =850(万元)

第二季度销售天数:30 +31 +30 =91(天)

第二季度的 DSO:(850/1 940) ×91 =39.87(天)

2. 用倒推法计算

第一季度应收账款总额为 890 万元,减去 3 月份的销售额 620 万元,剩余 270 万元,相当于 2 月份 12.85 天的销售额,故第一季度的 DSO 为 43.85 天(31 +12.85);

第二季度应收账款总额为 850 万元,减去 6 月份的销售额 660 万元,剩余 190 万元,相当于 5 月份 9.5 天的销售额,故第二季度的 DSO 为 39.5 天(30 +9.5)。

3. 账龄分类计算法

具体计算过程见表 6-4。

表 6-4 账龄分类计算法计算所得 2010 年上半年各指标数据

万元

	1 月	2 月	3 月	4 月	5 月	6 月
平均日销售额	23	21	20	22	20	22
销售天数	31	28	31	30	31	30
总销售额	713	588	620	660	620	660
其中未收账款	360	250	280	300	240	310
货款在外天数	15.65	11.90	14.00	13.64	12.00	14.09

由表 6-4 可得:

第一季度的 DSO:15.65 +11.90 +14.00 =41.56(天)

第二季度的 DSO:13.64 +12.00 +14.09 =39.73(天)

可以发现该企业 2010 年第二季度的 DSO 指标小于第一季度,说明企业的客户群实际付款速度有所提升,反过来证明了第二季度采用的新信用政策要优于旧政策。

第四节 应收账款的管理

一、应收账款管理目标

应收账款管理的最终目标是足额、按时收回账款,实现持有应收账款成本最小化和应收账款收益最大化,降低和规避信用风险,维系良好的客户关系,达到应收账款的最佳流动性和效益性。应收账款管理的基本目标是在提高企业竞争能力、扩大销售的同时,尽可能降低机会成本、坏账损失和管理成本,最大限度地提高应收账款投资收益。

应收账款管理的具体目标是:

(1) 支持营运资金。应收账款是流动性仅次于现金和短期有价证券的营运资金,如果收款滞后,企业可能要通过贷款来支持正常运营。为避免企业出现资金短缺现象,必须加强对应收账款的管理,密切关注企业的财务状况,制定合理的收款政策,保证企业营运资金按时到位。

(2) 减少管理成本和坏账。应收账款的管理成本包括企业维系应收账款管理系统发生的费用和应收账款的收账费用。一般来说,维系企业应收账款管理系统所发生的费用是相对固定的,其变化是跳跃性的,随应收账款规模的数量级变化而变化。因此要注意控制包括电话费、邮寄费、法律费用、差旅费以及人员工资等在内的各项费用。账款拖欠的时间越长,收回的可能性就越小,产生的费用就越高。因此必须采取更周全的收款措施将账款收回。

应收账款无法收回就产生了坏账损失,坏账的产生与企业的应收账款管理水平直接相关,坏账比例过高,就会影响企业的正常运营,甚至威胁到企业的生存发展。加强应收账款的管理是减少坏账损失的有效途径,可实现坏账损失最小化。

(3) 维持良好的客户关系。在收账过程中应尽量维持良好的客户关系,同时保护客户的声誉。客户不付款的原因不一定是缺乏付款能力,很可能是失误引起的,要加强与客户的沟通,并根据客户拖欠的实际情况妥善解决因失误产生的暂时性问题,以恢复与客户的正常关系。维护良好的客户关系,不仅可以保持与好客户的长期合作关系,而且可以提高企业在业界的声誉。

(4) 恢复客户还款计划。当客户没有及时结清账款、出现拖欠的现象时,企业要与客户一起分析其拖欠原因,帮助客户制订实际可行的还款计划,在尽量减小企业损失的前提下,帮助客户提高信用,使受益客户与企业保持良好的长期合作关系。客户延迟付款的原因可能是负债过高、对债务持不在乎的态度或者是过度扩张,企业可以帮助客户确定总债务、分析收入来源,以使客户恢复还款计划。

(5) 协助扩大信用销售规模。信誉良好的客户都愿意及时还款,以便获得企业更高的信用销售额度。在应收账款管理过程中,应尽量保持良好的收款工作,促进信用销售规模的稳步扩张。如果因收款不当而产生使客户不愉快的现象,导致客户转向其他销售商,这将是企业莫大的损失。

二、应收账款管理流程

应收账款管理涉及多个部门,因而周期长、情况复杂,需要有一套标准、规范、科学的流程。

(一) 应收账款记账流程

该流程是指应收账款的确认、记账,收账以后的销账,以及坏账核销,具体包括:

(1) 应收账款的确认规则;

(2) 应收账款记账的时间、依据凭证、人员工作程序;

(3) 销账的时间、依据凭证、人员工作程序;

(4) 坏账记提与核销的政策、程序等。

(二) 应收账款监控流程

(1) 应收账款的日常管理、人员的工作程序;

(2) 应收账款的质量分析;

（3）应收账款的定期核对、调账；

（4）大额应收账款形成的原因、状况调查与分析；

（5）相关资料的搜集、整理与保管等。

（三）逾期应收账款的催收流程

（1）逾期应收账款的确认；

（2）逾期应收账款的分析及诊断；

（3）逾期应收账款的处理原则；

（4）逾期应收账款的催收方法、程序和技巧等。

（四）应收账款管理的职责划分与绩效考核流程

（1）确定参与应收账款管理的组织、人员；

（2）明确各组织与人员在应收账款管理中的目标、权限与职责；

（3）制定对各组织与人员的考核办法、执行方式等。

通过对企业应收账款管理的流程分析，明确企业应收账款管理的能力水平，为信用政策的制定和应收账款管理能力的提高提供依据。

三、应收账款持有水平的控制

企业持有的应收账款具有双重性：一方面，应收账款的持有额直接决定着销售收入规模，较高的应收账款持有额往往对应于较高的销售收入；另一方面，应收账款持有水平的高低又决定着持有成本的大小，较高的应收账款持有额会带来较高的持有成本。应收账款管理的目标就是要在二者之间进行权衡，在努力确保应收账款流动性、减少坏账损失的同时，最大限度地提高企业效益和价值。为此，企业应科学地控制应收账款的持有水平。控制应收账款持有水平的关键点是企业要根据自身实际情况确定一个最佳信用销售规模，比较适用的测算方法是最小成本法。

最小成本法的原理是：企业持有应收账款必然发生管理成本、机会成本和坏账损失，而且应收账款持有规模与此3种变量之间以及销售收入均成正向变化关系。反之，企业如果拒绝信用销售方式，或是在较严格的信用政策下进行信用销售，应收账款持有额将会减小，从而营业收入减少，进而销售收入净值减少，这将产生一种机会损失——即企业应收账款持有水平过低造成的短缺成本。应收账款持有额与这种短缺成本之间成反比例变化关系。上述各种变量之间的变化关系可如图6-6所示。

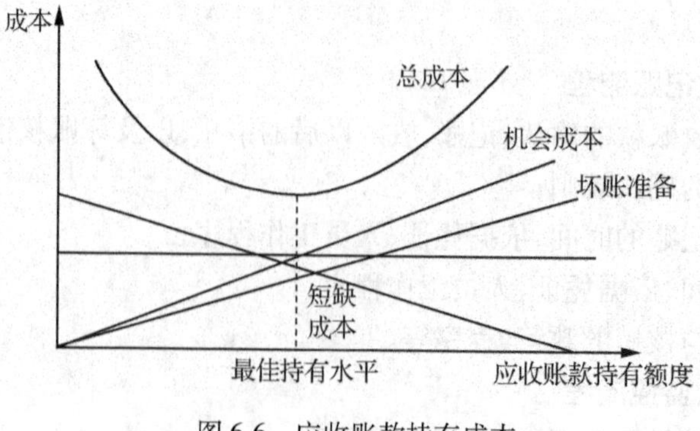

图6-6　应收账款持有成本

由图6-6可知,4种成本曲线相叠加形成的应收账款相关总成本呈U形曲线变化,与该曲线最低点相对应的应收账款额度就是企业应收账款的最佳持有水平。

四、未到期应收账款的管理

(一) 准确报价,进行定价管理

报价是将一个产品或一项服务的正式价格报给目前客户或潜在客户的过程。清楚、完整的报价是高质量地满足客户订货和准确开具发票的基础。报价决定产品或服务提供的可行性和可交易性,是信用销售双方一致同意的交易条款和条件的清晰表达。

准确定价是成功管理应收账款的决定性因素,科学合理的定价管理必须做到以下几点:(1)尽可能使用简单的定价方案;(2)确保提供的所有产品和服务都有一个独立的产品标号和价格;(3)确保定价主文档和个别客户价格安排的所有要素的快捷和有效;(4)确保促销定价置于安全的控制下;(5)确保所有合同价格和价格安排的变化能在生效之前进行充分沟通;(6)采用合理的争议管理程序来解决定价和其他争议。

准确的报价和科学合理的定价管理,是满足客户订货和准确开具发票的第一步,对进行信用销售产生的应收账款管理具有重大意义,能够有效地避免事后很多不必要的纠纷和争议,提高应收账款管理的有效性。

(二) 确定客户签署"收货确认单",进行合同管理

企业应该备有"收货确认单",在客户提货或送货上门时,送货人员必须要求客户确认收货单内容,并在单据上签字或盖章。这种单据是一种证据,代表客户已经初步验货,这对未来的收款很重要。

合同是信用销售双方协商一致的交易证明,规定了在合同有效期内收到订单的交易条款和条件。合同管理最重要的就是要建立一个合同系统,对于即将到期的合同及时续签,交易条款和条件确保随时更新,同时将积压订货的价格变化反映在合同系统中。

"收货确认单"的签署和严格的合同管理,能有效避免客户延迟付款和付款不足现象的发生,减少许多不必要的重复性工作。

(三) 及时与客户沟通

在大量拖欠货款的案例中,产生纠纷的原因主要为客户错误理解合同中的信用销售条款、货物质量、包装、运输、交货期、结算方式等,也包括合同的漏洞。所以,企业要及时与客户沟通,了解客户的抱怨和要求,及时协调有关部门采取补救措施,这样可以减少应收账款向拖欠方向发展。具体的做法是在信用销售的5个工作日后,联系购货客户的验货部门或使用单位,确认客户的满意度是否达到合同要求。

(四) 尽早发现客户经营或产权发生重大变化的征兆

企业要通过各种信息渠道动态跟踪客户,及时了解客户企业的经营状况和产权状况发生的变化。例如,客户发生了经济纠纷、大规模的销售活动失败、进行并购谈判等,上述情况的发生都会影响应收账款回收的可能性。一旦发生上述情况,企业要及早采取信用风险转移手段来减少坏账损失。

(五) 培养客户正常付款的习惯

企业要设计一个适合自身的工作程序,有步骤地与客户沟通,培养客户到期正常付款的良好习惯。一般来说,债务人总是优先将货款支付给管理严格的债权人。

（六）在合同即将到期前提示客户付款

对于信用销售产生的应收账款，客户的付款行为一般分为如下几类：收到货很快付款、快到期才付款、被提醒后才付款、受到强催款压力后才付款、恶意拖欠不愿付款。经验表明，第二类客户和第三类客户占客户总数的绝大多数，因此企业要对客户进行分类，并在应收账款到期前的5个工作日内通知客户会计部门，提示合同的到期时间和额度，让客户财务人员安排资金，将应付货款及时调入准备付款的账户内。

（七）调整应收账款的账龄结构

由于应收账款的发生是持续不断的，所以其时间分布是不同的，有些账龄较长，有些账龄较短，企业所持应收账款的不同时间分布，意味着不同的应收账款质量、坏账风险和管理费用。按照账龄对应收账款的分级包括合同期内的应收账款、预警期内的应收账款、到期应收账款、逾期应收账款、最后通牒期的逾期应收账款、付诸专业追账的逾期应收账款、付诸法律的逾期应收账款和坏账。

（八）不断完善收账政策

当企业应收账款遭到客户拖欠或拒付时，企业应当首先分析现行的信用标准及信用审批制度是否存在漏洞，然后对违约客户的资信等级重新调查和确认。对于恶意拖欠、信用品质差的客户应当从信用名单中除名，不再对其授信，并加紧催收欠款。如果催收没有结果，可与其他经常被该客户拖欠或拒付款项的企业联合向法院起诉，以收集更多的有力证据。对于信用记录一向正常甚至良好的客户，在去电发函的基础上，再派人与其面对面地沟通、协商，争取在延续、增进相互业务关系的情况下妥善解决账款拖欠问题。

五、逾期应收账款的管理

（一）逾期应收账款成因分析

逾期应收账款的产生有外部原因，也有企业内部管理原因，可归结为政策性拖欠、客观性拖欠和管理性拖欠3种。主要是管理性拖欠，表现为客户和企业自身两个方面。从客户角度看，可能是客户遇到了财务困难，或是客户恶意拖欠，或是不可抗拒的自然因素使客户失去偿付能力。从企业自身看，与忽视信用管理或信用管理手段欠缺有着密切关系。一般而言，一个企业如果设立了完善的信用管理部门，其信用销售产生的逾期应收账款的比例就比较低，坏账发生率应不超过年应收账款总额的5%，一般在3%以下。下面从上述两个方面进行具体分析。

1. 客户方面的原因

（1）管理松懈型拖欠。一些客户由于内部管理松懈，财务人员对其工作也并不关心以致忘记付款，这种情况需要在合同到期前提前提醒客户按时还款。有的客户会因为货款金额很小而不按时还款，而是待货款积累到一定数额才履行支付，这时更需要做好及时提醒还款工作，确保即使是小额货款也不被漏掉。

（2）习惯性拖欠。很多账款的拖欠没有任何理由，客户总是按照自己的意愿在账款逾期一段时间后才支付。习惯性拖欠产生的原因可能是行业普遍的支付惯例，也可能是客户内部的付款政策。这种习惯性拖欠是所有拖欠中最普遍、最常见的一种。有习惯性拖欠的客户可能是企业的老客户或大客户，没有任何坏账风险，却总是拖欠一段时间后才偿还欠款。针对这种情况,企业应尽最大努力和客户的付款负责人沟通,逐渐改变客户不良的付款习惯,提高收现率。

(3) 纠纷型拖欠。客户认为货物存在质量问题,要求退货或扣除部分货款,在遭到拒绝后,便以此理由拒付账款使账款逾期。如果客户提出质量问题,企业应认真向相关部门核实。如果确实为企业产品自身的质量问题,则必须及时向客户承认错误,全力缓和客户的不满心理,最大限度地取得客户的谅解,并使货款能尽快回收。如果客户提出的质量争议系拖欠的借口,企业应礼貌而坚定地拒绝客户的拒付要求,并加大催收账款的工作力度。

(4) 衰落型拖欠。有些夕阳行业随着行业的衰落而衰落,这些行业中有些客户的产品逐渐被其他更优质的产品替代。这时,由于产品逐渐滞销,客户向上游企业购买的原材料也逐渐减少,货款支付速度也逐渐放慢。由于客户的衰落是缓慢和可预见的,因此只要企业定期监测客户的财务状况和付款能力,按照客户的付款能力逐渐调整信用额度,密切跟踪客户,就能够保证账款的及时、全额回收。

(5) 发展型拖欠。一些客户由于发展速度过快,将现金流投入到固定资产或其他投资领域中,造成现金流严重不足,进而将风险转嫁给供货商。这是非常危险的拖欠。因为在很多时候,企业就是因为过度经营和盲目扩张而导致迅速衰败甚至倒闭的。当客户逾期账款过多,而又大规模举债用于投资,资产负债率已远高于行业平均水平,债务过重或有借款不还,自有资金严重不足时,应对客户偿付能力进行详细分析。如果客户的财务状况明显恶化,现金流很可能发生断裂,此时应果断降低或暂时取消授信额度,同时加紧追收逾期账款,努力降低客户的信用风险。

(6) 蓄意欺诈型拖欠。这是最糟糕的欠款类型。客户采用故意迁址、转移资产来逃避付款,或者出于侥幸心理,对货款一拖再拖,甚至蓄意欺诈。针对这种拖欠,企业除了要与客户随时保持联系,还要保证企业收账政策的严格执行,甚至不惜诉诸法律。当然,客户有时拖欠付款也并非出于恶意,而是经营上的原因。在这种情况下,面对其众多的债权人,客户总是选择那些对应收账款管理严格的债权人优先付款,对应收账款追收不严的债权人,客户会采用能拖则拖的侥幸心理,所以企业要制定合理的收账政策,以避免这种心存侥幸的拖欠行为。

2. 企业自身的原因

(1) 信用管理制度欠缺。企业信用管理制度上的欠缺是产生逾期应收账款的重要原因。企业要加强客户资信调查,合理授信,对客户全程跟踪,保持与客户的联系,做好货款到期前的及时提醒工作,对已逾期的应收账款采取有效的措施。

(2) 赊销合同存在漏洞,约定条款欠妥。在赊销合同中,如果使用的付款条款和结算方式条款不当,或者赊销合同出现漏洞,如合同中没有约定质量检验期限等保护性条款,就会造成客户拖欠。因此,任何交易在进行前,都应该签订严谨的经济合同,并尽可能在合同中设置保护性条款。

(3) 企业与客户沟通发生障碍。实际中大量货款拖欠案件往往是由于出现货物质量、包装、运输、货运期以及结算上的纠纷而产生的,而这些纠纷往往是因为买卖双方没有及时沟通造成的。

（二）逾期应收账款的特征分析

1. 债权特征分析

债权特征是应收账款催收的主要依据，也是确定对方法律责任的重要依据，可以衡量逾期账款的债权确定程度。债权特征包括债权文件、债务确认、债务关联和债务认同4个方面的因素。

（1）债权文件。指交易双方所有与债权有关的往来文件，包括合同、发票、提货单、双方往来函电、还款承诺协议等。没有或缺少这些具有法律效力的文件，企业逾期欠款的追收工作将很难开展，甚至无法进行。

（2）债务确认。主要指债务人对债务的确认程度，即是否有债务人签署的还款承诺协议。

（3）债务关联。主要指拖欠账款所涉及的当事人或中间人的数量和关联程度，明确关联对象在债务中的地位和关系。

（4）债务认同。主要指债权债务双方在债务认识上的差异，如果双方在认识上有分歧，应该与客户进一步沟通，分析客户对债务的认同情况，避免拖欠程度加重。

2. 拖欠特征分析

拖欠特征主要是指逾期账款发生的具体表现情况，主要由拖欠时间、拖欠地点、交易内容和拖欠性质构成。及时、准确地了解债务发生的全过程和拖欠细节，对企业处理拖欠款有很大帮助，直接影响到追收成功率。

（1）拖欠时间。即应收账款到期日至评估日的时间。拖欠时间是判断账款质量的主要因素之一，对追收工作有非常重要的影响。根据国际收账组织的测算，账款拖欠时间与平均收款成功率成反比（如表6-5所示）。经验表明，如果欠款拖至一年则回收质量锐减，成功率仅为26.6%，如果超出两年就只有13.6%了。所以从企业切身利益考虑，应及早采取行动追收账款以减少损失。

表6-5　账款拖欠时间与平均收款成功率的关系

拖欠时间	立即追讨	1个月	2个月	3个月	6个月	9个月	1年	2年
平均收款成功率（%）	98.2	93.8	86.2	73.6	57.8	42.8	26.6	13.6

（2）拖欠地点。债务人所在地或实施追账地点的确认直接影响债权追讨方式，距离远的债务，采用电话追讨会节约成本；距离近的债务，采用上门追讨的方式则可以提高追账成功率。

（3）交易内容。即分析交易所涉及的行业、产品和背景。不同的行业和产品具有不同的特点，把握这些因素有助于正确预测该客户的未来发展趋势，并为调整追讨策略提供有益的帮助。

（4）拖欠性质。即分析客户拖欠账款的真实原因。应根据客户拖欠的具体原因和性质，采取不同的追讨方法和对策。

3. 债务人特征分析

债务人特征是衡量债务人偿债可能性大小的重要因素。主要体现在债务人背景、信用情况、偿还能力、偿还意愿4个方面。

（1）债务人背景。包括债务人的上级管理部门、历史发展状况、股权结构、高管人员背景等。

(2) 信用情况。包括债务人以往的付款、诉讼、信贷情况,拖欠是某些客户的一贯做法,曾经的不良记录会让追账人员更加谨慎。

(3) 偿还能力。债务人偿还能力的大小影响追账的方式和力度。债权人可以根据债务人的银行存款、其他债务、固定资产、其他权益等分析和判断其实际支付能力,然后决定逾期账款的处理方式。

(4) 偿还意愿。债务人偿还债务的意愿是追账成功与否的决定性因素之一。因此认真分析客户的信用意识对解决债务问题十分重要。

在对上述各项因素进行综合分析以后,对逾期账款可收回性作出评估,从而为债权处理及应采取的追讨措施提供决策依据,明确收账程序,把握最好的追账时机,最大限度地挽回呆账、坏账损失。

(三) 逾期应收账款的追收

逾期应收账款的追收是一项技巧性工作。企业信用管理部门可以根据企业和行业的自身情况,设立不同层次的逾期应收账款的追收目标。逾期应收账款的收账程序包括提示、追账队伍的催收、委托专业追账机构追收、法律诉讼4个环节。逾期应收账款的催收程序从应收账款到期开始,采用多样化的、逐渐增强的催收措施:(1)先通过信函、电话、传真或电报等方式提醒客户付款期已到,应予付款;(2)如仍未收到欠款则通过欠款客户的反馈分析原因(应收账款发生原因和无法收回的原因),寻找对策;(3)通过函电或专程上门实施催收,同时逐步增强对欠款客户的压力,如采取停止为客户提供产品和服务、正式警告、面谈催收乃至发出最后通牒等措施;(4)在上述催收措施失效以后,委托征信公司追账或诉诸法律予以解决。

第五节 客户信用风险预警机制

一、客户信用风险预警机制的作用

通常情况下,客户信用状况发生变化或出现恶化前会有一些征兆,企业借助于信用风险预警机制对客户即将发生的风险征兆作出初步判断,并发出警示,以便采取相应措施,防患于未然。信用风险预警机制的作用是:

(1) 预测客户信用风险产生的原因、潜在影响程度及后果;

(2) 警示客户信用风险征兆,为纠正信用偏差、避免客户信用陷入危机提供依据;

(3) 纠正客户在生产经营活动中可能引发信用风险的行为,有效防范信用风险的产生;

(4) 可以为其他客户规避类似信用风险提供可资借鉴的经验,起到免疫作用。

二、客户信用风险预警决策支持系统

(一) 客户信用风险预警决策支持系统的基本结构

客户信用风险预警决策支持系统就是通过对客户信用信息的实时监控,对客户信用

等级的迁移和履约能力的变化产生响应，为企业信用管理部门和企业管理者提供决策支持。信用风险预警决策支持系统是一个3层的体系结构：

1. 知识支持层

包括：(1)指标库。主要包含客户信用预警指标体系各特征变量的名称、各特征变量的数据格式和数据处理规则等。指标库为数据预处理子系统提供知识支持。(2)规则库。主要包含客户信用风险识别规则。(3)模型库。主要包含风险预警指标体系的建立和信用风险识别模型或方法技术。规则库和模型库为数据分析子系统提供知识支持。

2. 数据处理层

数据预处理子系统负责对客户信用数据进行预处理。包括：(1)数据审核，即确定数据的合法性、噪声数据的处理和数据的规范化处理。(2)数据分析子系统，负责数据的分析处理，主要过程包括借款人信用等级迁移和履约能力的判断、新识别规则的提取。

3. 决策支持层

决策支持层主要指决策库，是针对客户信用等级的迁移与履约能力变化作出的响应策略，如保持策略、增加或降低授信额度策略等。

(二) 客户信用风险预警决策支持系统的执行过程

客户信用风险预警机制是能使企业及时发现客户信用风险征兆信号，并将这些信号与信用风险的产生建立对应联系的管理系统。包括客户信用风险信息收集、加工，以及客户信用风险防范、警报、管理等子系统。如图6-7所示。

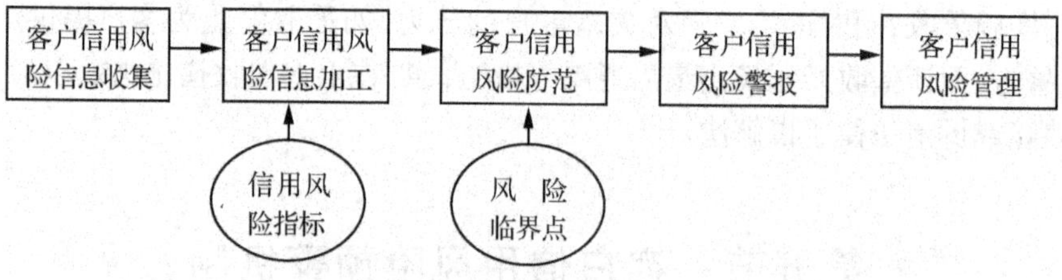

图6-7 企业信用风险预警机制

1. 信用风险信息收集子系统

信用风险信息收集子系统主要是收集反映客户信用状况的相关信息。主要有：(1)品德方面，包括诚信意识、欠税、逃漏税、侵犯知识产权、诉讼等记录；(2)生产经营方面，包括原材料购进价格、数量，发出或接受订单的价格条件及数量；(3)支付异常信息，包括不顾合同提前交货并要求提前付款，要求变更货款支付方式与条件；(4)资产存量变动异常信息；(5)财务报表失真，内部财务账目混乱，不能真实反映企业财务状况；(6)经营利润锐减，甚至亏损，产成品存货过多，资金严重不足，难以应付日常周转；(7)应收账款(赊销)数量过大；(8)债务巨大，造成资不抵债；(9)固定资产过大，投资效率低；(10)市场经营成本过大，经营效率低。

2. 信用风险信息加工子系统

信用风险信息经过整理和归类后，使所收集到的信息更加清晰及条理化，有助于企业从整体上把握客户信用风险信息。

通过对风险信息进行整理、归类及有效的识别，将其转化为可以量化进行分析判断的相关指标，形成衡量信用风险预警指标体系(见表6-6)。

表 6-6 客户信用风险预警指标体系及其临界点

预警指标 \ 风险发生程度	可能性大	有可能发生	不大可能发生
银行记录	差	一般	优良
偿债记录	逾期超过 3 个月	逾期 1~3 个月	到期或逾期 1 个月以内
资产负债率	≥80%	50%~80%	≤50%
流动比率	≤90%	90%~130%	≥130%
经营性现金净流量	<0	0	>0
现金流动负债比率	≤0	0~20%	≥20%
利息保障倍数	≤1	1~4	≥4
资产报酬率	≤5%	5%~8%	≥8%
净资产收益率	≤4%	4%~12%	≥12%
存货周转率	≤150%	150%~300%	≥300%
销售收入增长率	≤5%	5%~11%	≥11%
净利润增长率	≤3%	3%~8%	≥8%
净资产增长率	≤5%	5%~10%	≥10%
客户(经营者或业主)素质	经验缺乏,销售收入减少,社会信誉差	经验一般,销售收入停滞,社会声誉一般	经验丰富,销售收入逐年扩大,业绩显著,社会声誉良好
管理水平	管理混乱,财务制度不规范,财务报表失真,诉讼多	管理较宽松,财务制度、财务报表质量一般,有少量诉讼	管理严格,治理结构完善,财务制度规范,财务报表真实,无诉讼
发展前景	经营战略模糊,行业前景不好,产品竞争力、市场占有率、融资能力、技术水平均较差	经营战略模糊、行业前景、产品竞争力、市场占有率、融资能力、技术水平均一般	经营战略明确,行业前景好,产品竞争力强、市场占有率高、融资能力强、技术水平先进

注:本表各指标临界值主要参考了《企业信用危机的预警及管理》(韩国丽,《武汉大学学报》,2005年第 1 期)一文和《贷款风险分类原理与实务》(《贷款风险分类原理与实务》编写组编,中国金融出版社,1998 年)一书。

3. 信用风险预警子系统

信用风险预警是根据事先设定的一系列预警指标的临界点进行量化综合评价后进行预警决策。表 6-7 中列示了反映客户信用状况的有关指标并设置不同的权重,每项指标又分优良、一般、差 3 种临界状态,可以对不同状态给予相应的分值。设 F 为信用风险预警决策值,f_i 为每项指标的分值,w_i 为每项指标的权重,则 $F = \sum_{i=1}^{n} w_i f_i$,然后根据客户所处的不同临界点,将其划分为 3 个不同的风险预警级别(见表 6-7),为进行有效的信用风险防范和控制提供参考。

表 6-7 企业信用风险预警级别及防范

信用风险发生的可能性	可能性大	有可能发生	不大可能发生
信用风险级别	红色	黄色	绿色
信用风险防范要求	高度关注,阻止风险产生	特别监测,警惕风险发生	注意监测,避免信用状况恶化

4. 信用风险防范控制子系统

该子系统的基本作用就是信用管理部门根据客户所处的预警级别，及时向本企业经营决策层和销售、财务等部门发出准确的警报，使企业上下和各相关部门各司其职，及时采取有效措施，果断切断风险源，防范和控制信用风险。

本章小结

企业信用是现代信用体系中的重要形式，包括赊销、预付货款、分期付款等具体形式。企业信用管理是对企业的授信活动和授信决策进行的科学管理，有广义和狭义之分。广义的企业信用管理是指企业为获得他人提供的信用或授予他人信用而进行的以筹资或投资为目的的管理活动。狭义的企业信用管理是指企业以信用销售为主要内容的管理活动。企业信用管理的目标就是力求企业实现销售最大化的同时，最大限度降低信用风险、提高企业效益和价值。

企业信用政策是指导企业信用管理工作及其相关活动的基本准则。广义的企业信用政策包括企业信用管理部门的工作目标、信用管理部门的建立、信用额度的确定、收账政策的制定、对信用管理工作的评价等。狭义的信用政策专指应收账款管理政策。信用政策主要包括信用标准、信用期限、信用额度和现金折扣 4 个方面。企业信用政策的评价方法有收益成本比较法和 DSO 指标法。

收账政策是指当客户违反信用销售合同，拖欠甚至拒付账款时，信用管理部门应当采取的收账策略与措施。收账政策包括合同期内的应收账款管理、商账诊断、商账催收、商账追收、追账成本控制、诉讼处理和申报坏账等实际操作。

应收账款管理的目标是足额、按时收回账款，实现持有应收账款成本最小化和应收账款收益最大化，降低和规避信用风险，达到应收账款的最佳流动性和效益性。企业应科学地控制应收账款的持有水平，其控制的关键点是要根据自身实际情况确定最佳信用销售规模。

逾期应收账款的产生有外部原因，也有企业内部管理原因，归结为政策性拖欠、客观性拖欠和管理性拖欠 3 方面。主要是管理性拖欠，表现为客户和企业自身两个方面。逾期应收账款的收账程序包括提示、追账队伍的催收、委托专业追账机构追收、法律诉讼 4 个环节。

企业要有效防范客户信用风险，应建立科学的客户信用风险预警机制。

重要概念

赊销　预付货款　企业信用政策　信用标准　信用期限　信用额度　现金折扣　DSO　应收账款　逾期应收账款　客户信用风险预警机制

思考与练习

1. 简述企业信用管理的内容、目标、功能的意义。
2. 企业信用销售政策有哪几种？试比较其优缺点。
3. 如何运用销售量法确定对单个客户的授信额度？
4. 简述应收账款管理的具体目标。
5. 简要分析应收账款持有额与持有成本之间的变动关系。
6. 简述未到期应收账款的管理要点。
7. 试析逾期应收账款的形成原因。如何追收逾期应收账款？
8. 分析逾期应收账款的特征应从哪些方面进行？
9. 如何构建客户信用风险预警机制？
10. 某企业2011年上半年的销售情况如表6-8所示。

某企业2011年上半年销售情况表

万元

	1月	2月	3月	4月	5月	6月
平均日销售额	23	21	20	22	20	22
销售天数	31	28	31	30	31	30
销售总额	656	548	720	750	760	800
其中未收账款	380	280	300	290	320	310

试根据上述资料分别用期间平均法、倒推法和账龄分类法计算DSO指标。

第七章　消费者信用管理

第一节　消费者信用概述

一、消费信用及其产生

（一）消费信用的概念

消费者信用是现代信用体系中的一种重要信用形式。它是对个人消费者提供的信用，主要有分期付款和消费贷款两种形式。分期付款是指消费者购买货物时先取货，再分期缴款。消费贷款大多采取信用放款或抵押放款的方式，如银行小额贷款、典当等。在日常生活中，人们通常把消费信用等同于消费信贷，特指金融机构向消费者个人提供的用以满足其生活消费需求的贷款。但无论采用何种定义，对消费者信用的内涵描述并无差异，即消费信用的授信对象是个人，目的是用于生活消费。区别就在于对消费信用外延的界定上，即消费信用的提供者是谁。消费信用最初产生于商品经济时期，信用提供者是企业，表现形式为商品赊销，它是由“企业—企业”到“企业—消费者”的一种商业信用的发展和延伸。到货币经济阶段，以商业银行为主的金融机构开始逐步介入消费信用的供给，并很快成为消费信用领域的主导者，此时才出现了消费信贷的信用方式，这是消费信用历史发展的产物。

（二）消费信用产生的条件

原始形态的消费信用与现代社会的消费信用是完全不同的两个概念。3 000 多年前，世界各文明古国中出现的挂账赊欠行为就是原始形态的消费信用。现代消费信用萌芽于工业化发展比较早的英国，英国在 17 世纪 20 年代开始出现这种萌芽，到了 19 世纪初，英国的消费信用已经比较普及了。美国的消费信用起源于 19 世纪中后期，1850 年前后，美国的一家缝纫机制造商采用消费信用的方式推销其蜜蜂牌缝纫机。这一时期的消费信用还没有金融机构的参与。

由金融机构全面参与支持的消费信用产生于 20 世纪初，当时，由于资本主义的发展，工业化大规模生产的迅速扩大，买方市场已经成型。1910 年，金融机构支持的分期付款式商品赊销在美国出现。1915 年，美国又出现了规模化发行信用卡的雏形。特别是

1929—1933 年蔓延整个资本主义世界的经济危机的爆发,有效需求严重小于供给的供需矛盾更加尖锐起来,在此背景下,消费信用成为扩大需求、改善供求关系的一种有效方法。由此看来,消费信用的产生必须具备以下条件:

1. 供给条件

社会经济中总供给大于总需求,卖方市场转变为买方市场,消费者具有自由选择购买的权利,厂家生产以消费者的选择为导向。

2. 需求条件

消费者对商品的心理需求和实际消费能力之间往往存在着差异,因为购买住房、汽车等大额消费常受到当前货币积累的约束,而未来的收入有满足提前消费的能力,这样,消费者就对消费信贷存有客观需求。

3. 观念条件

消费信用的产生依赖于居民的消费观念。先挣钱再消费和先消费再还款是两种不同的消费文化,前者无法适合消费信用的生存,后者才是消费信用产生的土壤。

4. 金融条件

现代消费信用必须有金融机构参与,各种金融工具的出现更是消费信用快速发展的保证。

5. 法律条件

针对消费信用,政府出台一系列专门的法律法规文件,就消费信贷的服务对象、市场准入与退出的规则、经营范围、赔偿机制、双方权利责任等制定出规范的法律制度,为消费信用的发展创造出良好的法律环境,这是消费信用健康发展的法制保障。

20 世纪 70 年代,欧美国家的信用管理相关法律体系开始形成。美国与消费信用相关的法律出台于 20 世纪 50 年代,20 世纪 70 年代美国形成了比较完整的消费信用法律体系。

二、消费信用的主要形式

根据不同的标准划分,消费信用可表现为多种不同的形式。

(一) 按提供信用机构的性质可划分为零售信用和现金信用

1. 零售信用

零售信用是由商品或劳务部门提供的信用形式。根据不同的付款方式,零售信用又可分为普通赊欠账户、零售分期付款信用、零售循环信用和专业服务信用。普通赊欠账户是最为常见的一种零售信用方式,即通常所说的赊账或挂账,主要用于价格较为便宜的非耐久性消费品;零售分期付款信用一般被用于赊销大件耐用消费品。后来随着商业银行的大规模介入,这种信用方式逐渐减少;零售循环信用的主要形式是零售商发行的赊购卡,允许消费者在事先授予的限额内,以赊购方式在其经营的商店、购物中心、连锁店中购买各种商品。零售循环信用的应用类似于商业银行或信用卡公司发行的信用卡,不同的是,它是一种仅由零售商资金支持的赊销形式;专业服务信用是专业服务机构授予消费者的一种信用,常见于律师事务所、洗衣店、美容院等服务机构。

2. 现金信用

现金信用是由金融机构提供的信用形式,主要包括分期付款式信贷和开放式循环信用工具。前者是在零售分期付款信用的基础上进一步发展起来的,其操作原理与零售分期付款信用相同,包括个人住房信贷、汽车信贷、助学贷款、旅游贷款等。开放式循环信贷的信用形式包括信用卡、信用卡透支、支票透支等。

(二)按用途可划分为住房抵押贷款和非住房贷款

住房抵押贷款是现金信用的一种,操作上具有不同于普通耐用消费品消费贷款的特殊性和复杂性。非住房贷款可分为一次性偿还贷款和分期偿还贷款两种,具体如汽车贷款、教育贷款、医疗贷款、旅游贷款等。

(三)按保证方式可划分为担保贷款和信用贷款

担保贷款又可分为抵押贷款、质押贷款和保证贷款。抵押贷款指借款者以一定的抵押品作为物品保证向银行取得的贷款;质押贷款是指贷款人按《担保法》规定的质押方式以借款人或第三人的动产或权利为质押物发放的贷款;保证贷款指贷款人按《担保法》规定的保证方式以第三人承诺在借款人不能偿还贷款本息时,按规定承担连带责任而发放的贷款。

信用贷款是指借款人无需提供任何担保或抵押而以其自身良好信用取得贷款的方式。

三、经营消费信用的主要机构

经营消费信用的机构是多样化的,特别是在消费信用比较发达的西方国家。以美国为例,其从事消费信用业务的主要机构就有零售商、专业消费信用机构、商业银行等。

(一)零售商

零售商包括提供商品和劳务的许多部门,如汽车推销商、家具推销商、百货商店、专业商店、医生等等。零售商开办消费信用有其久远的历史,在商业发展的早期就已存在。它们不是对消费者提供贷款,而是给予消费者一种在接受商品和劳务后延期支付的权利。零售商各机构通常要求消费者在接受商品或劳务后30日内付清款项,或者安排一种循环信用。零售商中最普遍的信用方式还是信用卡。

(二)专业消费信用机构

专业消费信用机构属非银行金融机构,主要包括金融公司、信用协会等。它们直接向消费者发放货币贷款,往往只经营消费信用中的某一项。专业消费信用机构大都是消费信用的开拓者。销售金融公司在汽车业刚刚兴起时就开始办理汽车贷款业务,它主要是以贴现方式从汽车经销商那里购买汽车票据。消费金融公司是根据《统一小额贷款法》成立的机构,专门经营小额个人放款。信用协会则是一个合作性质的互助组织,参加协会的人相互都有某种行业或宗教上的联系,他们在加入协会时认购股票,并可以从该机构得到比其他机构更优惠的贷款。

(三)商业银行

尽管零售商和专业消费信用机构最早进入消费信用领域,但在商业银行开展消费信用业务以后,它们的优势就逐渐受到冲击。

商业银行在传统上一直以短期商业贷款为其主要业务。除个别银行(如花旗银行和美洲银行)在20世纪20年代末成立了个人贷款部外,大部分商业银行在三四十年代才涉足消费信用领域。此后,商业银行消费信用业务发展速度很快,1941年其业务量就达到了消费信用总额的26%,仅次于销售金融公司,第二次世界大战结束后,跃居第一位。

商业银行几乎经营所有的消费信用业务,在汽车贷款、循环信用、住房贷款方面都遥遥领先于其他机构。商业银行通常要求对所贷款项提供担保品,担保品可以是贷款所资助购买的商品(如汽车和家具),也可以是储蓄支票簿、人寿保险单或不动产等。

四、消费信用的作用

(一)拉动经济增长

投资、出口和消费是拉动经济增长的"三驾马车"。其中,消费拉动的经济增长才是真实的低消耗、高效率的增长,消费拉动可以改善投资冲动引起的畸形扭曲的产业结构。

长期以来,我国的GDP增长一直依靠投资扩张来拉动,靠低效率的资源消耗来拉动经济的快速增长。长期以来,只有人们在收入水平之下的消费而几乎没有在收入水平之上的消费,这必然造成供给与需求的不对称。

投资需求与消费需求对经济增长共同起着拉动作用。短期内,投资需求的作用明显,可以快速地改善供求不平衡状况,但是从长期看,只有消费需求才能持久拉动经济增长。所以,在居民储蓄率比较高的情况下,推动消费信用,引导居民消费,可以给经济带来持续增长的动力。

当然,对于房地产等行业而言,过度的消费信用有可能会引发房地产泡沫,由此导致的房地产过度投资会使投资结构失衡,引发更深层次的经济矛盾。

(二)改变消费者消费观念

消费信用有利于满足消费者现实的需求。长期的计划经济使得中国人习惯于量入为出,消费信用的发展从某种程度上改变了人们的这种消费观念,即先消费后还款,用未来的收入来决定今天的消费支出,消费观念的改变可以更快地推动社会物质生活的丰富和发展。

(三)推进银行信贷制度的改革

长期以来,中国国有银行一统天下的金融格局导致国有商业银行一直偏好于对国有企业的信贷支持。在信贷结构方面,银行偏重于生产方面的批发信贷业务,信贷成本相对较高的零售信贷业务不被重视。消费信贷的发展对银行的信贷制度改革起着推动作用。

消费信贷的发展为银行吸收的高额储蓄寻找到了一条新的出路。首先,它可以分散银行的信贷风险;其次,有利于改善银行的资产负债结构,提高银行的盈利能力;最后,可以通过对居民的消费贷款,改善银行与居民的关系,发展优质居民客户。

(四)推动整个社会信用水平的提高

市场经济是信用经济,信用经济要求整个社会培养诚实守信的氛围。守信不能单纯靠自觉和觉悟,而要靠制度约束。消费信用不是简单的无保障的信用贷款,它有一整套严格的操作规程和法制作为约束条件,违背者将会付出不守信的代价。社会征信机构的运作使得守信者可以获得信任,为其经济活动提供了方便,为不守信者设置了从事经济活动的障碍。因此,消费信用的广泛发展可以在全社会树立起人们的诚信意识,为市场经济的发展创造更佳的社会环境。

第二节 消费者信用评价

一、消费者信用评价的基本原理

（一）消费者信用评价的“5C”原则

根据传统的信用管理理论，对消费者的信用价值进行评价所依据的是“5C”原则，即个人品行（character）、能力（capacity）、资本（capital）、抵押（collateral）和状况（condition）。应该说，“5C”原则是建立定量化信用评分的经济学依据。要按照“5C”原则进行信用调查，在于合理取得与消费者个人信用评分相关的数据，支持对于消费者的信用价值进行评估。但是，在作出授信决策之前，授信机构仍会视信用申请人的具体情况，补充进行某些特定项目的调查，以取得更翔实的数据。个人征信的“5C”项目调查内容如下：

1. 品 行

品行是一种无形的人格与道德水平的个人综合属性，属于个人形象的一部分。一个人的品行，可以通过其行为及其职业道德、对债务的偿还态度、是否尊重他人以及是否向保险公司提出不合理的索赔，或者无故退货等多方面进行评估。一个品行端正的人可能会比较信守承诺，履行信用还款义务。因此，通过一个人的品行可以衡量其还款的意愿和信用的可靠性。

考察人的品行的指标有很多。19 世纪美国的债权人看重那些直接关系到借款人偿还意愿和能力的性格特征，如诚实和荣誉感、准时性、奢侈浪费还是节俭、经验、精力、恶习（酗酒和赌博）、种族划分、婚姻状况和年龄等。这些对债务人品行的考察指标直到今天还在被重视和运用。

2. 能 力

能力是指信用申请人偿还债务的能力。衡量一个消费者偿债能力的最佳指标是其职业与收入。一个品行端正的人，虽然很乐意偿还债款，但为财力所限，有时会心有余而力不足。因此，消费者除了要有偿债意愿外，更要有偿债能力，才能被授信人划入风险低的顾客范围。偿债能力除取决于消费者的收入高低以外，消费者个人的开支状况与其他债务对其偿债也颇有影响。有时消费者的收入很高，可是花费无度，债台高筑，也将降低其偿债能力。

3. 资 本

资本是指信用申请人的财力，以其个人能够支配的资产来衡量。这些资产可能是有形的，诸如银行存款、房地产、有价证券等。有些资产是无形的，例如消费者个人所具有特殊技能和专利为社会所迫切需要。一个消费者具有这种无形资产，即使失业，也很容易再找到一份职业。

4. 抵 押

这是指当消费者不能偿付债款时，以财产所有权的让与来偿债，以及抵押资产的可变现性。通常称抵押品为消费信贷的付款保证。对于购买固定资产类的物品，抵押品也可以是消费者所购买的物品本身，如房子和汽车等。

5. 状 况

消费者的生活状况对其偿债行为是有一定影响的。消费者的工作单位所在的行业、年龄和教育程度通常可以用来衡量这项指标。另外,状况还包括信用申请人所处的客观环境,在这些客观环境发生变化后,会影响其偿债意愿及能力。例如,生活在北方的建筑工人在冬天停止大部分的野外作业,工人的收入有可能减少,使建筑工人的偿债能力会随季节而有所变化。因此,经济情况变化会影响信用申请者的偿债能力。

(二) 消费者信用评价内容

以"5C"原则为准则的消费者个人信用调查,只是为信用评价提供了一般性的框架,授信人在作出授信决策之前,还应该使用申请表收集详尽的个人资料。

1. 自然情况

个人自然情况主要考察个人的年龄、性别、教育程度、健康状况、婚姻家庭等因素,这些因素在一定程度上反映个人的信用能力和意识。(1)年龄在一定程度上能够反映一个人的成熟程度和经济实力。随着年龄的增长,人的理性将多于冲动,更稳重,信用度也较高,经济基础也比年轻人雄厚,抗风险的能力和维持信用度的物质保障能力也相对较强,因此,年龄是评估信用的一个重要因素。(2)由于社会分工角色的差异,在抗风险能力上,男性稍高于女性。(3)婚姻状况反映了一个人的家庭负担和个人的稳定程度。(4)有较高文化层次的人,容易找到理想的工作,职业具有一定的稳定性,且信用意识和保证信用的能力相对较强。(5)健康状况主要反映个人身体状况的好坏,身体健康长期欠佳会影响工作及收入,进而影响其资信。

2. 职业状况

职业决定了个人收入的高低及收入的稳定性,决定了个人在社会财产分配中的地位,职业差别还决定了个人在享受住房、医疗、养老等福利方面的差别。因此,供职于政府机关、事业单位及垄断行业的人,收入稳定,享受的福利较多,信用等级也较高。与职业相关的指标有职业、职务、工作年限、职称等。

3. 资产状况

收入水平是衡量个人履约的重要指标,除此之外,如果个人拥有一定数量和质量的资产,作为个人可靠的财富,其履约的可能性将大大提高,资信也应相对较高。个人资产主要有固定资产、住房、金融资产等。

4. 信用情况

信用情况主要考察借款人的历史信用情况,特别是考察个人在以往的经济活动中是否有失信记录,从过去判断将来的履约意愿。与此相关的指标主要有债务归还情况和信用档案记录情况等。

5. 稳定性情况

稳定性情况主要考察个人未来的发展前景以及稳定性,这是判断个人将来是否能保持信用的重要指标。反映个人发展前景的指标主要有职业前景、个人的发展潜力等;反映个人稳定性的指标主要有本地居住时间、工作流动性、未来监督的便利性等。

二、个人信用评价方法

在发达国家,对消费者个人信用的评价,以前多用定性分析,凭个人的经验和直觉判断。20 世纪五六十年代以来,统计方法和数学模型被逐渐运用起来。从而形成了主观判断法、信用评分法、模型评价法等。但由于个人信用分析的具体要素项目多且繁杂,加之其中许多属于非量化的指标,统计和数学计量模型的应用受到一定限制。目前,信用评分法中的个人信用评分表、个人信用记分制等传统方法仍然应用广泛。

(一) 主观判断法

这种方法是授信人根据借款人申请资料和过去的经验来判断借款人的信用风险程度,从而作出是否授信的决策。为了保证作出的决策比较科学,往往要综合几个信用分析人员的意见。

(二) 个人信用评分表

1. 个人信用评分表的编制

个人信用评分表就是将影响个人信用的各个基本指标(要素)进行细化,对指标体系采用心理学分段式标准,例如,对于“行业前景”,按“差、较差、一般、较好、好”分成 5 个等级,并通过一定的方法进行量化,确定评分细则,分别赋予 -4,-2,0,2,4 分,拉开档次。以此类推,得到下面系列评判表(见表 7-1,7-2,7-3,7-4,7-5)。

表 7-1 个人基本情况评分表

	0 分	1 分	2 分	3 分	4 分	5 分	6 分
年 龄		16~20 岁	21~25 岁	26~30 岁	31~40 岁	41~55 岁	56 岁以上
性 别			女	男			
教育程度		初中及以下	高中	专科	本科	硕士	博士
健康状况	差		一般		良好		
家庭负担	重	较重	一般	较轻	轻		

表 7-2 个人职业评分表

	-6 分	-4 分	-2 分	0 分	2 分	4 分	6 分
单 位	无		临时工		企业(含个体)	事业	政府
职务或职称				无	初级	中级	高级
工 龄				0~1 年	2~5 年	6~10 年	10 年以上

表 7-3 个人资产实力评分表

	1 分	2 分	3 分	4 分	5 分	6 分
年总收入	1 万	1~1.9 万	2~3.5 万	3.6~5.5 万	5.6~9.9 万	10 万以上
固定资产	1 万	1~5 万	6~20 万	21~30 万	31~50 万	51 万以上
住 房	其他	无	租赁	自有(一般)	自有(好)	自有(豪华)
保险及拥有的抵押品	1 万	2~3 万	4~7 万	8~12 万	13~20 万	21 万及以上
存款及有价证券	1 万	2 ~5 万	6 ~10 万	11~15 万	16 万以上	
负债(月还款占收比)(%)	70	70~50	50~40	40~30	30~20	20 以下

表 7-4　个人信用评分表

	−6 分	−4 分	−2 分	0 分	2 分	4 分	6 分
违信记录	5 次以上	3 ~ 4 次	2 次	1 次		无	
受处罚(处分)记录	2 次及以上		1 次	无			

表 7-5　个人稳定性情况

	−4 分	−2 分	0 分	2 分	4 分
行业前景	差	较差	一般	较好	好
个人潜力	小	较小	一般	较大	大
工作流动性	大	较大	一般	较小	小
居住时间			0 ~ 1 年	2 ~ 5 年	6 年以上
监督的便利性		不方便	一般	方便	

2. 个人信用评分表的说明

(1) 个人信用评级标准

从上述各表的评分来看,每项都有标准分,依据个人的信用情况,得出个人信用评价总分,得分越高,信用风险越小。经小样本调查,信用较差的个人得分集中在 10 ~ 25 分,信用一般的得分集中在 25 ~ 35 分,信用较好的得分集中在 35 ~ 55 分,信用得分很高或很低的人较少,可能的原因是信用极差的人因申请信贷无望或故意隐瞒,未如实填表;信用很好的个人因收入较高,无需信贷,无法统计出来。因此,如果以中间分 30 分为授信标准,高于该标准的给予一定的信用额度,低于此标准的则不予授信。

(2) 个人信用评价中应注意的问题

① 人口漂移问题。虽然每个人都能得出自己的信用评分,但对授信方来说,他们更感兴趣的是那些已受信的客户和潜在的受信客户。我国目前正处于高速发展的阶段,人口特性变化很快,如打工族的出现、贷款购房的增加、家用轿车消费的增加等。这些变化会导致潜在信用消费人群和信用观念的变化。这种随着经济环境、人口结构和生活方式的变迁使样本人群的范围和特质发生变化的现象,一般被称为人口漂移。人口漂移会使原有评分标准下的评价结果与现实情况不符,这时需要经常调整并修正人口漂移带来的偏差。

② 信用评价的动态性问题。个人信用评分本质上是在表征一个人的违约概率,但利用原始数据得到的评分只是对个人过去信用情况的静态评判结果,是对个人某一时点的信用所作的判断。但得到信用许可后,信用情况会不断变化,这就要求对个人信用风险进行跟踪,不断追加新信息,并据此得到动态的信用评分。

③ 指标权重确定的灵活性问题。个人信用评价在我国还处于起步阶段,在处理不同的授信申请时,各评价指标的权重可能会不同,甚至有些评价指标可以缺失,如抵押品的重要性对申请信用卡和申请大额贷款的人就不同。指标选取方法主要有:专家经验选取、利用统计方法逐步筛选和利用某一指标在不同信用状况人群中分布的差异选取。

④ 保留酌情处理权问题。在个人信用评估体系内,对个人的信用申请是否接受一般都会确定一个临界分值点,但信用得分是连续的,在临界点附近的信用情况并没有明显差别,在实际工作中应对此保留酌情处理权,根据经验和授信方的要求对处于临界值边

缘的申请人加以判定。

⑤ 对信息缺失的处理问题。信用评分中所采用的信息往往会出现数据缺失。数据缺失有的是结构性的，有的则是随机性的。但某项信息的缺失本身就意味着有违约风险的信号。应将这类缺失值作为附加特性、用关联值迭代产生替代值和剔除含有缺失值等方法进行处理。

（三）个人信用记分制

信用记分制是授信者首先选择某些体现受信人信用风险的特征因素，如收入水平、居住情况、就业情况、年龄等，然后为每一特征因素赋予相应的权（分）数，最后根据受信人的特征经加权汇总得出一个累计的风险分数值，据以作出是否进行授信的决策。如果累计分数超过一定程度，便予以授信，否则则拒绝授信。表 7-6 是美国一家商业银行信用记分制的运用情况。银行授信的最低分值为 200 分，拒绝授信的分值为 150 分，需进一步评估的分值为 150 ~ 195 分。

表 7-6　美国某商业银行信用记分制①

<table>
<tr><th>项　目</th><th colspan="6">特征因素/分数</th></tr>
<tr><td rowspan="2">年收入</td><td><10 000 美元</td><td>10 000 ~ 20 000 美元</td><td>20 000 ~ 40 000 美元</td><td>40 000 ~ 60 000 美元</td><td colspan="2">>60 000 美元</td></tr>
<tr><td>5</td><td>15</td><td>30</td><td>45</td><td colspan="2">60</td></tr>
<tr><td rowspan="2">月偿付额与月收入比例</td><td>>40%</td><td>30% ~ 40%</td><td>20% ~ 30%</td><td>10% ~ 20%</td><td colspan="2"><10%</td></tr>
<tr><td>0</td><td>5</td><td>20</td><td>35</td><td colspan="2">50</td></tr>
<tr><td rowspan="2">与银行关系（存款）</td><td>无关系</td><td>活期存款</td><td>储蓄存款</td><td>活期与储蓄存款</td><td colspan="2">未回答</td></tr>
<tr><td>0</td><td>30</td><td>30</td><td>50</td><td colspan="2">0</td></tr>
<tr><td rowspan="2">持有信用卡情况</td><td colspan="2">无卡</td><td colspan="2">1 种以上</td><td colspan="2">未回答</td></tr>
<tr><td colspan="2">0</td><td colspan="2">30</td><td colspan="2">0</td></tr>
<tr><td rowspan="2">信用记录</td><td colspan="2">7 年内有拒付</td><td colspan="2">无记录</td><td colspan="2">按时履约</td></tr>
<tr><td colspan="2">-10</td><td colspan="2">0</td><td colspan="2">30</td></tr>
<tr><td rowspan="2">年　龄</td><td colspan="2"><50 岁</td><td colspan="2">>50 岁</td><td colspan="2">未回答</td></tr>
<tr><td colspan="2">5</td><td colspan="2">25</td><td colspan="2">0</td></tr>
<tr><td rowspan="2">居住情况</td><td>租房</td><td>购房</td><td>有房产</td><td>未回答</td><td colspan="2"></td></tr>
<tr><td>15</td><td>40</td><td>50</td><td>15</td><td colspan="2"></td></tr>
<tr><td rowspan="2">居住稳定性</td><td><1 年</td><td>1 ~ 2 年</td><td>2 ~ 4 年</td><td>>4 年</td><td colspan="2">未回答</td></tr>
<tr><td>0</td><td>15</td><td>35</td><td>15</td><td colspan="2">0</td></tr>
<tr><td rowspan="2">工作稳定性</td><td><1 年</td><td>1 ~ 2 年</td><td>2 ~ 4 年</td><td>>4 年</td><td>失业</td><td>退休</td></tr>
<tr><td>3</td><td>20</td><td>50</td><td>70</td><td>5</td><td>70</td></tr>
</table>

（四）模型评价法

在美国金融界采用的信用评分模型中，比较著名的是 FICO 信用评分模型。它是由工程师 Billfair 和数学家 Fairisaac 提出的信用统计模型，是美国微软公司 FAIRISAAC &

① 陈浪南：《商业银行经营管理》，中国金融出版社，2001 年，第 216 页。

COMPANY 的专有产品，FICO 信用分由此得名。其基本思路是：将借款人过去的信用历史资料与数据库中全体借款人的信用习惯相比较，检查借款人的发展趋势跟经常违约、随意透支、甚至申请破产等各种陷入财务困境的借款人的发展趋势是否相似。该模型利用高达 100 万的大样本数据，首先确定决定消费者信用的指标如消费者的信用、人品以及支付能力等指标，再把各个指标分成若干档次以及确定各个档次的分值，然后计算每个指标的加权，最后得到消费者的总分，FICO 信用评分的打分范围是 325 ~ 900，得分越高，其信用度也越高。

FICO 信用分的计算方法至今未向社会公开，Fairisaac 曾经公布了一小部分 FICO 信用分的打分方法，如表 7-7 所示。

表 7-7　FICO 部分信用分评分方法①

住房	自有	租赁	其他	无信息				
	25	15	10	17				
现地址居住时间	<0.5	0.52 ~ 2.49	2.5 ~ 10.49	>10.49	无信息			
	10	15	19	23				
职务	专业人员	半专业	管理人员	办公室	蓝领	退休	其他	无信息
	50	44	31	28	25	31	22	27
工龄	<0.5	0.5 ~ 1.49	1.5 ~ 2.49	2.5 ~ 5.49	5.5 ~ 12.49	>12.5	退休	无信息
	2	8	19	25	30	39	43	20
信用卡	无	非银行信用卡	主要贷记卡	两者都有	无回答	无信息		
	0	6	11	16	27	10		
银行开户情况	个人支票	储蓄账记	两者都有	其他	无信息			
	5	10	20	11	9			
债务收入比例	<15%	15% ~ 25%	26% ~ 35%	36% ~ 49%	>50%	无信息		
	22	15	12	5	0	13		
一年以内查询次数	0	1	2	3	4	5 ~ 9	无记录	
	3	11	3	-7	-7	-20	0	
信用档案年限	<0.5	1 ~ 2	3 ~ 4	5 ~ 7	>7			
	0	5	15	30	40			
循环信用透支账户	0	1 ~ 2	3 ~ 5	>5				
	5	12	8	-4				
信用额度利用频率	0 ~ 15%	16% ~ 30%	31% ~ 40%	41% ~ 50%	>50%			
	15	5	-3	-5	-18			
失信记录	无记录	有记录	轻微失信	第一满意线	第二满意线	第三满意线		
	1	-29	-14	17	24	29		

① 钟楚南：《个人信用征信制度》，中国金融出版社，2002 年，第 52 页。

FICO 信用分级能有效地帮助美国金融机构决策，如果得分达到 680 分，银行一般无需再进一步去审核消费者的信用，而 630 分则可能需要做进一步的审核。假如有 740 以上的高分，银行还可能愿意提供优惠贷款。银行之所以如此重视信用分数，因为据经验统计，当借款人的风险分低于 600 分时，便有超过 1/8 的概率会发生借款人的严重迟付或不付款，如果分数高于 800 分，那么这种风险便降低到 1/1 300。

从发展趋势看，采用内部评级模型是未来银行管理的重要手段。但我国现阶段并不适用风险数学模型，这是因为：首先，公司和个人的征信数据库尚未建立，数据信息获取的渠道较窄；其次，国内商业银行有关人员的知识和技能、管理经验和管理水平尚有欠缺；第三，个人信用信息披露尚未形成制度，个人信息失真严重，缺项多，获取信息资料成本太高。

第三节　几种主要消费者贷款的管理

一、个人住房贷款

（一）个人住房贷款的概念

个人住房贷款是一个较为笼统的概念，泛指以自然人名义购置住房并向金融机构申请的贷款。按贷款利息是否具有政府补贴性质，可以分为个人住房商业性贷款和个人住房公积金贷款。

个人住房商业性贷款又称为个人住房按揭贷款，是指商业银行向借款人发放的用于购买个人居住房屋的贷款，即具有完全民事行为能力的自然人，购买符合一定要求的住房时，以其所购买的产权住房为抵押，在所购住房房屋产权证未颁发且办妥住房抵押登记之前，由开发商提供连带责任保证，作为偿还贷款的担保而向银行申请的住房贷款。

个人住房公积金贷款是指由住房公积金管理中心运用住房公积金，委托银行向购买、建造、翻建、大修自住住房的住房公积金缴存人和在职期间缴存住房公积金的离退休职工发放的贷款。从银行角度分析，个人住房公积金贷款是指银行根据住房公积金管理中心的委托，以住房公积金为来源，按规定的要求向购买住房的个人发放的贷款。个人公积金贷款的贷款决策权在住房公积金管理中心。在接受住房公积金管理中心委托后，受托银行方可办理贷款手续。

（二）个人住房商业性贷款与个人住房公积金贷款的比较

（1）贷款性质不同。个人住房公积金委托贷款，是指政府部门所属的住房公积金管理中心运用住房公积金，向购买住房（包括建造、翻建、大修）的住房公积金缴存人发放的具有福利性质的住房贷款，而一般的住房商业性贷款则是商业银行根据审慎经营原则，在符合一定条件的情况下，对购买住房的贷款申请人发放的商业性贷款，不属于政策性贷款。

由于住房公积金贷款具有一定的福利性质，住房公积金贷款利率一般低于住房商业性贷款的利率。例如，根据建设部的规定，自 2011 年 7 月 7 日起，5 年（含）以下贷款利率为 4.45%；5 年以上贷款利率为 4.90%。而根据中国人民银行的规定，同期商业性贷款利率分别如下:1~3年(含)贷款利率为6.65%,3~5年(含)贷款利率为6.90%,5年以上为7.05%。

(2) 贷款对象及贷款额度限制不同。个人住房公积金委托贷款对象具有特定性,主要为在公积金管理中心缴存住房公积金的缴存人和缴存单位的离退休职工。住房商业贷款不限定贷款对象的范围,无论设立公积金与否,均可申请;符合商业银行设定的贷款发放条件的购房人,均可成为住房商业贷款的贷款对象。此外,个人住房公积金贷款受贷款额度的限制,公积金个人贷款单笔额度不超过所购住房评估价值的一定比例,同时不超过当地住房公积金管理中心的最高限额。

(3) 银行机构的地位不同。住房公积金贷款由住房公积金管理中心按规定审批,受托银行执行住房公积金贷款利率、贷款额度由当地住房公积金管理部门确定。住房公积金贷款的风险由住房公积金管理中心承担。因此,银行机构在住房公积金贷款业务中,仅充当受托银行的角色,不参与贷款审批等流程的操作,不承担公积金贷款的风险。住房商业性贷款则属于银行的商业性贷款业务,是商业银行以居民储蓄存款及其他存款为资金来源,向居民发放的商业性贷款,银行机构应当独立承担贷款审批、管理及贷款的风险。

(三) 个人住房贷款的业务流程

1. 借款人申请

借款人申请个人住房贷款,所购住房必须为现房或符合一定标准或要求的期房。借款申请人必须是具有完全民事行为能力的自然人,并应具备以下条件:

(1) 具有贷款银行营业所在地常住户口或有效居留证件;

(2) 提出借款申请时,在贷款银行有全部购房价款的一定比例的存款,并以此作为购买住房的首期付款;

(3) 具有稳定的职业和收入,信用良好,有归还贷款本息的能力;

(4) 有贷款银行认可的财产作抵押或质押,或有足够代偿能力的法人作为归还贷款本息并承担连带责任的保证人;

(5) 贷款银行规定的其他条件。

在借款人申请个人住房贷款时,贷款银行一般要求申请人填写个人住房借款申请表,并提供下列资料:

(1) 借款人身份证件(居民身份证、户口簿或其他有效居留证件);

(2) 婚姻状况证明;

(3) 贷款银行认可的经济收入或偿债能力证明(如借款人收入证明、纳税证明或职业证明等);

(4) 不低于房价一定比例的首付款的付款凭证;

(5) 有共同借款人的,需提供借款人各方签订的明确共同还款责任的书面承诺;

(6) 抵押物或质押物的清单、权属证明以及有处分权人同意抵押、质押证明和抵押物估价证明;

(7) 保证人同意提供担保的书面文件和保证人资信证明;

(8) 借款人与开发商签订的购买商品房合同意向书或商品房销(预)售合同;

(9) 开发商开具的首期付款的发票或收据复印件;

(10) 以储蓄存款作为自筹资金的,需提供银行存款凭证;

(11) 以公积金作为自筹资金的,需提供住房公积金管理部门批准动用公积金存款的证明;

(12) 银行要求提供的其他文件或资料。

有些贷款银行还规定,如果由第三方企业法人为借款人提供保证担保,则该保证人应当具备以下条件:

(1) 经工商行政管理机关核准登记并办理年检手续;

(2) 独立核算、自负盈亏;

(3) 有健全的管理机构和财务管理制度;

(4) 较好的企业信用等级;

(5) 在贷款银行开立存款账户;

(6) 无重大债权债务纠纷。

2. 借款申请人资信等级评定

银行根据有关流程和标准对借款人资信等级进行评定。依据评定结果确定是否贷款,同意贷款的,初步确定贷款期限和额度。

3. 贷款申请的受理、调查

贷款银行收到借款申请人提交的资料后,进行贷前调查。调查的内容包括:

(1) 借款申请人是否已支付符合法定要求的首付款,并存入开发商在贷款银行开立的售房款专用账户上;

(2) 贷款年限加上借款人年龄是否超过 65 年;

(3) 借款申请人偿还贷款本息的能力;

(4) 借款申请人所购房屋的价格与当地同类物业的市场价格水平是否相符;

(5) 抵押担保是否足额有效,共有人是否出具了同意抵押的合法文件。

4. 贷款的审查、审批

银行一般从以下几个方面进行审查:

(1) 购房行为的真实性,防止借款人和开发商串通骗取银行贷款;

(2) 所购住房价格与当地同类物业的市场价格是否相当,必要时可委托具有房地产估价资质的机构进行价格评估;

(3) 如有共有人,共有人是否出具了同意抵押的合法的书面意见;

(4) 借款人还款能力。

5. 签订住房按揭合同

经审批同意的,贷款银行与借款人、开发商签订个人住房按揭合同,明确各方权利和义务。同时根据贷款担保方式签订抵押合同、权利质押合同或保证合同。申请抵押贷款的需要依法办理房产抵押登记手续,还需购买贷款银行认可的保险公司承保的个人住房担保贷款保证保险及房屋财产保险。申请权利质押贷款的需将质押财产权利凭证交贷款银行收押。

住房按揭合同一般还就贷款金额、贷款期限及贷款利息等事项作出明确约定:

(1) 贷款金额。银行发放的个人住房按揭贷款数额,不高于房地产评估机构评估的拟购买住房的价值或实际购房费用总额的80%(以二者低者为准)。

（2）贷款期限。贷款期限最长不超过30年。

（3）贷款利率。按中国人民银行规定，最低按相应档次基准利率的0.85倍的下浮利率执行。

6. 办理房屋保险、公证、担保手续

（1）保险。有的贷款银行要求借款人办理财产保险，并明确约定贷款银行享有财产保险项下的有关权益。还有些贷款银行规定保险金额不得低于贷款金额，保险费用由借款人支付，可以采用一次性或分次投保两种方式，保险期限不得短于贷款期限，贷款未清偿之前不得中断或撤销保险，可由贷款银行代办保险业务。

（2）公证。贷款银行认为有必要的，可以要求对借款合同进行公证，公证费用由借款人承担。

（3）抵押（预）登记。以所购住房为抵押物的，贷款银行和借款人凭借款合同到当地房地产管理部门办理房地产抵押预登记。

7. 贷款发放

以所购住房作为抵押物的，在借款人办妥房屋保险、公证和抵押（预）登记手续后，方可发放贷款；若当地房地产管理部门尚未开办抵押（预）登记业务，在借款人办妥房屋保险、公证并将购房合同、首付款的付款凭证等办理房屋产权证明必需的资料移交贷款银行后，方可发放贷款。

8. 贷款偿还

在住房按揭贷款实践中，贷款银行一般约定借款人自合同生效后次月的约定时间开始按月还款。借款人按借款合同约定的还款计划、还款方式偿还贷款本息：贷款期限1年以内（含1年）的，实行到期一次性还本付息；贷款期限1年以上的，实行按月分期还款；还款方式可以采用等额本息、等额本金、等额递增（减）、等比递增（减）、等偿还贷款本息的方式。

贷款结清包括正常结清和提前结清两种。正常结清是在贷款到期日（一次性还本付息类）或贷款最后一期（分期偿还类）结清贷款。提前结清是在贷款到期日前，借款人如提前部分或全部结清贷款，须按借款合同约定，提前向银行提出申请，由银行审批后到指定柜台进行还款。贷款结清后，借款人应持本人有效身份证件和银行出具的贷款结清凭证领回由银行收押的法律凭证和有关证明文件，并持贷款结清凭证到原抵押登记部门办理抵押登记注销手续。

上述个人住房贷款操作流程可归结为图7-1。

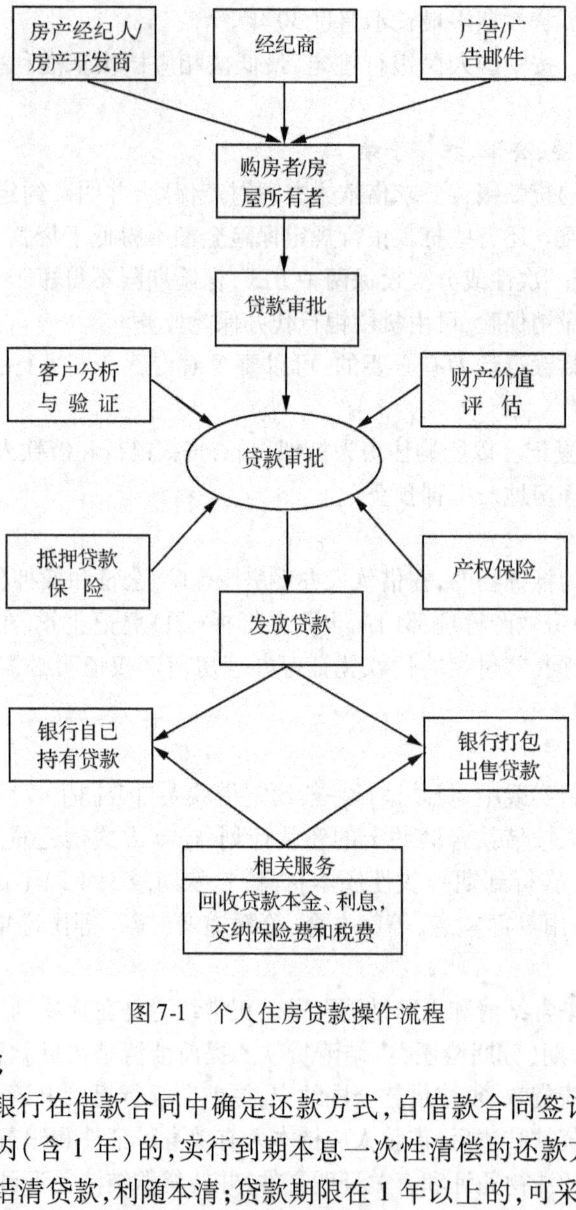

图 7-1　个人住房贷款操作流程

（四）还款方式

借款人与贷款银行在借款合同中确定还款方式，自借款合同签订的次月开始还款。贷款期限在 1 年以内（含 1 年）的，实行到期本息一次性清偿的还款方法，即指借款合同期限届满时一次性结清贷款，利随本清；贷款期限在 1 年以上的，可采用等额本息还款法和等额本金还款法两种还款方式分期支付贷款本息。

1. 等额本息还款方式

按等额本息还款方式，贷款期每月以相等的数额平均偿还贷款本息，每月归还贷款本息按贷款实际占用情况计算。每月还款额计算公式为

$$每月还贷款额数=\frac{贷款本金\times贷款月利率\times(1+贷款月利率)^{还款次数}}{(1+贷款月利率)^{还款次数}-1}$$

在等额本息还款方式下，每月偿还贷款本息金额是一个固定数，但偿还的本金是逐月递增的，偿还的利息是逐月递减的。之所以呈现这种情况，其主要原因是借款人按照等额还款的方式，即每月偿还的贷款总额是相同的，所以借款人在偿还贷款的初期，由于其贷款的本金多，年限长，所以其利息也就多，相应分摊到每月的利息也就多。由于其每月偿还的贷款本息是固定的，所以就出现在开始每月偿还的贷款中，利息所占份额比本

金要多。随着贷款余额的降低以及贷款年限的减少，借款人每月偿还的利息必然会相应减少。此种还款方式的优点在于，借款人可以准确掌握每月的还款额，有计划地安排家庭的收支。

2. 等额本金还款方式

等额本金还款方式，又可以叫做利随本清方式，即每月等额偿还贷款本金，每月归还贷款利息也是按贷款实际占用情况计算，并随本金逐月递减，第一个月和最后一个月贷款利息按贷款资金实际使用天数计算利息。每月还款额计算公式为

$$月还本息额 = \frac{贷款本金}{贷款偿还次数} + (贷款本金 - 已偿还本金) \times 年利率 \div 12$$

采用等额本金还款方式，借款人还款本息额是逐月递减的，其中本金在整个还款期内平均分摊，利息则按未还本金余额逐日计算，并与本金一起偿还。对于借款人来说，每月还款额在逐渐减少，但偿还本金的速度是保持不变的。这种还款方式较适合还款初期还款能力较强、并希望在还款初期归还较大款项以减少利息支出的借款人。

3. 两种还款方式的比较

以上两种还款方式，贷款利息的计算原理相同，都是由贷款余额乘上月利率。两种还款方式之所以存在支付利息的差额，是因为月均还款法（等额本息还款法）每月还款本金和利息之和是相等的，前期偿还本金的数额相对要少。而等额本金还款法则是每月所还本金数额相等，但每月归还的本息之和是不等的，前期月还款总额较高，随后逐月减少。两者比较，等额本息还款法占用的本金逐月递减较慢，占用的金额和时间相对较多、较长。所以在利率不变的情况下，等额本息还款法支付利息的绝对额要比等额本金还款法多。

二、汽车消费贷款

（一）汽车消费贷款的内涵

汽车消费贷款或汽车贷款是指贷款人向借款人发放的用于购买汽车（含二手车）的贷款，包括个人汽车贷款、经销商汽车贷款和机构汽车贷款。其中，个人汽车贷款，是指贷款人向个人借款人发放的用于购买汽车的贷款；经销商汽车贷款，是指贷款人向汽车经销商发放的用于采购车辆和（或）零配件的贷款；机构汽车贷款，是指贷款人对除经销商以外的法人、其他经济组织发放的用于购买汽车的贷款。

在国外，汽车消费信贷是个人消费信贷发展史上历史最悠久的消费信贷品种之一，早在1910年，第一笔汽车消费贷款就在美国发放，距今已有100年的历史。而20世纪初期，汽车消费信贷的蓬勃发展带动了整个个人消费信贷体系的完善和个人消费贷款余额的迅猛增长，当时汽车消费信贷在美国、英国等发达国家的个人消费信贷产品余额占比一度达到60%～80%。

在我国，直至1998年9月中国人民银行颁布了《汽车消费贷款管理办法》，汽车消费信贷才正式走上个人金融产品的舞台。随着人民收入水平的提高和国家对汽车产业扶持力度的增强，汽车消费市场进入飞速发展的时期，而汽车消费信贷作为促进汽车消费的最有力的助推器，越来越为消费者所青睐，也成为银行个人消费信贷最大的增长点。据相关统计，进入21世纪以来，我国汽车产业发展迅猛，2008年汽车产销量分别达到

934.5 万辆和 938.05 万辆。但汽车消费贷款业务的发展速度却比较缓慢。2008 年，我国将近 400 万的乘用车购买者中，选择全款购买的比例高达 92%，而选择信贷购车的比例不足 8%。我国各类金融机构发放的汽车消费贷款余额为 1 583 亿元，其中有 318 亿元来源于汽车金融公司，占业务总量的 20%。2009 年，强劲消费需求令中国汽车市场迎来“井喷现象”，中国以 1 319.10 万辆和 1 364.48 万辆汽车的产销成绩超过美国，跃居全球第一。旺盛的汽车消费需求给商业银行带来了巨大的商机，如此数量庞大的产量需要相应的消费能力进行支撑，因此，积极发展汽车消费贷款金融业务势在必行，建立与完善个人信用制度将成为汽车消费信贷健康发展的重要一环。

（二）汽车消费贷款业务流程

一般而言，各商业银行汽车消费贷款的操作流程如下。

1. 了解贷款对象，订立购车协议

汽车消费贷款的对象是具有当地常住户口或有效居住身份包括居留许可证、蓝印户口等，具有完全民事行为能力的自然人及经工商行政管理机关核准登记的企、事业法人单位。该贷款仅限于购买由贷款人确认的经销商销售的指定品牌国产汽车，目前主要有桑塔纳、捷达、奥迪、别克等品牌。经经销商和银行初审以后，客户可就车型、数量、付款方式等内容签订购车协议。

2. 明确担保方式，递交借款申请

汽车消费贷款的担保方式可以有抵押、质押和第三人信用保证这 3 种形式。根据不同的担保形式及贷款申请人，原则上贷款人发放自用车贷款的金额不得超过借款人所购汽车价格的 80%，发放商用车贷款的金额不得超过借款人所购汽车价格的 70%，发放二手车贷款的金额不得超过借款人所购汽车价格的 50%。汽车消费贷款期限一般为 3 年，最高不超过 5 年（含 5 年）。根据贷款申请人性质的不同，其贷款期限不尽相同。汽车贷款的贷款期限（含展期）不得超过 5 年，其中，二手车贷款的贷款期限（含展期）不得超过 3 年，经销商汽车贷款的贷款期限不得超过 1 年。根据实际经济状况和需要，贷款申请人可选择使用一种或两种担保方式，填写贷款申请书，并按要求将申请材料一并递交给贷款人。

3. 审查申请材料，签订借款合同

贷款人收到客户的申请材料后，即按规定的操作程序进行审查。对以个人作为借款人的，贷款人会就借款人的有效身份、职业和收入证明、购车协议或购车合同、抵（质）押物证明或估价证明、第三方担保能力证明、贷款人要求申办的信用卡等几方面进行审查；对以企、事业法人作为借款人的，贷款人着重就借款人的工商执照、法人代码证、法定代表人证明，上一年度的财务报告及上月的资产负债表、损益表、现金流量表或财务状况变动表，购车协议或合同，银行的存款凭证，抵（质）押物清单、保证人同意保证的证明及其资信状况证明等内容进行审查。在规定的审查时间内，贷款人会将审查结果告知贷款申请人，对不符合贷款条件的申请人，贷款人会将申请材料予以退还，对符合贷款条件的，贷款人会通知申请人签订贷款合同及抵（质）押担保合同或保证合同，办理信用卡，并要求申请人将首付款存入贷款人指定的账户内。

4. 进行合同公证，办妥担保保险

在签订上述合同的同时，贷款人会指定资产评估机构对抵押物进行价值评估，办理

财产保险并在车辆管理处设立车辆抵押。对质押物作为担保方式的,贷款人在合理估价的基础上,确认质押物的所有权,并由出质人将权利凭证移交给贷款人。对以第三人信用作为担保方式的(不包括银行、保险公司),保证人应将一定比例的保证金缴存入贷款人指定账户;以保险公司作为保证人的,该被保证人须持有贷款人指定保险公司提供的履约担保的保险单据,担保金额大于贷款本金与第一期应付利息之和。上述借款合同与担保合同签订以后,贷款人会将这些合同递交给公证机关进行公证。对担保方式或担保人信用状况有疑异的,贷款人将终止合同,将材料退还给贷款申请人。

5. 如约发放贷款,通知客户提车

根据合同约定,贷款人在借款人的授权之下,将贷款如数划至经销商开立在贷款人处的账户上,用于支付借款人的购车款。经销商将代理客户办理购车所需的各种手续,包括汽车上牌照等。待上述手续办妥以后,经销商将及时通知客户领取车辆,并要求客户按时归还贷款。

6. 贷款偿还

根据车辆类型实行两种贷款偿还方式:

(1) 汽车经销商"统收统还",即由车行向借款人按期收取贷款本息后,再由车行将资金划给贷款行。此种还款方式主要适用于汽车经销商提供保证担保的情况。这一还款方式自2003年已经停止,对存量部分,银行已要求以借款人直接还款方式取代。

(2) 借款人直接还款,即借款人在贷款行开立委托转账扣款存折,专户专用,按照借款合同约定直接归还贷款本息。

7. 贷后管理

(1) 贷款发放后,经办信贷员负责将有关资料、信息录入个人消费贷款台账,并将有关资料移交档案库保管。经办信贷员为贷后管理责任人,负责对借款人执行合同情况进行跟踪管理。

(2) 实行重大异常情况报告制度。如果在贷后管理过程中发现风险预警信号或异常情况(包括与贷款银行发生业务的经销商、保险公司经营状况发生变化,出现虚假汽车按揭、理赔困难等威胁或可能威胁银行资产安全的情况),按规定权限逐级报上级行政管理部门处理。

8. 不良贷款催收

为能有效防范、化解贷款风险,及时和有效地进行逾期贷款催收工作,商业银行一般都制定了个人消费不良贷款催收责任制,对催收范围、催收责任人(包括部门分工)、催收阶段、催收措施及催收奖惩措施均进行了明确规定。该制度在清收汽车不良贷款中起到了良好作用。

三、助学贷款

(一) 助学贷款的内涵

助学贷款是指银行业金融机构以资助我国高校学生解决就学经济困难为目的,向高校学生(或其法定监护人)发放的个人贷款,主要包括国家贴息助学贷款和一般商业性助学贷款两类。

1. 国家贴息助学贷款

国家贴息助学贷款(以下简称国家助学贷款)是国家利用金融手段完善我国普通高校资助政策体系,加大对普通高校贫困家庭学生资助力度所采取的一项重大措施,是指根据国家有关助学贷款的相关文件,由政府确定的商业银行对我国境内(不包括香港特别行政区、澳门特别行政区和台湾地区)全日制高等院校中经济困难学生发放的财政贴息的贷款,即由政府主导,财政贴息,银行、教育行政部门与高校共同操作的,专门帮助高校贫困家庭学生的银行贷款。借款学生无须办理贷款担保或抵押,但需要承诺按期还款,并承担相关法律责任。

以国家助学贷款经办银行住所地为标准,国家助学贷款还可以分为校源地助学贷款和生源地助学贷款。

校源地助学贷款是指高校集中办理的以在校大学生为借款人向高校所在地的银行机构申请的国家助学贷款,一般采取信用贷款方式。

一般而言,生源地助学贷款是指贷款申请人向借款学生入(大)学前户籍所在地的银行机构(主要是借款人户籍所在地的农村信用社等)申请的国家助学贷款,借款人一般为学生的父母或其他法定代表人,并采取担保贷款方式。生源地助学贷款是校源地国家助学贷款方式的补充和完善。

生源地助学贷款和校源地助学贷款均可享受国家或地方政府的财政贴息等优惠政策。

2. 一般商业性助学贷款

一般商业性助学贷款是指金融机构对正在接受非义务教育的学生或其直系亲属,或法定监护人发放的商业性贷款,只能用于学生的学杂费、生活费以及其他与学习有关的费用。贷款适用于学生的出国留学贷款、再教育进修贷款等。与国家助学贷款比较,一般商业性助学贷款财政不贴息,各商业银行、城市信用社、农村信用社等金融机构均可开办。例如,中国农业银行的“金钥匙”助学贷款、中国银行的出国留学贷款、中国建设银行的“圆梦”助学贷款等都属于商业性的助学贷款,中国工商银行也办理类似的商业性助学贷款业务。

(二) 助学贷款的操作规程

1. 国家助学贷款的申请对象

在中国境内就读的全日制普通高等学校中经济困难的本、专科学生(含高职生),研究生和第二学位学生可以申请国家助学贷款。具体而言,符合下列条件的学生,即可申请贷款:

(1) 具有中国国籍,且持有中华人民共和国居民身份证。

(2) 具有完全民事行为能力(未成年人须由其法定监护人出具书面同意书)。

(3) 诚实守信,遵纪守法,无违法违纪行为。

(4) 学习刻苦,能够正常完成学业;因家庭经济困难,在校期间所能获得的收入不足以支付完成学业所需基本费用(包括学费、住宿费、基本生活费)。

(5) 由所在学校审查同意。

2. 申请国家助学贷款的操作流程

(1) 国家助学贷款的申请操作流程

① 学生提出申请。学生（申请人）在规定的时间内向所在学校相关机构提出申请，领取国家助学贷款申请审批表等材料，如实完整填写，并准备好有关证明材料一并交回学校国家助学贷款经办机构（以下简称学校机构）。

申请人需提交的材料主要包括：国家助学贷款申请审批表；本人学生证和居民身份证复印件（未成年人须提供法定监护人的有效身份证明和书面同意申请贷款的证明）；本人对家庭经济困难情况的说明；乡、镇、街道民政部门和县级教育行政部门关于其家庭经济困难的证明；银行或学校要求提供的其他证明文件和资料等。

② 学校机构进行贷款初审。学校机构在全国学生贷款管理中心下达的年度借款额度及控制比例内，组织学生申请借款，并接受学生的借款申请。

学校机构对学生提交的国家助学贷款申请材料进行资格审查，对其完整性、真实性、合法性负责，初审工作将在收到学生贷款申请后 20 个工作日内完成。此项工作完成后，学校机构进行为期 5 天的公示，并对有问题的申请进行纠正。初审工作无误后，学校机构在 10 个工作日内，在审查合格的贷款申请书上加盖公章予以确认，将审查结果通知学生，并编制国家助学贷款学生审核信息表与申请资料一并送交助学贷款经办银行。

③ 经办银行的贷款审批程序。经办银行在收到学校提交的国家助学贷款学生审核信息表和申请材料后，在 20 个工作日内完成审查。如有差错或遗漏，会要求学校进行更正或补充。经办银行的复审工作在收到学校提交的真实完整的申请材判后 15 个工作日内完成。在全部审查结束后 5 个工作日内，经办银行将统一编制审查合格的借款学生名册随同空白借款合同及借据送交学校。

④ 经办银行与学生签订借款合同。贷款申请被批准后，学校根据经办银行提供的借款学生名册，在 10 个工作日内完成组织学生填写、签署借款合同及借据的工作，并提交经办银行。经办银行在收到学校统一提交的借款合同及借据后的 15 个工作日内完成签署工作，并在 5 个工作日内将签署完毕的借款合同送达学校机构。学校机构在收到借款合同及借据后，5 日内发还给借款学生本人保管。

⑤ 发放贷款。经办银行在与借款学生签署借款合同及借据后 20 个工作日内，将首年学费、住宿费和生活费贷款统一划入学校在经办银行开立的指定账户；第二年及以后学年的学费、住宿费和生活费贷款在每学年开学后 20 个工作日内划入学校指定账户。经办银行为每名借款学生办理一张借记卡或活期存折，将借款学生名单及借记卡号明细提交学校以便学校按月将生活费划入该账户。

⑥ 偿还贷款。借款学生在使用助学贷款完成学业后，应重视自身信用，按时归还贷款。每年毕业离校 60 日前，学校组织借款学生与经办银行办理还款确认手续，经办银行派人上门服务，为借款学生讲解还款有关事宜，并解答借款学生的咨询。

借款学生毕业后，须按月偿还贷款本息，但可自主选择毕业后 24 个月内的任何一个月起开始偿还贷款本金，也可提前偿还贷款本金。

借款学生应在借款合同中授权经办银行于约定还款日自动从其在该行开立的个人账户中扣收应偿还本息，直至全部贷款本息偿清为止。

（2）助学贷款管理的特殊规定

如果借款学生在学校期间发生休学、退学、转学、出国、被开除学籍等中（终）止学业的事件，学校在为借款学生办理相关手续之前会及时通知银行并要求学生到银行办理还清贷款手续。经办银行在得到学校通知后将停止发放尚未发放的贷款,并采取提前收回贷款本息等措施,为学生办理相关手续。

此外,借款学生毕业后继续攻读学位的,可以申请办理贷款展期。借款学生要在毕业前30日向原所在学校提出展期申请,并提供继续攻读学位的相关证明。原所在学校审核通过后,由经办银行为其办理展期手续。

借款学生毕业后1年内,可以向经办银行提出一次调整还款计划的申请,包括调整还款方式,经办银行将予受理并根据实际情况和有关规定进行合理调整。

借款学生毕业后出国留学的,须主动通知经办银行并一次性还清借款。

3. 生源地助学贷款的操作流程

(1) 生源地助学贷款的借款人及其条件

生源地助学贷款的借款人一般包括符合要求的高校在读或新录取的学生。生源地助学贷款的条件包括:

① 贷款限额。年度贷款金额最高不超过一学年的学费和一学期的基本生活费,其中,学费贷款金额不超过学生就读高等院校专业学费收取标准,基本生活费贷款金额不超过高等院校所在地的基本生活费标准。

② 贷款期限。贷款期限以第一笔贷款日期为起始日期计算,一般不超过10年,如遇特殊困难可向经办金融机构申请展期,是否展期、展期期限由经办金融机构确定。

③ 贷款利率。执行中国人民银行规定的同期同档次基准利率。

④ 利息承担。学生在校期间所借贷款利息由财政分级全额贴息,毕业后所有利息全部由借款人负担。

(2) 生源地助学贷款的贷款程序

① 贷款申请。申请生源地助学贷款,借款人应如实填写经办金融机构提供的生源地财政贴息助学贷款申请表(书),并提供下列材料:高等院校录取通知书(应届学生)或学生证(在校学生);申请人户籍所在村委会(居委会)或者乡(镇)民政部门出具的家庭困难证明;高等院校缴费通知单;就读高等院校账户全称和资金账号;借款申请人及担保人有效身份证明及复印件;经办金融机构要求提供的其他相关资料等。

② 贷款申请的审批。经办金融机构对申请人申请材料的真实性、完备性和有效性进行审查,该审查应在规定期限(如10个工作日)内审理完毕,并将审批结果书面通知借款申请人。

③ 办理贷款手续。借款申请人接到书面通知后,应及时与经办金融机构办妥生源地助学贷款合同、借款借据等有关贷款手续。

④ 贷款的发放。学费贷款按学年发放,生活费贷款按学期发放。为保证贷款专款专用,贷款应由经办金融机构直接划入学生就读的高等院校的指定账户。其中基本生活费贷款,由学生到高等院校财务部门凭身份证或学生证、贷款合同领取。如遇特殊情况,由借款人申请,经办金融机构同意,可直接领取生活费贷款的部分现金。贷款发放前后,经办金融机构要会同借款人(如借款人为贷款对象的父母或法定监护人)所在地当地街道办事处或政府对贷款人基本情况、贷款结果分别予以公示,存档备查。

⑤ 贷款的展期。借款人要求贷款展期、提前还款、变更还款方式等涉及生源地助学贷款合同内容的,应及时与经办金融机构办妥相关手续。有些地方政府规定,借款人子

女毕业或终止学业后一年内，借款人可以向农村信用社提出一次调整还款计划的申请，农村信用社应予以受理并根据实际情况和有关规定进行合理调整。提前还贷的，农村信用社要按贷款实际期限计算利息，不得加收除应付利息之外的其他任何费用。但是，有些地方政府规定不允许生源地助学贷款进行展期。如《江苏省农村信用社生源地助学贷款实施办法》第12条规定："农村信用社生源地助学贷款到期后不办理展期。"

⑥ 贷款的偿还。生源地助学贷款采用灵活的还本付息方式，可在学生毕业后第一年开始偿还贷款，也可提前还贷，或到期利随本清，或分次偿还（按年、季、月偿还）。具体还款方式由借贷双方商定，并在借款合同中注明。贷款本息提前归还的，提前归还部分按合同约定利率和实际使用期限收取利息。借款人超过合同约定不能按期归还贷款本息的，按规定计收罚息。

如借款学生本人于在校就读期间出现转学、休学、退学、出国（境）、被开除、伤亡等情况，借款学生所在高等院校应及时通知贷款人。

⑦ 贷款的终止。借款人或借款对象出现下列情况之一，经办金融机构有权决定终止贷款，并要求借款人或其担保人提前归还贷款：未按合同规定用途使用贷款；中途转学、退学、被开除、失踪或死亡；出国（境）留学或定居；其他不符合贷款申请条件的情况。

4. 一般商业性助学贷款的流程

（1）借款人条件

在中国境内有固定住所、有当地城镇常住户口（或有效证明）、具有完全民事行为能力，并且符合下列条件的中国公民均可申请一般商业性助学贷款。

① 有正当职业和稳定的收入来源，具有按期偿还贷款本息的能力；

② 有学生就读学校的录取通知书（或学生证和学籍证明）等证件，就读学校开出的学生学习期间所需学杂费、生活费及其他有关学习的费用证明；

③ 提供银行认可的财产抵押或有效权利质押或具有代偿能力的第三方保证，或经银行认定符合信用贷款条件；

④ 遵纪守法，没有违法行为及不良信用记录；

⑤ 在贷款银行处开立个人结算账户，并同意贷款银行从其指定的个人结算账户中扣收贷款本息；

⑥ 银行规定的其他条件。

（2）贷款的主要条件

① 贷款金额。商业性助学贷款额度由银行根据借款人资信状况及所提供的担保情况综合确定。

② 贷款期限。贷款最短期限为6个月，最长期限不超过8年（含）。

③ 贷款利率。贷款利率按照中国人民银行规定的同期贷款利率计算。在贷款期间如遇利率调整，贷款期限在1年（含）以下的，按合同利率计算；贷款期限在1年以上的，实行分段计算，于下一年年初开始，按相应利率档次执行新的利率。

（3）贷款操作流程

① 贷款申请。申请人需向银行提交如下资料：

- 贷款申请审批表。
- 本人有效身份证件及复印件。

- 配偶的有效身份证件原件及复印件以及同意抵押的书面证明。
- 居住地址证明(户口簿或近3个月的房租、水费、电费、煤气费等收据)。
- 职业和收入证明(工作证件原件及复印件、银行代发工资存折等)。
- 有效联系方式及联系电话。
- 贷款担保证明资料。
- 在贷款银行开立的个人结算账户凭证。
- 贷款银行规定的其他资料。

② 银行对借款人提交的申请资料审核通过后,双方签订借款合同、担保合同并办理相关公证、抵押登记手续等。

③ 银行以转账方式向借款人发放贷款。

第四节 消费者信用风险管理

一、消费信用活动的风险

消费信用作为一种经济活动,必然会产生风险,这是由经济活动的本质决定的。风险是指遭受损失、伤害、不利或毁灭的可能性。消费信用风险是指由于授信方获知信息的不充分性以及所在环境的未来不确定性,而使每一次授信选择都有面临一定损失的可能性。

(一)消费信用风险的种类

1. 系统性风险

所谓系统性风险是指与整个经济体系相关的风险。例如,由于某种原因使得整个经济陷入严重的衰退或危机状态,失业率上升和人们收入水平普遍下降,消费者偿债能力也普遍下降,使得放款的违约率上升。即使在有担保品的抵押放款中,也会由于抵押品难以出售或者因为物价持续下跌,造成抵押品的市场价格不足以补偿借款余额。在这种情况下,消费信用的供给方就有可能受到某种程度的损失。对于这一类的风险,目前还缺乏有效的控制方法。

2. 非系统性风险

它的主要表现形式为信用风险,即由于债务人违约导致信用提供者(债权人)不能收回本息而造成损失的可能性。债务人违约既有可能是由于其收入变化、致残、死亡等因素而失去足够的支付能力,也有可能是债务人刻意隐瞒真实情况骗取贷款,致使债权人遭受损失。这种风险一般是消费信用业务中遇到的主要问题,需要引起特别的关注。

(二)消费信用风险的来源

对于授信方来说,消费信用风险主要来源于以下3个方面:

1. 客户的履约能力出现了问题

消费者在借款时可能具有良好的收入,前期也没有不良记录,但是,由于个人突然失业、丧失了劳动能力或者家庭成员遇到了重病等突发事件的影响,导致收入不能满足分期支付消费贷款的要求,由此给授信方对消费者的消费授信带来风险。这种风险是因为客观环境的变化引起的,不是消费者的主观意愿造成的。

2. 客户的履约意愿出现了问题

这是消费者主观上故意逃废债务而给授信方带来的风险。由于信用方面的法律法规不健全或者守信机制的缺失,在失信成本小于收益的情况下,有的消费者就会不愿意履行还款义务。比如住房贷款、消费贷款、汽车贷款等,在某些地方都出现过比较严重的信用违约情况。

3. 其他风险

其他风险主要是指政治风险、经济风险、货币风险等给消费信用带来的风险。政治风险是指由于战争、国际形势变化、政权更迭、政策变化而导致受信方不能按期履约而给授信方带来资产和利益损失的可能性。经济风险是指因经济前景的不确定性而给授信方带来经济损失的可能性,经济风险是市场经济发展过程中的必然现象。此外,如果消费信用是以外币为信用货币,那么,汇率变化引起的货币风险也可能会给信用双方带来损失。

二、消费信用风险的成因分析

(一) 非对称性信息理论与消费信用风险

信用风险的产生与信息经济学中所讲的非对称性信息理论有很大的关系。所谓信息非对称性是指交易双方在经济活动中所处的地位不可能完全一样,即双方所掌握的信息是不一样的。一般来说,内部人所掌握的自身信息总是比外部人多。在信息不对称的市场中,信息不对称带来的主要问题是不讲真话和不守承诺,由此就会造成交易中的信用风险。

在我国银行信贷市场中,消费信贷市场是信息不对称最为突出的场所,成为消费信用风险产生的主要原因。与企业信贷市场相比,消费信贷市场信息不对称突出表现在以下几方面:

(1) 个人信用信息连续性低于企业。企业经营活动是连续的,相应借款活动也是连续的,尽管其信用信息可能不全,但由于借贷活动的连贯性,便于银行从一段较长的时间内对企业的信用作出判断。但对于大多数个人借款者而言,借款活动并不连续,不利于银行对个人借款者的信用状况进行判断。

(2) 个人信息的公开程度要低于企业。企业的基本信息如营业场所、经营范围、注册资本、资产负债状况等在企业成立时就已登记在案,银行可以方便了解借款信息。而在我国,个人资产和收入状况不透明,同时也缺少集中登记个人基本信息的部门,对个人的信用信息的搜集很难入手。

(3) 银行对企业借款者的信息甄别和评价技术高于对个人借款者。银行从开展信贷业务之日起,企业就一直是银行的授信对象,银行在长期同各行业、各类型、各个规模的企业打交道中,积累了不少的经验和形成了一定的判断标准,企业信贷登记咨询系统的建立和逐步完善也有助于减少信息不对称对银行贷款造成的损害。而从银行与个人的信用关系来看,它们的关系长期以来都是单向的,银行基本上是存款接受者,个人信贷业务的历史还很短暂,甄别个人信用信息和评价技术还不很成熟。

因此,在我国的消费信贷市场中,由于商业银行缺乏有效个人信用信息获取渠道及甄别信息真实性的技术手段,就使个人借款者掌握了较多的"私有信息",获得了更多以此牟利的机会,这无疑加大了银行的信用风险。

(二)成本论与消费信用风险

经济学的基本假设是经济人假设,在这一假设前提下,任何理性经济人行为决策的标准只有两个:成本与收益。

从这一角度看待消费者失信行为的产生也就变得非常简单,即消费者是否守信绝非因为其道德品质突然发生了什么变化,而是取决于在既有制度框架下对自己的成本收益的理性判断。

从历史文化上来看,中国受儒家文化的影响,长期以来是一种以"人情事理"为纽带的礼仪社会。失信的成本是相当巨大的,信用的严肃性由此得到维护。而现代社会是一个开放式的、平等的社会,旧有的道德约束机制已不再能够对失信者提供足够的惩罚。在新的约束机制尚未建立起来的情况下,对于失信者的失信行为就形成了一个惩治真空。由此可见,目前我国消费信贷市场中由于消费者违约造成的信用风险乃至整个社会信用环境的恶化绝不是简单的一句"道德沦丧"所能解释的。道德依然存在,理性人依然理性,只不过历史变迁过程中道德约束给违约者带来的潜在成本在下降。在目前的社会环境和制度安排下,消费者的失信收益要高于失信成本,从而诱发了其失信的冲动。因此,产生消费信用风险的另一个重要原因就是约束机制缺位下失信成本的弱化。

(三)法律障碍与消费信用风险

目前,我国有关消费信用的法律法规还不健全和完善,致使消费信用风险的产生和发展缺少法律的制约,而从事消费信贷业务的商业银行的合法权益得不到必要的保障。银行追索债权难的现实,进一步加大了个人消费信用的风险。商业银行为避免不必要的纠纷和风险考虑,一般把消费信贷建立在有抵押物的前提下,消费贷款一旦形成风险,抵押品可作为第二还款来源。然而,现实生活中商业银行这种理论推理的逻辑是行不通的。因为,我国的担保法规没有针对消费信贷的相关规定,加上地方保护主义、司法漏洞多和二级市场的落后,商业银行要处理抵押品就很困难。即使法院判决了,也不可能都执行,往往要经过许多部门的多方权衡,才能确定银行是否可实现抵押权。如住房抵押贷款,商业银行收回房子,让住户"扫地出门",这在我国似乎是"不人道的行为"。抵押贷款的债权尚且如此难以实现,商业银行如果开展其他形式的贷款,债权更是难以保证。

三、消费信用风险的防范

(一)建立科学的个人信用评价体系

商业银行应根据自身业务特点和发展战略建立内部个人信用评价体系。信用评价体系可采用积分制,具体分成4个部分:一是基本情况评分,包括个人工作经历、工作单位、家庭情况等不同情况设定不同的积分。二是业务状况评分,即在信用记录号下,每发生一笔业务,均相应积分。三是设立特殊业务奖罚分。如个人信用记录号下屡次发生信用卡透支,并在规定期限内偿还透支额的,即可获得额外奖分;个人贷款按期还本付息情况良好可以获得奖分;发生恶意透支并不按时归还本息的,即实行额外罚分,情况严重的列入黑名单。四是根据上述累积得分评定个人信用等级。

(二) 完善银行内部消费信贷风险管理体系

一是建立科学的风险控制系统。商业银行要严格按照《巴塞尔协议》的要求,从风险控制组织流程、风险计量模型、风险数据库入手,建立风险管理信息系统,保证个人消费贷款客户信息的集中,对现实或潜在的风险进行系统、及时、全面的管理。

二是注重历史数据的积累,摸索建立科学的风险计量模型。一套科学的风险计量模型必须建立在大量的历史数据的基础上,只有全面掌握了不同产品、不同区域、不同客户的违约概率和违约损失率以及分布规律,才能开发出适用的风险计量模型。因此,各商业银行要尽快打通制约建立个人消费信贷风险计量模型的数据"瓶颈"。

三是建立科学的风险控制流程。在贷前调查环节,主要应侧重考虑个人信用记录、个人负债比率、个人就业记录、个人保险等因素。在贷中审查环节,要进一步明确各业务岗位的操作关键,规范程序,逐步做到在线查询、分级审查审批和集中检查。在贷后管理环节,应加强跟踪监控,实时掌握借款人动态,建立消费信贷风险预警机制。

四是探索运用现代金融工具分散个人信贷风险。商业银行应结合本系统的管理体制,解决有关消费信贷产品的定价方法、风险控制方法、目标客户定位方法等一系列重要的经营性问题。借鉴国外银行的先进经验,运用现代金融工具和方法来管理和控制个人信贷风险,如消费贷款证券化、个人抵押贷款证券化、个人消费贷款保险等。

(三) 建立和完善个人信用管理体系

从消费信用风险产生的机理看,仅仅依靠商业银行加强自身的内控管理是无法有效降低和控制风险的。首先,为了克服信息的不对称性,商业银行必须对每个申请人都进行认真调查、验证,但由于每一笔消费信贷的金额都比较低,很可能出现成本高于收益的情况,信用交易无法进行。另一方面,如果诉诸法律解决,将大大增加银行成本,因此很多违约案件不了了之。由此,违约者不仅可能不受惩罚,反而可能获得额外收益,这样,消费者在利益驱动下违约的冲动就得以"强化"。

在消费信用较为发达的西方国家,经过近百年的发展、探索和研究,已经形成了一套较为成熟、有效的降低信用风险、提高交易效率的信用管理模式。其具体做法就是建立个人信用管理体系,形成对个人信用行为的制度性约束。个人信用管理体系的作用主要体现在以下几个方面。

1. 降低消费信用市场上的信息不对称性

个人信用登记制度的建立,强大的征信网络的形成,使原本分散于各类机构、银行、社保机关、政府、税务部门、公用事业等单位的个人信用信息集中起来,同时专业的信息处理机构(信用报告机构)据此对客户资信状况进行分析判断,并及时出具个人信用报告,这就为商业银行的消费信贷业务提供了真实、充分的信息,改变其信息劣势,大大削弱了银行和消费者间的信息不对称性。

2. 建立"失信惩罚机制"

个人信用体系的建立,使个人的守信行为和不守信行为可以被社会公众广泛认知,至少是在一定范围内被认知。这样一来就会使有不良信用记录的个人在社会经济活动中遭受重创,因为几乎所有的企业、商店、金融机构都不愿意与有严重失信记录的个人进行信用交易,重要行业的雇主也不会聘用有失信记录的人,这就使得失信个人在生活中举步维艰。这种制约机制称为"失信惩罚机制"。失信惩罚机制所承担的任务是打击市场上的各类经济失信行为。失信惩罚机制会对有失信记录的企业和个人实施不同程度的经济性质的打击,迫使受信人轻易不敢对各类经济合同或书面协议违约。它就像是悬在每一个市场参与者头上的一把利刃,对任何失信者的震慑和打击都"一视同仁"。

失信惩罚机制的形成无疑加大了消费者的违约成本,使其通过"成本—收益"的比较,在短期的违约收益和长期的个人信用损失之间作出明智选择。

个人信用管理体系的建立限制了交易中的任意行为,使交易行为更加简单和可以预见,各方的权益均得到更好的保护,社会整体信用环境得到改善,消费信用风险就会下降。

(四)完善相关制度与法律体系

由于我国个人信用制度和社会保障制度尚处于建设过程中,当前亟待完成的基础性法律工作主要有:(1)出台关于征信数据开放和规范使用征信数据的法律法规。应当规定征信机构的设立条件、经营方式、管理部门、数据开放范围、开放渠道、保密数据、隐私权保护、法律责任等。(2)出台个人破产法,其中最关键的是明确规定如何减免和偿还破产人的债务,同时为防止债务人的欺诈作弊和破产逃债行为,还应就以下两大问题作出明确规定:一是破产人在豁免债务后必须付出的代价;二是滥用破产行为的种类及应承担的刑事责任。

本章小结

消费者信用是现代信用体系中的一种重要信用形式。它是对消费者个人提供的信用,主要有分期付款和消费贷款两种形式。根据不同的标准划分,消费信用可表现为多种不同的形式:按提供信用机构的性质可划分为零售信用和现金信用;按用途可划分为住房抵押贷款和非住房贷款;按保证方式可划分为担保贷款和信用贷款。消费信用具有拉动经济增长、改变消费者消费观念、促进推动整个社会信用水平的提高等作用。

对消费者的信用价值进行评价所依据是"5C"原则,即个人品行、能力、资本、抵押和状况。消费者信用评估内容主要包括消费者的自然情况、职业状况、资产状况、信用情况和稳定性情况。在进行个人信用评价时应注意人口漂移、信用评价的动态性、指标权重确定的灵活性、保留酌情处理权和对信息缺失的处理问题。个人信用评价方法包括主观判断法、信用记分制和模型评价法。个人信用评分模型中比较著名的是FICO信用评分模型,是一种信用统计模型。

消费贷款主要包括个人住房贷款、汽车消费贷款、助学贷款。个人住房贷款泛指以自然人名义购置住房并向金融机构申请的贷款,包括个人住房商业性贷款和个人住房公积金贷款。个人住房贷款还款方式主要由等额本息还款法和等额本金还款法两种。汽车消费贷款或汽车贷款是指贷款人向借款人发放的用于购买汽车的贷款,包括个人汽车贷款、经销商汽车贷款和机构汽车贷款。助学贷款是指银行业金融机构以资助我国高校学生解决就学经济困难为目的向高校学生发放的个人贷款,主要包括国家贴息助学贷款和一般商业性助学贷款两类。

消费信用风险是指由于授信方获知信息的不充分以及所在环境的未来不确定性,而使每一次授信选择都有面临一定损失的可能性。消费信用风险的种类主要包括系统性风险和非系统性风险。消费信用风险的成因分析可以从非对称性信息理论、成本论、法律障碍3个角度来分析。消费信用风险主要可以通过建立科学的个人信用评价体系、完善银行内部消费信贷风险管理体系、建立和完善个人信用管理体系、完善相关制度与法律体系来防范。

重要概念

消费信用　信用评价“5C”原则　个人信用评分表　信用记分制　FICO　个人住房商业性贷款　个人住房公积金贷款　等额本息还款方式　等额本金还款方式　汽车消费贷款　国家贴息助学贷款　一般商业性助学贷款　系统性风险　非系统性风险　失信惩罚机制

思考与练习

1. 消费信用产生的条件有哪些?
2. 消费信用的主要形式有哪些?
3. 简述消费信用评估的主要内容。
4. 消费者个人信用评价方法有哪些?
5. 试比较等额本息还款方式与等额本金还款方式。
6. 简述汽车消费贷款业务流程。
7. 消费信用风险的来源有哪些?
8. 如何防范消费信用风险?

第八章 政府信用管理

人无信不立，业无信难兴，政无信必颓。毋庸讳言，信用是市场经济条件下包括个人、组织和政府机构在内的任何社会主体均须遵循的道德规则与行为规范，因此，在构建我国信用社会的系统工程中，每一个主体均应责无旁贷地加强自身信用建设。在建设我国信用社会的宏大工程中，政府信用建设乃是最为关键的一环。本章主要讨论政府信用及监管问题。

第一节 政府信用概述

一、政府信用概念

在信用社会，个人、企业、政府机构及其他组织都是信用主体，而其中的政府信用乃是整个社会信用体系的支柱。政府机关是由许多承载着不同职能的具体部门组成的，它们分别实施着政治、经济、法律、军事、文化等各种各样的对社会产生重大影响的行为，它们在实施这些行为时都必须言而有信、言行一致，只有这样，才能取信于民，赢得社会民众的信任，因为权力的合法性基础实际上就是某种信任。

政府信用是指各级国家行政机关在经济社会管理和服务活动中能够履行契约而取得的信任，是社会组织、民众对政府行政行为所产生的信誉和形象的一种主观评价或价值判断。政府信用体现的是政府的德性，是政府的主观言行和社会评价的反映。

一般情况下，人们谈及信用往往是指企业和个人信用。实际上，相对于企业、个人及其他社会主体而言，政府是最大的信用主体。政府在社会中的地位决定了政府信用对整个社会具有重要影响，政府及工作人员失信，较之于自然人、法人以及其他主体具有更大的危害性，政府是整个社会的表率，是构建社会信用体系的核心。

与个人信用与企业信用相比，政府信用具有以下两方面的特殊性：

（1）政府信用的主体是政府，客体是公众，而两者之间并非是平等的契约关系。虽然按照西方的传统观念，人民是政府合法性的来源和政府权威建立的基础，但公众在实际操作中往往处于被动的地位。政府与公众关系的定位不同于商业信用中平等主体双方关系的定位。

(2) 企业或者个人信用中的主体具有一定的选择性,而对于政府信用,公众往往只能被动接受。正是这些特殊性的存在,使得在企业、个人、政府失信的情况下,造成损失是否可以弥补上有很大的差别。在企业或个人失信时,即使一方失信,对方仍然有选择的余地;而政府一旦失信,其所造成的危害将更为严重,损失也更加难以弥补。

二、政府信用的思想来源

(一) 国外政府信用的思想来源

在西方社会,社会契约理论是政府信用的思想基础。17 和 18 世纪英国资产阶级思想家霍布斯、卢梭提出的社会契约论,着重说明国家是人们由于理性驱使,为摆脱无序争夺状态而寻求有组织和平等生活而相互订立的一种社会契约。在这个契约中,人民交出一部分自然权利,把它委托给主权者,从而有了政府,政府成为政治代理人,享有管理社会的权利,行使行政权,同时主权者也担负保证人民安全、维护社会秩序与公共利益等政治、经济责任与义务。

据此,政府实际上是掌权者与人民订约的产物,人民与政府之间存在着政治委托—代理关系:公众将行政权委托给政府行使,同时期望获得能维持其利益的政府产品,这实际上构成了政府的义务或职责。

政府代理公众行使行政权,并通过履行职责获得相应的利益;政府作为一个组织,通过履行其职责得以继续存在和发展;政府官员作为真正的利益主体,获得工资、地位及其他利益。

在委托—代理关系已经形成的情况下,政府信用就成为决定这种委托—代理关系存续的最重要因素。如果政府无法回应公众的期待和信任,就会出现信任危机,就会威胁到委托—代理关系的存续,也意味着政府对社会的违约。

近代的西欧各国,在经历了罗马法复兴、文艺复兴和宗教改革 3 次运动后,契约关系从经济领域向社会各个领域延伸,从而出现了经济生活和政治生活的契约化,形成了西方的契约文明和契约型社会。契约的衍生价值——信用也就成了西方社会的主导价值之一。经过几个世纪的发展,西方社会信用体系建立起来了。在西方社会信用体系中,个人信用是基础,政府信用居于核心的地位。

(二) 我国政府信用的思想来源

在中国,较早的信用和契约关系用“信”和“约”来表达。“信可使守约,做事可法”,信用成为契约的本质内涵和契约行为的逻辑起点。“民无信不立”,“信”是优先于“兵”和“食”的更重要的治国方略,强调了政府信用的重要性。

将诚信提高到政治高度的是春秋时期霸主齐桓公的宰相管仲,他在《管子》中论述:“先王贵诚信。诚信者,天下之结也。”也就是说,诚实守信的统治者会得到天下人的拥护,只有凭借“诚信”这个因,才能取得“结”这个果。中国古代政治家在治理国家方面往往强调“得民心者得天下,失民心者失天下”,认为国家的领导者只有以诚心诚意的态度和方法取信于民,才能达到人民安居乐业,进而使国家太平、社会安定。

我国几千年源源不绝的以“德”、“仁”为核心的传统文化,影响制约着一代代封建王朝和帝王将相“践礼求仁、取信于民”。

由此可以看出,在以“礼”为治国之道的中国古代,诚信是作为伦理道德、修身治国平天下来使用的。

综上所述,无论是西方还是东方,政府信用在整个道德体系中都占有重要的地位。它是人类重要的信用之一,是人类有秩序的生活所绝对不能缺少的。特别是在世界各国经济快速发展、技术日新月异、人民对自由和民主诉求越来越高的时代,维持经济可持续发展、维护社会秩序稳定、提高人民生活水平都离不开政府信用。

三、政府信用的作用

(一)政府信用是整个信用体系的核心与支柱

信用是多种多样的,可以将信用分为政府信用、企业信用、社会组织信用及公民个人信用等。这些不同信用主体所体现的信用相互作用、相互影响,构成一个完整的社会信用系统。在这一社会信用系统中,政府信用处于核心地位,是整个社会信用体系建立的基石。

1. 政府信用的范围最广、内容最复杂

一般而言,政府公共管理的内容,主要体现为两个方面:一是国家事务的管理,如军事、国防、外交、法制、公安等;二是社会公共事务的管理,如经济、文化、教育、科技、社会保障、人口控制、环境保护等。从政府与企业、其他社会组织、公民的比较中,可以看出,社会组织、企业及公民的信用内容较为单一,其范围远不如政府信用的范围。

2. 政府信用是其他信用赖以存在和发展的基础

政府的每一项决策,公务员的一言一行,都在显示着政府信用。在社会信用系统中,政府信用是最关键和最基础的信用。只有政府在公共管理中恪守信用,才能为企业、社会组织和个人树立表率。

3. 政府是整个社会信用的捍卫者

无论是企业、社会组织还是个人,在社会、经济交往中都应遵守信用准则,但信用不是靠单个的组织、团体或个人来维系的,而主要是靠政府通过法令、法规来维护。对破坏信用、违反信用规则的社会组织、企业及个人,政府可以给予其制裁或惩罚,而企业信用、公民信用则不具有这种功能。

(二)政府信用是政府职能顺利实现的保障

政府的职能可以从两个层面来划分:一是从静态角度将政府职能分为4个基本方面:政治职能、经济职能、文化职能和社会管理职能;二是从动态角度将政府职能分为:计划职能、组织职能、执行职能、调控职能及监督职能等。不论是政府的静态职能还是动态职能,其顺利实现,既需要从人、财、物等有形方面提供保障,也需要从制度、规则、信用等无形方面提供精神支持与动力。

如果政府信用缺失,政府职能的实现就必然遇到阻碍。如政府信用度低,失信于民,其法令、决策就不可能得到贯彻落实,就必然出现"有令不行"、"有禁不止"的现象,政府行为就得不到社会和民众的支持与配合,甚至还会引起民众与政府的对抗,危及政府自身的生存与发展。

(三)政府信用能促进市场经济的良性发展

市场经济是一种法制型经济,是一种依靠秩序、规则、信用维系的经济。市场经济离不开竞争,市场中各竞争主体之间的竞争行为既要严格依法进行,也要严格依信用规则进行。但市场竞争中的信用规则的确立、维系单靠竞争者的自身约束往往是无济于事的,而必须依赖于政府和政府信用。

1. 政府要为市场主体制定竞争规则、信用规则

要维持市场经济的正常运转,必须制定一系列规则,如竞争规则、信用规则。这些规则的制定为市场运行提供公平竞争、诚实守信的规则基础。

2. 市场竞争规则、信用规则的遵守与履行离不开政府

政府要通过政府行为,运用法律、行政及经济等手段对不讲竞争规则、不按信用规则办事的当事人给予制裁与惩处。在全社会营造诚实守信的良好环境,促使各市场主体严格遵守和履行各种市场经济规则。

3. 政府信用是市场经济信用的表率与楷模

在市场经济条件下,不仅要求各市场竞争主体要讲信用,恪守诚实信用原则,更要求政府首先要讲信用,只有政府做到诚实守信,才能为市场运行提供信用示范与表率。在一个政府信用失范的社会,不可能建立起诚信的市场经济,没有政府信用的规范引导作用,市场经济不可能良性运行与发展。

四、政府信用的具体形式

一般来说,根据信用的内容、主体等标准,在理论上可以将政府信用区分为:政府规则信用与承诺信用、政府内部信用、政府对公众的信用。

(一) 政府规则信用与承诺信用

从信用内容的角度来看,政府信用也可分为政府规则信用与政府承诺信用。

政府规则信用是一定条件下的一种普遍性的约定形式,包括由这种规则引发的关联方式、受规要求及其相应的品行。一般而言,规则信用常常是一种集体意志或社会理性的反映,如政府的政令、法律规定、道德准则乃至特定机构的规章制度等。

政府承诺信用则是一定条件下的一种个别性的约定形式,包括由这种承诺引发的特定的权利和义务关系、受诺要求及其相应的品行。在日常生活中,除了经济生活领域的各种具体的企业、个人的失信行为(如做假账、贩假货、违约、毁约等)外,政府的各种政令、规章制度缺乏威信和威力,政府机关对其颁布的政策、指令置若罔闻等,也是一定程度上存在的失信行为。

(二) 政府内部的信用

从信用主体的角度来看,政府信用包括两个方面的内容。一是政府内部的信用,亦即政府内部各机构、部门及其工作人员之间的信用;二是政府对公众的信用,亦即政府机构及其工作人员在行使国家权力时对公民和社会组织的信用。政府内部的信用主要表现为:

1. 政府上下级之间的信用

政府上下级之间的权力划分和具体的运行规则是由宪法和法律规定的。上下级政府及其机构之间、中央与地方之间,虽然存在着命令与执行或者监督与被监督的关系,但这种关系应当建立在实事求是、诚实信用基础上,上下级之间应当在法制的范围内处理问题、解决矛盾。反过来说,上级政府及其部门朝令夕改、出尔反尔以及官僚主义和形式主义的作风,就是对下级政府及其部门不讲信用;而下级政府及其部门阳奉阴违、以“对

策"对抗"政策"、虚报浮夸之风盛行,就是对上级政府及其部门不讲信用。

2. 政府中横向的各政权机构之间的信用

一般而言,国家的政权机关通常包括守法机关、行政机关、司法机关、检察机关和军事机关等。宪法和法律往往会对横向的国家政权机关彼此之间的权力范围做出划分。但任何一项国家权力的划分都不可能达到绝对的精确和分明,一些机构和部门彼此之间的权限范围难免处于一定的不确定之中,此时,就需要依靠政府机构自身的道德约束了。

3. 政权机构下属的各部门之间的信用

当在横向的政权机构及其下属部门之间,出现曲解和规避法律、竞相争夺能带来各种利益的权力、竞相推诿各自应负的职责等现象时,这样的政权机构及其部门就是充斥了利益私心的机构和部门,在它们之间就很难有彼此的信任和道德约束,很难有相互尊重、紧密配合、服务于公众利益的协作精神和使命感,而一个充斥了私心的机构和部门是有从人民的政权机关向利益集团蜕变的危险的。

4. 政府内部工作人员之间的信用

政府的一切工作实际都是由具体的政府工作人员来完成的,政府工作人员应当具备的最基本的品质以及彼此之间应当保持的最基本的关系就是信用。无论政府工作人员之间是上下级关系还是平行的、横向的关系,在彻底抛弃了人身依附关系、帮派关系的现代公务员制度下,信用无疑是联系政府工作人员关系的最珍贵的纽带。只有讲求信用才有彼此的尊重和合作,才有宽松愉快的工作心情,才有工作效率和质量的提高。反之,当政府工作人员之间充斥着阿谀奉承、尔虞我诈、阴谋诡计和人人自危的恶劣作风时,则不可能达到政府的高效运转,不可能实现政府为人民服务的宗旨。

(三)政府对公众的信用

政府对公众的信用主要表现为立法机关、行政机关和司法机关对公众的信用。

1. 立法机关对公众的信用

立法机关对公众的信用,表现为它在制定一项法律、法规,做出一项决议、决定时,必须从公众的切身利益出发,由衷和真实地反映公众的意愿。当立法机关做出的一项决议与保护公众利益并无很大联系,或者与保护多数人的利益并无联系甚至是在侵害公众利益时,人们就不会拥护该决议,并进而怀疑起做出这一决议的机关对人民是否恪守信用了。

2. 行政机关对公众的信用

行政机关是政府在管理中与公众接触最广泛、行使权力最直接的机关,它对公众的态度和与公众的关系在所有政府机构中最为直接和敏感。英国著名的哲学家密尔甚至将行政机关对公众的态度如何,上升到公众是否愿意接受代议制政府的高度。他指出,代议制政府能够存在的第一个条件,就是公众必须愿意接受它。当一国人民对代议政体缺乏足够的估价和爱慕时,他们就几乎没有希望保持住这种政体。而在每一个国家,行政机关是政府行使直接权力的部门,并且是直接和公众打交道的;个人的希望和恐惧主要是指向它的,政府的好处以及政府的恐怖和威信,也都主要通过它表现在公众眼里。这一论述表明,行政机关如何与公众形成一种良性关系是何等的重要。要达到这一目的,信用无疑是最好的策略。各行政机关在公共管理中应诚实守信、取信于民。只有如此,政府的相关政策、法规才能得到公众的拥护和支持。

3. 司法机关对公众的信用

司法机关对公众的信用是通过它以及它的审判人员的公正裁判体现出来的。如果说审判机关与横向的检察机关、行政机关甚至议会机关在某项权力方面出现抢滩行为，司法机关在政权体制内部的信用受到怀疑的话，那么，一个司法机关的审判人员胆敢收受贿赂，吃了原告吃被告，进行枉法裁判，则可以断定，这样的司法行为已经完全丧失和背弃了对公众的信用，并且在无情地腐化和销蚀司法机关的人民性。因为司法是社会公正的最后一道防线，如果连司法人员都敢于欺骗公众、欺骗社会的话，那么人民将不敢相信社会上还有公正可言。

五、政府信用建设的内容

由于政府在社会生活当中居于强势和支配地位，政府的政治强权、经济强势、信息优势不可避免地存在，政府的主观随意性自然而然地出现，偏好行政、随意行政行为随之产生，信用缺失、信用贫困、信用滥用也就产生了。面对这种情况，重塑政府信用刻不容缓。政府信用建设是一项复杂的系统工程，需要靠政府自身的行动去建立，应从道德和制度两个方面着手。

1. 政府信用道德建设

培养政府官员的诚信意识。政府要把“恪守信用”、“诚信为本”作为社会道德建设的基础工程来抓，把讲信用作为公共伦理的底线。要使公民做到诚实守信，政府首先要做到诚信。政府行政的宗旨是全心全意为人民服务，政府信用道德要求强化服务和绩效的理念、伦理的自主性、公共精神、责任意识，要求行政机关和政府官员在思想、言论、行动、决策上对公众高度负责，忠实履行岗位职责，遵守行政伦理，不要被“自利性”淹没了“公共性”，树立良好的公仆形象和良好的政府信用形象，从而建构“道德型政府”。没有良好的政府信用道德就不可能形成良好的行政作风，也不可能出现良好的政府行为。

政府的诚信是由政府中各个官员的诚信行为构建而成的，要根据诚信养成需求，营造舆论环境，有计划、有组织地进行诚信教育，反复训练，形成诚信习惯；树立诚信文化，弘扬正气；推行诚信法制，规范失信行为。

2. 政府信用制度建设

政府信用制度建设包括外部制度建设和内部制度建设两个方面。

外部制度建设方面，政府应以信用为基点，严格依法行政，建立公开的社会信用信息网络，优化“信用生态”，建立信用管理制度，强化政府信用，完善政府信用管理体系。具体包括：政府必须充分运用行政行为推动社会诚信体系建设；要强化信用需求，引导、推进建立信用的记录、评价、公开制度，为社会提供信用信息；要确立诚信规则，建立监督机制和惩戒机制；要大力扶植和监督信用中介服务行业的发展，引导信用中介服务企业加强行业自律，推动企业内部的信用管理制度建设，完善个人信用制度。

内部制度建设方面，政府应本着诚信在先的原则，打造信用政府，强化政府信用。严厉惩治政府官员的腐败行为，建立相应的权力监督体系，对政府在改变制度和政策方面的权力作出严格限定，严格执行行政执法责任制和行政过错责任追究制等。最终提高政府的公信力，构建服务型、负责任、法治型、服务透明、以人为本的政府。

第二节　政府信用监管

我国社会信用体系建设已经启动,信用理念已日益深入人心,建立信用制度、加强信用管理已为社会所需。政府建立信用监管体制、发挥信用监管作用责无旁贷。在这过程中,必然会涉及信用监管的内容、政府信用监管的重点及政府应发挥的作用等问题,本节主要介绍这几个方面的内容。

一、信用监管概述

信用监管是信用监管机构依据相关信用法规和信用市场发展状况,对信用市场参与人行为、信用产品和信用关系运行进行监督、规范、控制和调节等一系列活动的总称。信用监管的主体有政府相关部门、民间专业机构和国际金融监督组织。政府监管部门有财政部、工商管理部门、中央银行、银行业监督管理机构、证券业监督管理机构、保险业监督管理机构等。民间专业监督机构有信用行业协会等。国际金融监督组织有巴塞尔银行监管委员会、国际清算银行、国际货币基金组织等。

(一) 信用监管的目的

信用监管的主体不同,信用监管的职能、权限、手段、领域和范围也不同,但其监管的根本出发点和总的目的却具有一致性。信用监管的目的可以概括为以下几个方面。

1. 防范信用风险

信用风险是信用活动中不可避免的首要风险,与信用活动相伴相生。信用风险发生时,往往没有任何预兆,令人措手不及;同时,当某一债务人不能按时履行其债务责任时,其债权人便不能及时获得收入,从而减少其流动性,进而降低其履行对第三者的偿债能力。而信用活动几乎涉及每个人、每个企业,如果这种状况发生连锁发展,就会导致社会信用链中断,演化成全社会的信用风险,动摇社会稳定和经济发展的基础。此外,由于金融不断创新,金融工具层出不穷,虚拟信用交易瞬息万变且交易量呈几何级数递增,使得信用风险难以识别和控制。因此,信用风险具有突发性、传导性、广泛性、复杂性等特点,必须要严加防范和努力化解。因此,防范信用风险,是信用监管的一切政策和手段的出发点和归宿。

2. 规范信用行为

所有的信用行为涉及两个或两个以上的主体,信用行为种类繁多。而有些市场主体出于利己的目的,往往会采取机会主义的手段,甚至恶意破坏信用关系,逃避信用责任,从而损害正常的信用秩序。信用监管机构通过信用监督、稽查和执法来控制、惩治各种失信主体,减少和消除各种失信行为。只有将信用行为纳入一定的法律框架之下规范运作,才能保护市场主体的利益,确保良好、健康的信用秩序。

3. 健全信用制度

商品交易方式是由物物交易、货币交易到信用交易这样一种由低级到高级的逐渐演化过程,信用制度也有一个由无到有、由初级到高级、不断完善的过程。信用监管机构将成熟的、被普遍接受的信用观念、信用关系、信用行为和信用产品等通过法律法规确定下来并付诸实施，形成稳定的制度安排，借以调整信用关系，改善信用环境，这既是信用监管的手段，也是信用监管的目的。

4. 促进信用发展

信用体系越完善、信用工具越丰富、信用关系越发达，社会交易成本就越低，政府、企业的筹资和投资就越便利，居民的投资和消费就越增加，跨境筹资、投资和进出口贸易就会越繁荣，经济发展就会更加健康和迅速，因此，促进信用发展便成为信用监管应有之义。信用监管为信用发展提供良好的信用法律环境、信用行为规则、信用文化理念和信用创新机制，确保信用规范有序发展；而信用发展又要求信用监管提高监管水平，改善监管手段，创新监管体制。信用监管与信用发展相辅相成。

（二）信用监管的特征

在市场经济中，监管的方式有多种，如银行监管、保险监管、证券监管、质量监管等，各种监管都有其各自的特征。信用监管具有以下特征：

1. 广泛性

（1）信用监管主体的广泛性

任何一个国家的信用监管机构均是由不同部门共同组成的，如美国的信用监管机构主要由联邦贸易委员会、司法部、国家财政部、货币监理局、美国联邦储备体系、证券监督管理委员会等政府、司法部门，存款保险公司等法人机构，各类信用管理协会、信用报告协会等民间机构共同构成信用监管体系，各自发挥相应的监管职能。

（2）信用监管对象的广泛性

政府、企业、居民都要进行储蓄、筹资、投资活动。这些活动本质上都是信用行为，因此都要接受信用监管。

（3）信用监管领域的广泛性

现代信用活动已经渗透到经济、生活的方方面面，从生产、交换、分配、消费等再生产的诸环节，到个人的医疗、保险、就业（如雇主需查验个人信用记录）、上学（如大学生贷款、校园信用卡）等各个领域无不打上信用的烙印，而信用活动的领域便是信用监管的领域。

2. 综合性

信用监管的理论基础、政策制定、贯彻实施等各环节不仅相互联系，构成一个统一的不可分割的有机整体，而且综合了多学科理论，并把与信用相关的社会力量和制度有机地结合起来，共同保障经济秩序。即信用监管的理念和政策是建立在现代经济学、管理学、心理学等多种学科基础之上，并融合了信息论、系统论和博弈论等理论基础，进而需要综合运用法律、行政和经济手段来付诸实施。

3. 透明性

通过法律制度将信用交易各方的相关信用信息向社会或向交易对方公布，克服信息不对称、信息不完全等市场机制的固有弊端，以降低交易成本。当然，对交易各方有关信息依法予以适当的保护，与信用信息社会化是相辅相成的，两者并行不悖。

4. 基础性

市场经济是信用经济，信用监管是现代市场经济中各类监管的前提和基础。如金融监管首先要确保金融交易的各方诚实守信，按约履行责任，维护金融秩序；工商监管中的登记、注册等要确保市场主体提供的信息完整且准确;行政和法律对经济领域中大量的合同、担保的监管也是首先要求交易各方以诚为本,并建立了失信惩罚机制。

5. 国际性

随着经济全球化、一体化时代的来临,国际经济贸易往来更加普遍和频繁,一国的信用行为早已超越国境而延伸至世界的各个角落,信用监管也日益全球化、国际化。如《巴塞尔协议》对全球的国际性商业银行都具有约束性;各国信用监管机构广泛使用穆迪、标准普尔等世界著名评级机构的评级结果等等,不一而足。因此一国信用监管的法律、政策、措施等必须与国际信用监管制度接轨。

(三)信用监管的内容

信用监管是整个信用体系的重要环节,其内容纷繁复杂,归纳起来主要包括以下几个方面。

1. 建立征信数据环境

在世界各国,企业和个人消费者信用数据库的开放和市场化运作是信用管理体系的基础设施。因此,首先要建立多层次的信用信息数据库。包括由政府出资建立的、功能完善的企业和个人消费者信用信息数据库,以及由信用管理公司自己建立并经营的企业和个人消费者信用信息数据库,由信用管理协会建立并经营的企业和个人消费者信用信息数据库等多元化数据库。二是建立信用信息数据的采集、开放、使用、披露和保护等方面的法律法规。如银行、税务、工商、公安、人事、统计等部门掌握大量的企业和个人信用信息,需要通过相应的法律法规对信用数据的开放范围做出明确规定。三是信用服务专业机构可以快速、真实、完整、连续、合法、公开地获得用于制作企业资信调查报告和个人消费者信用调查报告的数据。

2. 订立信用管理从业人员的职业道德和操守规则

信用管理从业人员本身是管理和经营信用的,因此只有严格遵守职业道德和操守规则,才能规范执业。关于信用管理从业人员的职业道德和操守规则,既有由信用管理公司订立的,也有由行业协会或政府主管部门颁布的。信用管理从业人员的职业道德和操守规则至少包括以下几个方面:遵守合理的程序;公正揭示信用信息;公正、快速完成资料查证;辅导消费者,促使其了解在公平信用保护法下应享有的权利;制定适当程序,处理消费者争议;等等。

3. 构建信用监管法规体系

信用监管法规体系,包括国家关于信用方面的立法和执法(含银行信用方面的立法、非银行信用方面的立法和失信惩罚机制);政府对信用行业的监督管理;政府对全社会的信用教育和信用管理的研究与开发等。信用监管法规的目标集中在规范授信、平等受信机会、保护个人隐私权上。因此,商业银行、非银行金融机构、消费者资信调查、商账追收行业受到直接和明确的法律约束。同时又保证了企业和消费者征信信息流的畅通,从而实现在保护商业秘密和隐私权与开放数据之间取得平衡。

4. 监管信用服务机构

信用服务机构就其性质来说,与一般工商企业并无差异,但就其经营的业务和产品来说,有其特殊性。因此,对其监管,既要按照一般工商企业标准要求其必须具备一定的资本金、合理的管理体制、照章纳税等;也要根据其具体行业特点,实行有别于工商企业的监管。在征信国家中，信用监管的法规比较完善，政府的作用有限，主要是保障在法律规范下征信数据的开放、使用和传播，同时，政府的一些部门又是信用服务企业监管相关法案的提案人、法案的权威解释人和法律执行的监督人。在非征信国家，信用监管的法规不完善，甚至根本没有建立信用监管的法规，政府的主要作用在于，强制性地要求有关部门和机构开放被其控制的征信数据、培育信用服务市场的竞争机制，通过行政手段和相关法律手段控制失信行为。

5. 建立和加强行业协会等民间机构的自律管理

在征信国家，信用管理协会、信用报告协会、信用联盟等民间机构在行业自律管理方面起着不可替代的作用。其主要功能是联系本行业或本分支的从业者，替本行业的从业者提供交流的机会和场所；制定本行业发展规划、从业标准和规章制度；协调本行业与政府的关系，进行政府公关或议会的院外活动，为本行业争取利益；提供信用管理的专业教育，举办从业执照的培训、考试和颁发，出版信用管理的专业书籍、杂志；募集资金或成立专项研究基金，资助信用管理课题。

6. 实施信用管理教育

一是通过多种方式强化全社会市场主体的信用意识和观念，树立诚实守信的行为准则；二是加强信用管理学科，培育大批信用从业的专门人才；三是开展信用管理人员在职培训。

综上所述，虽然信用监管的主体有政府相关部门、民间专业机构和国际金融监督组织，但从大多数国家的情况看，政府相关部门对不同主体的信用监管起着推动或主导的作用。因此，下面主要介绍政府信用监管问题。

二、政府信用监管的框架与内容

政府信用监管就是政府对监管对象是否讲诚信、是否符合制度规范、是否履约实施的综合监管。一般而言，信用活动都是三维的，每个部门的监管都涉及以上信用三维的监管，如工商局（税务局）的监管包括对其监管对象的诚信度管理、社会关系的合规管理和经济交易下的合同（纳税）管理。

通常情况下，政府信用监管内容都是三维信用管理，相应的信用监管制度与措施也是针对三维信用分别制定的。无论是哪个维度的监管，监管的主体都是政府各个职能部门，监管的对象都是企业和个人。下面分别介绍政府信用监管机构的设置、职能及主要内容。

（一）政府信用监管机构的设置

政府信用监管是长期任务，应有常设机构专司其职。国家层面应设信用监管委员会，各行政职能部（委）应设信用监管司（局）。

我国市场经济建设的任务是艰巨的、历史性的，市场经济在建立与完善的过程中需要信用环境与信用秩序。信用建设将伴随着市场经济建设逐步发展，在市场经济发展的不同阶段，对信用建设的内容与重点的要求亦有不同，这就决定了对于我国社会信用体系建设，政府信用监管将是长期的、艰巨的，需要不断发展与完善。为了实现这一长期艰巨的任务，就必须建立专门的管理机构，以使其职能长期延续并不断发展。

政府信用监管建设应该纳入社会信用体系建设总体规划之中，并且应该作为总体规划的一个重要组成部分。政府信用监管建设的主要内容应该包括组织机构建设、制度建设、职能建设、行政监督管理执行能力建设等。其中,组织机构建设是重中之重,特别是对于信用监管。

迄今为止,政府专门成立机构针对信用制度、信用环境、社会信用秩序、信用交易等进行管理的情况比较少见。但是,针对我国的实际情况,有必要设立专门的政府信用监管机构,形成一系列信用制度与信用管理措施,使有特色的中国市场经济健康发展。因此,在我国,政府信用监管机构设置与制度建设是一项创新性的工作。

下面具体介绍我国信用监管机构的设置及职责。

1. 中国信用监督管理委员会

在国家层面,中国的信用监管机构应该考虑设立最高监督管理委员会——中国信用监督管理委员会,专司信用监管的政府职能,就像银监会、保监会、证监会等金融领域的专业监管委员会一样,独立承担信用领域的相关监管工作。中国信用监督管理委员会可以发挥政府对信用行业发展的指导作用,规范市场信用交易行为,保护信用主体的合法权益,宣传和倡导社会诚信原则与精神。中国信用监督管理委员会下设地方派出机构,可以按照行政区划,分省、市两级分别设置。

2. 信用监管司(局)

国家各部委可设立信用监管司(局),负责本系统内的信用监管工作。比如国家工商总局、国家质检总局、商务部、海关总署等,内部均可以专门设立信用监管司,专司信用监管与行政处罚职能。目前,有些部委已经开始有所尝试,有的是在原有的司(局)基础上,增加了信用监管的专项职能,有的是专设了相关司(局),有的相关司(局)还会再升级为更高级别的信用监管机构。这些做法适应了我国信用监管的需要,解决了很多现实问题,发挥了应有的行政监管职能。我国政府信用监管的框架如图 8-1 所示。

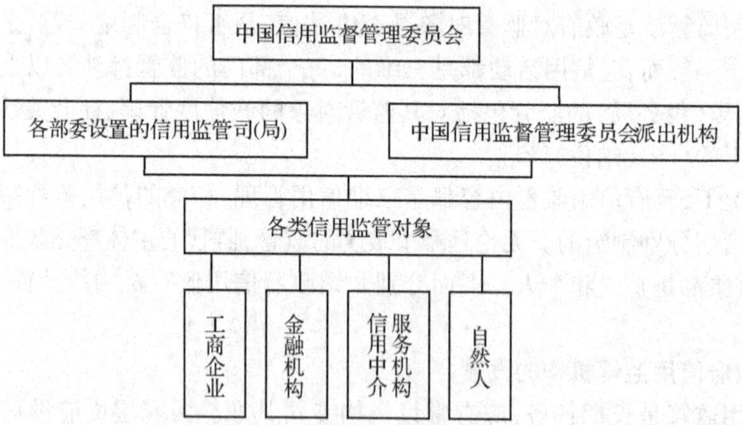

图 8-1　中国政府信用监管的框架

(二)政府信用监管机构的职能

由图 8-1 可知,我国政府信用监管主体具有行业性和层次性,各主体的职能范围和监管内容有一定的差别,其职能可设置如下:

1. 中国信用监督管理委员会的监管职能

为了改善我国社会信用环境、保护信用主体的合法权益、促进我国市场经济的健康

发展,应设立中国信用监督管理委员会,其主要职责应该包括:

(1) 研究和拟定社会信用体系建设的方针政策、发展规划,起草有关的法律、法规,制定有关规章;

(2) 统一管理信用交易活动,按规定对其派出机构实行垂直领导,并与各职能部委设立的信用监管司(局)进行协调;

(3) 监督管理信用中介服务行业的组织机构,对机构管理实行审批备案制,对个别有特殊规定的信用中介服务行业实行资质认证管理;

(4) 监督管理信用中介服务机构的从业人员,对高级信用管理人员实行注册登记制;

(5) 监督管理信用中介服务机构的产品与服务,受理与仲裁社会公众相关信用投诉,开展相关规范服务调查,并实施查处;

(6) 监督管理授信机构的授信业务规范,以指导性手段提示授信机构防范授信风险,降低社会性信用交易风险及信用危机发生的可能性;

(7) 监督管理信用交易市场的交易秩序以及信用信息的处理与传播,保障信用主体的合法权益;

(8) 监督管理境外相关信用中介服务机构在境内的一切活动。

2. 中国信用监督管理委员会派出机构的监管职能

为了加强对地方信用体系建设的指导及监督管理、对地方失信主体和失信行为及时查处、提高信用监管效率、促进地方信用环境的改善,中国信用监督管理委员会在地方设置了派出机构。该派出机构的具体职能如下:

(1) 负责对辖区内信用服务中介机构的业务活动进行日常监管;

(2) 负责对辖区内信用服务中介机构的设立、变更、解散、歇业、年检申请进行初审,出具初审意见;

(3) 根据授权,依法查处辖区内监管对象的违法、违规行为;

(4) 负责配合或者会同有关部门查处辖区内失信交易行为,以及破坏信用市场秩序与社会信用环境的行为;

(5) 负责处理辖区内有关信用的投诉,调解信用交易纠纷和争议。

3. 各部委信用监管司(局)的监管职能

为了规范行业信用秩序、加强对各类信用主体的分类监管、提高监管的全面性、完善全社会的信用环境,各部委应该在中国信用监督管理委员会的精神与原则指引下,根据自身的监管范围和监管特点,制定适合本部委的信用监管职能。由于各部委的监管职能不尽相同,这里不再一一列举各部委的监管职责内容。

(三) 政府信用监管机构的监管内容

政府信用监管内容很多,总体看来,应该包括诚信度监管、合规监管和经济践约监管3个方面。

1. 诚信度监管

诚信度是指信用主体的基本诚信素质,涉及信用主体的诚信素质、精神素养、行为准则等内容,是一个意识形态层面的概念。诚信度监管主要涉及道德、文化、心理范畴。道德监管是监管企业和个人的道德水平。监管部门首先要制定道德规范标准,以此为依据来监督监管对象的道德水平。

诚信度监管不但需要依靠政府部门，还需要社会大众的自觉性和舆论监督的导向性力量，从政府到公众再到社会舆论，都大力倡导诚信为本、操守为重、模范守信的道德观念，讲究求真务实、说实话、报实情、守承诺，反对欺上瞒下、暗箱操作、敷衍塞责、推诿扯皮等。与此同时，社会宣传教育和政府奖优罚劣的导向，有利于整个社会形成人人守信的氛围，也有利于营造良好的诚信环境。另外，利用表彰、通报、处罚等手段对不同信用主体进行奖惩分明的管理，在社会上树立诚信观念本身也是一种价值的理念，使社会主体都珍惜诚信、培育诚信、提高自身的诚信度。

在现阶段，从国内的环境和秩序来看，特别需要诚信宣传教育。也就是说，在社会信用体系建设初期，政府职能部门对诚信度的宣传教育，对信用主体的诚信监管，是非常重要的。从全社会来看，在社会信用体系建设初期就必须做到"立信"，使诚信成为人人皆知、人人遵守的社会准则。

2. 合规监管

这里首先要介绍一下合规度的概念。合规度是指信用主体在社会活动中遵守社会行政管理规定、行业规则、民间惯例的水平和能力，是获得管理者信任的社会资本。相应地，合规监管主要涉及政策、准则、制度范畴。社会合规监管是监管企业和个人的合规情况。监管部门首先要制定合规标准，并以此为依据来监督监管对象的合规情况，具体手段包括奖励措施和惩罚措施，即奖励合规的监管对象，惩罚违规的监管对象。

社会合规监管的行使主体为政府部门，监管依据为各类法律法规、部门规章、行业规范等，对于遵守规定的企业给予政务便利、政策扶持或资金支持；而对于违反规定的企业则采取行政和经济手段予以惩戒。现阶段，在我国失信惩戒机制无法完全发挥作用的时期，社会合规监管不失为一种有效的信用监管方式，既能做到有据可依、保证监管的公平性，也能运用有效的手段确保监管目的的实现，以维护社会秩序的有效性。

政府部门根据自身的行政权限，以信用分类监管的方式对监管范围内的企业实行信用监管是目前比较适合中国国情的选择。现阶段，工商、税务、海关、质检等政府部门已经启动了信用分类监管措施，并且结合自身的行政职能，给予相应的奖励和惩罚。地方政府还结合区域特色，尝试实行区域信用分类监管的措施，针对不同地区的信用发展状态和信用环境状况，给予不同的扶持政策或惩戒措施。在新兴的科技园区，园区管委会在积极创造条件、扶持园区企业发展的同时，采取相应的分类监管措施规范园区的信用秩序，以营造良好的发展环境和信用环境。

目前，大部分的委办、司局已经有相应的监管部门，事实上承担了信用合规监管的任务。比如很多部委都已经对被监管对象做出了基本的信用评价，进行了信用分类，按照达到监管要求的程度，把监管对象分成了红、黄、蓝、绿；A，B，C，D 或其他标识等。

这种做法的实质就是按照合规程度不同，进行合规监管。只是这种监管目前还很综合，目的不太清晰、效果不太显著。

因此，从目前我国的实际情况看，在社会信用体系建设的过程中，政府要做好信用监管，各部委应该设置专门的监管司、局，专门从信用角度出发，制定与信用相关的管理规定，明确信用行为边界，确定信用处罚规则与内容和程度，实施真正的信用合规监管。相关的信用监管结果可以形成信用信息，可以根据信用信息的情况做出不同的分类，根据不同的分类采取不同的处理方式,如信用信息公开披露、社会共享、纳入企业或个人征信档案等。

3. 经济践约监管

经济践约监管主要涉及经济交易范畴,对企业和个人的经济践约情况进行必要的规范和管理。监管部门首先要制定践约标准,并以此为依据来监督企业和个人的践约情况,企业和个人的践约情况可用践约度来反映。践约度是指诚信度和合规度在经济交易领域的具体表现,直接体现在社会经济关系和交易活动中。

经济践约监管的行使主体主要是政府部门和行业协会、商会等自律组织,监管的依据主要是部门规章和行业自律公约等。政府部门、行业协会等监管机构可以指导和协助企业签署、执行诚信承诺、联盟公约,企业之间互相监督,实现企业的经济践约管理。

在经济践约监管领域,行业协会发挥的作用不容忽视。在许多影响力较强的行业协会中,行业协会不但可以团结行业内企业共享信息资源、建立沟通平台、抵制恶性竞争,而且可以利用协会的号召力发动行业内企业诚信经营,履约践行。

与诚信度监管和合规监管相比,经济践约监管的建设虽然也应该在我国社会信用体系建设的初期就起步,但它将在社会信用体系建设的后期完成。这是因为经济践约监管实质是在“立信”中起步的,但大量真正的监管一定是在“立信”之后,在全社会以“立信”为基础,普遍开展信用交易的时候,经济践约监管才能针对交易行为真正发挥监管作用。

经济践约监管是为市场经济服务的,是防范信用交易风险、提高交易效率、节约交易成本的重要保障。当市场经济发展到信用交易比较普遍的阶段,这种经济践约监管就变成日常需要了。市场信用交易越普遍,经济践约监管就越必要。因此,各部委应设立专门的经济践约监管部门,并着手调研我国市场信用交易的基本行为和规律,制定必须遵守的交易规范,确定交易管理制度,明确不良信用交易的惩罚规则与措施,确定保护信用交易主体合法权益的内容与边界。

三、政府信用监管的重点

政府信用监管的主要内容包括诚信度监管、合规监管、经济践约监管。在三维监管框架中,最重要的是合规监管。换句话说,政府信用监管的重点就是对工商企业、金融机构、信用中介服务机构和个人进行合规信用监管。

(一) 政府进行合规信用监管的必要性

在市场经济中,交易活动是普遍的,交易的前提就是讲信用,讲信用就是市场经济的规矩。这个规矩是全世界的,也是全社会的,这个规矩不是一个人、一个企业能建立的,也不是民间的联盟和协会能建立的,它需要一定的强制性以及长时间、制度性的建设过程。实际上,这是一个阶段性的历史使命,这个使命只有政府能完成,这是政府天然的、注定了的社会责任。

在市场经济中,合同中往往不可能约定清楚的内容、非商务性的内容,也是最根本的内容,或是决定交易基础的内容——对方究竟能不能老老实实、规规矩矩地按合同办事。这些内容不可能每个合同中都要去约定,而是社会在某一段时间内形成的思想意识与社会行为规范。这些内容没有必要在每一份合同中一一列清楚,也不可能列清楚,但却应该受到管理和约束。

这种约束和管理不是由商务合同本身的条款来完成的，也不是由具体的经济法律条款来限定的。这种思想和行为规范的问题，应该由政府引导，建立规则、确定规范，向社会宣传，从而成为这段时间内的社会管理共识。政府的这种行政管理约束和法律的这种具体条款限定，一起成为社会管理的内容。

在人们信用思想意识、信用文化、信用价值观念并未完全确立的时候，政府就要引导和宣传诚信精神。政府要引导、宣传、逐步制定出一些信用行为规范，促使信用主体按照这些规范的要求去做，从而不断改进社会信用环境。综上所述，政府必须进行社会合规信用监管，并且应该作为新时期政府职能转变、政府服务于社会公众的一个新任务。

（二）政府合规信用监管的主要内容

政府合规信用监管是政府行政管理部门从职能出发，以合规监管为核心，以信用信息为手段的新型综合监管机制。

合规信用监管与政府原有的行政监管不冲突，它并不是新建一套完全独立的、与过去行政监管职能不相关的全新体系，而是对现有政府行政监督管理体系的改良。其实质是在原体系基础之上，对监管手段、制度和某些相关机构的改革。

合规信用监管的主要内容包括监管主体与对象、监管基础与依据、监管内容与实质、监管手段与措施等。

1. 信用监管主体

信用监管主体从国家层面来说，就是中国信用监督管理委员会。从地方层面来说，监管主体就是中国信用监督管理委员会的派出机构。在政府各职能部委，监管主体的代表就是专门设立的信用监管司(局)。

2. 信用监管对象

对政府和各层面的监管主体来说，信用监管对象都不是新的，都是原监管职能确定的监管对象，只是监管领域扩大了，监管内容扩大了，但监管更细化了。比如，监管对象都是某企业，但从信用监管出发，若对该企业进行处罚，就要执行对信用监管对象监督管理的实施细则。

3. 信用监管基础与依据

合规信用监管的监管基础与依据是在原有行政职能部门的职能与任务之上，增加信用内容与信用监管任务，依照法律法规确定具体的监管原则与监管精神，以及监管的职权范围、监管的行政处罚程度与具体实施的保障。

4. 信用监管内容

其核心是建立合规信用监管，主要是信用制度建设、信用数据库系统、信用评价分类监管系统、信用服务系统。实际上，这 4 个系统就是要确定信用行为范围、规范标准、失信行为界定、失信行为的行政处罚程度与实施办法、具体执行机构及其权限、信用信息处理及披露的内容与程度及方式与路径等。信用监管内容建设的实质，就是确定社会信用行为规范，也就是立规矩，即用行政管理办法告诉社会，何种行为算守信用，不守信用将会受到怎样的处罚。

5. 信用监管的措施

信用监管与政府以往的其他监管不同。信用监管很有特点，那就是信用监管要依靠信用记录与信用信息。此外，信用监管有自己的监管办法、流程、相应的技术手段和技术方式等。政府要建立一套新的信用监管体系，首先就要建立一套能够记录被监管对象信用信息并加以处理的数据库系统。只有一个政府部门这样做还不够，各个政府职能部门之间要联网，要保证各个主体在各个部门之间的信用信息能够在各个职能部门之间透明、公开、共享。各个职能部门都能从自己的管理角度，依据这些信用信息，对不同主体实施不同的监管。要能对一些失信的、给社会造成负面影响的人，向全社会公开其信用信息，并采取必要的行政处罚手段。对于失信特别严重、触犯法律的人，就要进入法律程序。政府合规信用监管的主要内容如图 8-2 所示。

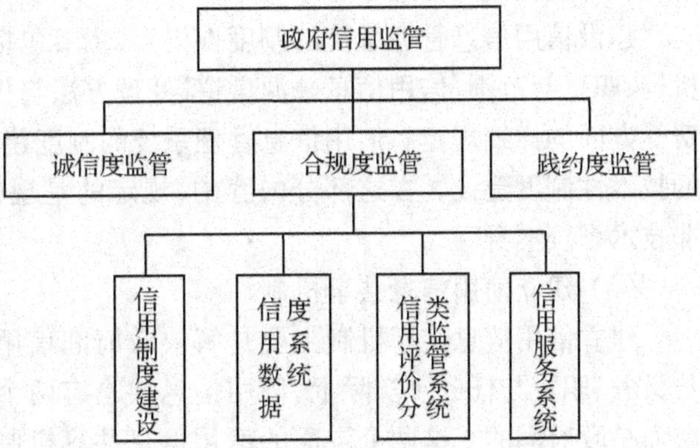

图 8-2 政府合规信用监管的主要内容

(三) 政府合规信用监管体系的构成

合规信用监管体系的建设是一项复杂的、系统的管理工程。具体而言，我国政府各个职能部门的合规信用监管体系建设的总体框架应由 4 个部分构成：信用制度建设、信用数据库系统、信用评价分类监管系统、信用服务系统。下面分别介绍：

1. 信用制度建设

合规监管体系的制度建设应由 7 个部分组成：完善管理法规体系、规范行政执法和内控制度、畅通政策宣传和反馈渠道、建设信用信息管理系统、建立信用信息共享机制、健全信用评价和奖惩制度、严格失信惩戒机制。

(1) 完善管理法规体系

要完善信用法规体系建设，形成一套完整的信用信息管理的法律体系。法制部门应在有关信用基本法颁布后，尽快制定具体的分类信用法规，对银行、企业及个人信用信息采集、使用、披露等行为进行规定，明确征信管理部门的职责和信息披露权限，并赋予检查监督权，为管理部门建立合规监管体系提供法律依据和监管便利。同时，应当以法律的形式明确政府各部门信息共享的义务、信息披露的方式等，以促进各部门间的沟通，减少信息系统的重复建设。另外，也要立法保护企业的商业秘密和个人隐私。

(2) 规范行政执法和内控制度

建立公正科学的行政程序制度是规范行政执法的重要途径。民主、公正、科学的行政程序是行政执法行为实体公正、准确的保障。在行政执法过程中，行政执法人和相对人之间处于不对等的地位，前者处于主导地位，而后者处于被动地位。公正的行政程序可以保障相对人不受行政执法人的任意支配，增进对相对人合法权益的保护。

(3) 畅通政策宣传和反馈渠道

要大力加强政策的宣传力度，不断拓宽政策反馈渠道：一是对于新政策的出台，要加大宣传力度，同时对新出台政策的执行情况进行全面跟踪和反馈，以利于进行适当的政策评价及政策调整。二是考虑到信用主体很难在短时间内接收到管理方面的信息，因此可以采用定期召开座谈会及设置意见箱等方式对企业进行政策宣传、答疑解惑。而对于大型企业,尤其是业务频繁、交易数额巨大的企业,可以采取定期信息交流和现场办公的制度,按行业选择一些重点企业作为政策反馈点,以加强对企业的政策和信息宣传工作。

(4) 建设信用信息管理系统

建设信用信息管理系统的制度性内容,主要包括确定信用信息管理系统的组织运作机构、职责与范围、信用信息来源渠道、处理方法与传播范围、更新与保密、相关人员与经费等方面的详细规定。信用信息管理系统的制度建设,是属于合规信用监管制度建设中的技术性制度建设。在这部分内容中,规定的是规则、规范、标准等管理方面的内容,而非技术系统本身。

(5) 建立信用信息共享机制

建立信用信息共享机制主要是解决政府间信用信息共享的范围、方式、各自的权利与义务、职责与任务。实际上,信用信息共享有两个层面,一个层面是全社会的,另一个层面是政府间的。这两个层面的信用信息共享机制都与政府有关。我们在这里谈到的信用信息共享机制,主要是指政府手中因监管而产生的信用信息,第一步应该在政府间共享,第二步应该让全社会共享。

对于信用信息共享机制的建设,政府既要解决自己的信用信息共享,同时还要解决社会层面的信用信息共享,这是两大类问题。信用信息共享机制的制度建设主要应该抓的问题:一是法律法规建设,这是信用信息共享的基础,也是最根本的制度;二是行政管理规定,这是信用信息共享的指导与约定,也是工作的依据;三是具体实施办法,这是信用信息共享的操作制度,也是工作的步骤和流程。

(6) 健全信用评价和奖惩制度

科学、合理、公正、权威地对企业信用进行评价,划分信用等级是成功实施企业信用评分及分级管理的关键所在。首先,要用专业、科学的方法设计一套针对信用主体的信用评分方法,既要反映信用主体的总体信用,又要突出监管的重点。其次,要有完整的信用信息资料。信用评分方法所要求的数据项虽然侧重点不一、权重不等,但对于完整地反映信用主体信用状况都有影响,因此保证数据的完整性与真实性,是做出科学信用评价的重要一步。

在做出信用评价之后,应当适当分类,以便实行奖惩制度。信用监管的分类是根据信用等级,在监管方式、巡查频度等方面予以区别:对于很好的企业放松监管,给予更多的自主权,同时可以对其进行正面宣传,例如可以把合规守法荣誉企业信息提交给征信部门纳入企业基础信息数据库管理,以提高企业在其他活动中的信用等级;对于较好的企业适度监管,检查频率可较少;对于一般的企业正常监管;对于较差的企业大力监管,增加检查频率;对于很差的企业重点监管,甚至逐笔审批或对其失信行为予以公开曝光等。

(7) 严格失信惩戒机制

一是应降低信息披露的标准。目前政策规定的公开披露条件比较严格,其中对违法金额或罚没款金额的划线标准过高,比较高的违法金额或罚款金额即使在沿海经济发达地区也不多见,在内陆经济欠发达地区更为鲜见。过高的公开披露条件导致该项政策在部分内陆地区形同虚设,找不到符合公开披露的违法案件,从而难以起到广泛的警戒功效和社会效果。因此,应当适当降低信息披露的标准,以达到严格惩戒、有效警示的目的。

二是应根据不同的情况拓宽披露范围。第一,公开披露。向监管部门及政府相关部门提供,以便信用管理公司及相关企业、个人查询。对于违规金额巨大、性质恶劣、影响面广的信用主体的违规案件,在有关媒体公开披露。第二,由检查部门负责信用主体违法信息的收集,并提供给中国人民银行征信管理部门,由征信管理部门负责录入企业和个人的信用信息数据库,并承担日常数据的更新和维护,通过负面信息披露放大对违法失信行为的打击效果。

2. 监管信用信息数据库系统

(1) 建立高效的监管信息系统

建设市场信用体系,首要任务就是对相关管理信息系统进行整合,逐步建立高效的信用信息管理系统:

一是要更新管理信息系统的设计理念。随着对外开放的深入和经济市场化程度的日益提高,管理经历着从事前审批向事后监管、从现场检查向非现场核查、从行为监管向主体监管的转变。在新的形势下,如果再沿用过去那种"头痛医头、脚痛医脚"的行政管理思维方式,显然难以解决复杂和深层的问题,管理的有效性将越来越弱,而且管理的成本和代价也会越来越高;因此,我们必须转变管理理念,管理信息系统的设计思路也必须随之转变,并且应有一定的超前性。在统计指标和统计内容的设计上,应紧紧抓住影响我国经济发展和国计民生的主要指标和重要内容,彻底摒弃面面俱到的管理理念,抓住主要矛盾。

二是应构建高效的收支预测、预警体系。建立高效的管理信息系统,是为了加强统计数据的分析、预测和预警,为监管提供准确的数据和判断。我们应在建立统一的信息监测体系上,构建科学的收支预测、预警体系。

(2) 建立互通互联的信用信息共享系统

信息资源作为一种特殊的资源,要发挥更大的价值,就要建立惩戒机制,实现信用信息社会共享。同时,信息资源的共享常常是双向的,信息的提供者同时也是信息的获取者。信息资源的可交互性使信息的共享在交互的过程中不断升值,最终使所有的参与者都从共享中得到最大的收益。所以说,信息资源的共享是一种典型的双赢。因此,要实现信用管理及其他部门管理的双赢,必须建立互联互通的信用信息共享系统。合规监管体系建设需要各经济管理部门的共同努力,管理部门应加强与税务、海关、外经贸委等部门的沟通,加强信息交流,积极探索与其他监管部门的信息共享和政策联动的监管机制,发挥社会中介机构在监管信息披露、信用评级与咨询等方面的作用,从而更好地增强监管能力。

(3) 建立监管主体分类系统

传统监管实行的是业务分类行为监管,合规监管体系建设的目标之一是实现行为监管向主体监管的转变,通过对信用主体的信用风险进行评价和分级,实行分类监管。

3. 信用评价分类监管系统

从国外信用管理的经验可以看出,使用信用管理手段对经济主体进行综合分析评级,从而评定风险的大小,并随时予以关注、预警是征信国家的一种成功做法。因此,我们也要建立自己的信用评价系统,借此对监管对象进行信用风险的评定。

信用评价分类监管服务系统是实现信用分类监管制度的关键技术组成部分,在现阶段，应根据业务检查和主体监管的需要，设置监管信用风险提示系统和监管信用评价系统两个子系统，然后利用这两个系统对经济主体进行信用评级，以评级结果揭示不同信用等级对应的风险，并据此对评级对象进行分类，为分类监管措施和政策的制定提供科学的依据。其中，监管信用风险提示系统仅限于对经济主体的基本信用情况进行一般性评价，以内部使用为主，目的在于揭示经营主体的风险大小，实现监管的信用风险预警功能，为跨境资金的流动性监测提供服务。而监管信用评价系统主要是对经济主体的负面信息记录在社会范围内加以揭示和披露，通过市场化的惩戒机制严惩失信者，实现失信惩戒的目的。

4. 信用服务系统

在新形势下，信用服务系统的建设是政府行政职能转变的一个重要内容。以信用信息为基础，以信用管理为手段，为社会提供信用相关管理服务，是政府的新兴职能。从某种程度上说，各个政府职能部门信用服务系统的建设是一个标志，凡是建立了信用服务系统的职能部门，就标志着它在新时期行政职能的转变有了新的突破。

信用服务系统的内容主要包括信用信息记录系统、信用信息处理与加工系统、信用信息发布、信用数据库的建立与管理、信用信息平台建设、面对社会公众的信用信息查询与服务、政府间的信用信息共享等等。

信用服务系统的服务形式应该是全方位的、多元化的。例如，这个系统应该有 IT 形式的网络平台，有电话提示类的语音服务，有办公人员现场接待类的实体服务，有信件征集处理类的信访服务。总之，政府应该让社会公众能够以各种各样的方式享受到与信用有关的服务。在接受信用监管的同时，也享受到信用服务，这是全体公民的权利。服务内容的全面性与服务手段的多样性，标志着政府的成熟程度和行政监管水平。

政府信用服务是有成本的，与政府职能相关的基本服务开支应该纳入财政预算，由政府统一承担。应社会公众要求，衍生的深层次信用服务必然会产生一些额外的成本开支，政府可以适当收费，但应该事先制定相关费用标准和对应的服务内容，并且公开透明。另外，这类衍生服务的收费应该不以营利为目的，而是服务社会公众。

四、政府在社会信用体系建设中的作用

党的十六届三中全会指出应“建立健全社会信用体系。形成以道德为支撑、产权为基础、法律为保障的社会信用制度，是建设现代市场体系的必要条件，也是规范市场经济秩序的治本之策”。党的十七大报告提出，“加快形成统一、开放、竞争有序的现代市场体系，规范发展行业协会和市场中介组织，健全社会信用体系”。在社会信用体系建设的过程中，如何看待和发挥政府的地位和作用，是一个提纲挈领的问题，也是社会关注与议论的焦点之一。

（一）建设社会信用体系是发展市场经济的战略性制度安排

在市场经济中，社会经济关系往往表现为信用关系，经济活动的主要方式是建立在诚信原则基础之上的信用交易，如赊销、消费信贷、信用卡、信用证、债券等，这些信用交易扩大了市场、节约了交易成本、提高了交易效率、促进了经济的发展。市场经济就是建立在各种错综复杂的信用关系基础上的经济，是以信用为纽带进行生产、交换、分配、消费的经济形式。信用是市场经济运行的前提与基础，是市场经济健康发展的基本保障，

是市场经济微观主体经济活动的启动器,是市场经济的核心——金融活动形成和发展的基础,为市场经济活动与交易创造工具与基本条件。信用提高了经济活动的质量与效率,市场经济就是信用经济。

但是,目前我国的市场经济秩序混乱、信用缺失严重。究其原因,是因为从近现代以来,我国社会几经剧烈变迁,新旧制度交错甚至冲突,制度存在缺陷,社会各经济主体利益边界模糊,往往失信者不受惩罚,守信者得不到回报,造成信用关系与信用交易秩序混乱。特别是受原有计划经济的影响,我国的信用基础十分薄弱。

要改变以上信用缺失的现状,必须建立社会信用体系。建立社会信用体系是适应我国现阶段市场经济建设与发展的需要,整顿市场秩序、改善社会信用环境、保障信用交易健康发展、建设信用经济的根本举措。健全有效的社会信用管理体系可以促进一个国家或地区的市场经济交易方式与手段走向成熟、扩大并创造市场需求、促进市场繁荣、保持经济持续增长,是市场经济健康、有序发展的制度性安排。

(二)政府在社会信用体系建设中的定位

在社会信用体系建设中,政府经常扮演双重身份:一是作为经济行为主体直接参与信用投放,如发行国债和政府采购等;二是作为执法者,以"裁判员"的角色出现在所有信用风险控制领域的经济活动中。无论以何种身份出现,政府的定位都必须明确。结合国外信用体系建设的经验,我国政府定位主要包括以下几个方面。

1. 社会信用体系建设的倡导者

对于征信国家,政府要对社会信用体系的建设和运营施加影响,健全各个子系统的功能。根据社会经济发展的需要,调整社会信用体系的工作模式,达成一些特定的社会或经济目标。在一些子系统建设的初期,给予政策和有限的财政支持,直接参与和组织实施一些工作,组织对失信者进行社会联防,实施诚信教育工程等。政府倡导的形式还包括宣传、调研、理论和政策研究,培训、培育征信市场,培育信用管理人力资源市场等。

2. 社会信用体系的规划与设计者

不论是否征信国家,政府要根据本国的国情,对采用广义还是狭义的社会信用体系定义作出决定,还要确定本国社会信用体系的工作模式。特别体现在各个子系统上的工作模式,解决个人征信子系统采取公共还是私有模式问题,以及是否允许外资直接介入问题。对从中央到地方的社会信用体系建设作出规划,或者确定一些指导性的原则。

3. 社会信用体系建设工程的启动者

如果一国的社会信用体系建设不允许外资直接介入,在本国的投资人还没有对信用管理行业有所认识时,政府财政要根据需要支持某些急需的征信业务建设工程,如许多国家由政府财政支持建立信用信息登记系统。

4. 信用相关法律法规的制定者

在本质上,一国发展信用经济的市场规则是由政府制定的,以法律、法规、条例、政令、惯例、判例等形式出现的,政府往往是法律、法规的起草者。

5. 维护市场规则及执法和法律的权威解释者

法律必须是可执行的,政府是信用相关法律的执行者,有些国家的法律直接赋予某些政府执法权力。虽然我国人民代表大会享有法律的最高解释权力,但是政府是法律的倡导者,在监督管理和执法过程中通过不断总结经验,加深对一些法律条款的理解,可以在人民代表大会的委托或指定下，对法律条款进行技术性解释。

6. 部门征信数据的整合或中转站

在面向社会服务的国家数据库型国家，政府需要维护数据呈缴制度和数据库的运行，对于那些没有统一数据库的国家，将存在政府部门掌握的征信数据开放的问题，只有政府能够协调和整合这些部门的征信数据，然后在国家安全框架内开放政府掌握的征信数据。

7. 对失信个人和企业进行社会联防的组织和协调者

失信惩戒机制的重要组成部分是对失信企业和个人的社会联防机制，对于一些初建社会信用体系的国家，新的市场规则带来了一些新问题，要求政府出面协调。例如，公众不信任征信机构、被惩戒者要求向政府部门申述、供应商在证据上作弊、各类打击报复现象等。

（三）政府在社会信用体系建设中应做的工作

在明确了政府在社会信用体系建设中的定位后，政府应积极推动社会信用体系的建设和发展。这是因为，市场经济存在着固有缺陷，从社会信用管理角度看，一些问题不可能通过市场体系得到解决，必须由政府来处理。政府在社会信用体系建设中应做的工作主要包括以下几点。

1. 统一与协调社会信用体系的各组成部分

社会信用体系是一种集管理与服务于一体的社会综合机制，是由信用立法与执法、信用管理行业运行惯例与约定、社会信用行为与道德规范、不良信用惩罚机制、诚信教育等多个部分共同作用与交织形成的社会综合机制。

在此社会综合机制里，以上各部分都是社会信用体系不可或缺的有机组成部分。一方面，它们的活动内容和职责各有侧重和不同，彼此之间既相对独立，又有所交叉。例如，不良信用惩罚机制的运行就要在相关立法的约束下体现自己的特点和运行原理。另一方面，由于活动主体的不同和行为目标的差别，各组成部分间及其内部还有可能存在矛盾和冲突。这就需要有一个部门去统一、协调社会信用体系的各方面，以保证社会信用体系的健康、平衡发展和效率的最大化。

政府既是政策的制定者、经济发展的倡导者，也是制度的选择者与决策者。其职责就是站在国家的高度，从整体出发，不局限于某一方面的利益和要求，统一和协调社会的所有资源和各个部门，实现整体效益的最大化。因此，由政府对社会信用体系的各组成部分进行统一和协调，是最合理的选择。

2. 促进信用活动发展，扩大信用交易的规模

从根本上讲，信用问题就是社会各界在社会活动中的信用关系。信用的好坏、信用关系的优劣也要靠参加信用活动的主体自己去建立与维护，而不是靠法规的强制、政府的管制来建立与实现。良好的社会信用关系是建立在社会各界利益平衡的基础上，这个平衡的过程是市场自发调整实现的，需要相当长的一段时间。

对于成熟的市场经济国家来说，其信用活动的发展经历了一个过程，可以分为两个阶段。

第一个阶段是"信"，即立信。主要是建立市场经济交易规则，确立和完善市场经济秩序，打造市场经济环境。这个阶段是一个历史过程，在西方发达国家经历了近一个世

纪。在这个过程中,市场经济的参与者在原始积累初期,经历了假、骗、诈等失信经营—暂时获利、丢掉客户—最终丢掉市场的过程。在市场的教育下,人们逐渐认识到失信的危害,承认了诚信在社会活动中的重要性,开始把诚实守信作为经营者的生命,把品牌和信誉视为经营之本。

第二个阶段是"用",即信用。是指把已确立的信誉利用起来,把已立住的诚信资源的作用发挥出来,以便创造更多的财富。这是经济发展充满活力的阶段,西方发达国家在整个20世纪就处于这样一个发展阶段。这一时期,社会各经济主体,特别是经营者在维护诚信的同时,在尊重诚信道德规范原则的基础上,广泛地使用信用手段进行生产与经营,使信用交易与信用活动普遍发展,而信用活动拉动了投资与消费,在一定程度上推动了经济增长。

中国的经济发展令世界瞩目,创造了举世罕见的速度与模式。要尽快缩短与发达国家的差距,中国就不应再走西方国家曾经走过的第一阶段曲折、漫长的"立信"道路。中国应缩短信用建设进程:一方面宣传诚实守信、树立诚信道德规范、整顿市场秩序;另一方面积极发展与扩大信用交易,以此拉动经济增长。

3. 推进道德、产权制度、法律环境的建设

健全的社会信用制度是以道德为支撑、产权为基础、法律为保障的。

第一,加强伦理道德建设。诚信是一种精神与原则,是在社会交往与社会经济活动中人们必须遵守的一种道德规范和行为原则。在社会一般交往中,信用主要是指社会交往主体需遵守诚信原则、守诺践约、获取他人信任。这种信任撑起了整个社会运行的信用环境,是社会关系的重要内容之一,是建立与维护社会秩序的基础。诚实守信是每个企业和个人都应遵守的道德规范与行为原则,是为自己积累起来的重要社会资本,是一种资源与财富。

第二,应推进产权的市场化。市场经济发达与成熟的根本标志是以产权作为交易对象加入到交换过程中,即产权的市场化。只有实现产权市场化才能使市场经济原则真正贯彻到社会经济生活的每个角落。我国正处于经济体制转轨时期,人们的消费理念、借贷理念、信用风险理念等与信用制度有关的理念,以及大量生产、大量销售的信用产品,若没有产权的概念将难以支撑。可见,清晰的产权是基础,没有明确的产权,经济主体就没有成本核算的动机和压力、没有信用意识,所建立的社会信用体系就毫无保障。因此,要建立健全社会信用体系,必须进行产权改革,建立"归属清晰、权责明确、保护严格、流转顺畅的现代产权制度"。而在当前的中国,这些工作都必须靠政府的大力推动。

第三,应建立和完善信用相关的法律法规。建立和完善社会信用体系首先就是要建设相关的法律环境。例如,征信行业的发展必须有关于征信数据的法律和法规作为约束,以协调征信业对数据开放的需要与公民享有的保护个人隐私的权力。对金融企业的有关法律、法规严格规范了它们的各项信用活动,保证了信用交易的有序进行和信用经济的健康发展。这方面其他内容在本节第二部分已作了详细介绍,这里不再赘述。

(四)建立政府守信监督机制,提高政府的公信力

政府守信是指政府需维护和遵守政府信用,即在与各界往来中维护诚实守信的形象、贯彻执行各项政策与规则、遵守经济交易活动惯例及由此形成的债权债务关系契约;简言之,就是政府践约、履行承诺。政府守信具有示范效应,对社会各界具有榜样的作

用;政府守信具有效率功能,言必信,行必果,则政令易通,可以提高政府行政权力行使的效率。

政府守信表现在政府的一切公共行政管理活动与经济交易活动中,涵盖政府的行政行为(即行政决策、行政执行、行政监督等)和政府的信用交易总水平,表现为债务总量。其中,在公共行政管理活动中的政府守信应包括以下几个方面内容:以政府红头文件形式出台的承诺的兑现和政策的前后一致;政府主要负责人的公开承诺和及时兑现;政府班子换届与交接后政策的延续;改变或解除承诺应在合理、合法的情况下,并经公开、公正的程序;支持监督机构工作,愿意接受监督,正确对待处罚;参与经济活动时,承诺与担保要有分寸,不超越政府行政职能;不做假且不支持做假;知错必改。

政府守信是政府的无形资产,是重要的社会信用资源,是现代信用体系建设的重要组成部分。在现阶段,政府守信需要监督机制。建立政府守信监督机制有两个关键问题:建立政府守信监督相关法规和设立独立的监督机构。

(1)建立政府守信监督相关法规。由于政府特殊的社会地位和权力,会使政府守信监督机构在监督过程中困难重重。所以,监督机构首先要有法律的支持,要寻求法律的保护。但是,现有的法律法规常常不能直接解决问题,要在陆续出台的有关信用的法律法规中进行明确和具体的落实。在这些法规中,至少应该包括:以明确的条文规定政府守信监督机构的法律地位、职能、工作范围和作用;各级政府及其职能部门以及工作人员必须支持和配合政府守信监督机构及其人员的工作,不得以任何方式、任何借口干预和阻挠;对政府信用状况进行调查了解的范围、方式与程序进行明确规定;对政府信用公告的范围、内容与格式进行明确规定;对政府的失信与守信行为进行明确界定。

(2)设立独立的监督机构。可以在人大设立政府守信监督管理委员会,同时加强人大的职能和工作力度。要发挥人大的作用,应从人大机构设立与工作人员聘任改革做起。应从社会各界选聘一些年富力强的专家学者到人大工作,工作任期与人大相同,一批一轮换。这些专家学者的特点是朝气蓬勃、有专业知识、正直、更具民主作风,更能代表社会公众的利益,而且自身不受官职和政绩的约束。轮换后,回到原工作岗位,继续原专业的研究和专业工作,在人大的工作还可以增加其社会实践经验。通过设立独立的监督机构,加强对政府守信的监督,在一定程度上可有效防范政府失信行为发生的范围与程度。

本章小结

政府信用是整个社会信用体系的核心与支柱,能够保证政府职能的顺利实现,促进市场经济的健康发展。在建设我国信用社会的系统工程中,政府信用建设是最关键的一环。

一般而言,根据信用的内容、主体等标准,可以将政府信用分为规则信用与承诺信用、政府内部信用、政府对公众的信用,不同的信用形式在经济中又存在多种表现。由于政府在社会生活当中居于强势和支配地位,政府的主观随意性自然而然地出现,偏好行政、随意行政行为随之产生,信用失范也就产生了。面对政府信用失范,重塑政府信用刻不容缓。政府信用建设是一项复杂的系统工程,需要靠政府自身的行动去建立,应从道德和制度两个方面着手。

信用监管是我国信用管理体系的重要组成部分,能起到防范信用风险、规范信用行为、健全信用制度等作用。政府信用监管就是政府对监管对象是否讲诚信、是否符合制度规范、是否履约实施的综合监管。政府信用监管是长期任务,应有常设机构专司其职。国家层面应设信用监管委员会,各行政职能部(委)应设信用监管司(局)。

政府信用监管的重点就是对工商企业、金融机构、信用中介服务机构和个人进行合规信用监管。我国政府合规信用监管体系建设的总体框架应由4个部分构成:信用制度建设、信用数据库系统、信用评价分类监管系统、信用服务系统。

建设社会信用体系是发展市场经济的战略性制度安排。在中国的社会信用体系建设过程中,富国强民、可持续发展的重要制度创新,必须要由政府推动、全面建设。众所周知,市场经济存在着固有缺陷,从社会信用管理角度看,市场体系不可能解决所有信用问题,其中许多信用问题必须由政府来解决。

重要概念

政府信用　政府承诺信用　信用监管　政府信用监管　诚信度　合规度　践约度　信用制度　信用数据库　信用分类监管　信用服务系统

思考与练习

1. 简述政府信用的特殊性及思想来源。
2. 政府信用对我国经济发展起到什么作用?
3. 论述政府信用的具体形态及主要内容。
4. 信用监管有哪些目的? 其基本特征有哪些?
5. 试述政府信用监管机构的监管内容。
6. 政府合规信用监管包含哪些基本内容?
7. 如何构建政府合规信用监管体系?
8. 论述政府在社会信用体系建设中的作用。

第九章　信用管理环境

我国社会信用体系的完善及信用管理的有效性除了需要各类信用主体的共同努力外,还需要良好的外部环境作支撑,主要包括信用法律环境、失信惩戒机制和信用文化环境。

第一节　信用法律环境

一、信用立法概述

(一) 信用立法的意义

任何社会制度都是要依靠法律来保证的,国家信用管理体系所代表的市场规则和维系的社会信用制度也不例外,同样需要有法律来保障。对于正在步入信用经济时代、国家信用管理体系正在形成的国家,信用立法是这一建设过程中所必须要面对的任务。而对于那些已经拥有系统的信用管理法律的征信国家,对其有关信用法律进行修正、增订和完善也是十分必要的。一般而言,进行信用立法,具有以下几方面的重要意义。

1. 信用立法是促进信用经济和信用交易发展的需要

信用活动和信用交易对经济增长、经济结构调整发挥着巨大的作用。可以说,信用交易能否顺利进行和完成,信用经济能否健康向前发展,决定了一国或一个社会市场经济发展的前景。在这种情况下,出现了对信用交易活动的立法需求,要求有健全完善的法律法规来对各种信用交易活动进行约束,以促使其顺利、有效地进行。同时,针对那些对信用交易进行管理的活动,也需要法律制度的规范和保护,因此,同样需要有关信用管理的相关立法。综观世界上的各征信国家,它们完善的信用立法无一不是伴随着其信用交易活动和信用经济发展起来,并逐步健全的。

2. 信用立法是国家信用管理体系的基础

国家信用管理体系是一个多层次的有机体系,这一体系的基础就是其法律环境,即信用立法。信用立法对信用活动、信用管理活动进行了界定和约束,对相关的信用和信用管理行业进行了界定和约束,也对整个国家的信用管理及其机构进行了界定和约束。信用立法体系是国家信用管理体系正常健康运行的基础。

3. 信用立法可以推动信用管理行业的健康发展

要发展信用经济，促进信用交易，就必须大力发展信用管理行业，而信用管理行业的健康发展离不开信用立法。健全的法律法规为征信、资信评估、商账追收等各个信用管理行业提供了法律保证和规范，是其健康发展的基本前提。此外，健全的立法也是失信惩罚机制有效运行的基础。作为国家信用管理体系中的重要构成，失信惩罚机制能够有效杜绝大多数商业欺诈和失信行为。在这一机制中，重要的一环就是通过信用管理有关法律法规的实施，让遵守以法律形式确立的市场规则的企业能够得到保护和发展，而将有“坑蒙拐骗”等不讲信用的不法商户和个人从市场中铲除出去，并根据所犯情节严重程度，在一定时期内，阻止它们再度进入市场。

4. 健全的信用立法体系是成为征信国家的必备条件

由于信用工具的普及使用是市场经济相对成熟的表现，因此信用管理相关法律比较健全的国家多是发达国家。因为只有当市场上的信用经济成分相当大时，各类征信服务才出现，才需要信用管理法律来维系市场规则。只有信用管理法律健全的国家，才能上升成为征信国家，才具备与其他征信国家平等交换个人征信数据和征信产品的条件。应该强调的是，与信用管理相关的各主要法律的建立，是判断一个国家是否为征信国家的必备条件和主要标志。一国是否建立了信用管理相关法律，已经成为其能否跨入“征信国家”门槛的一项硬性指标。

综上所述，进行信用立法，不断补充和完善信用法律体系，建立健全国家信用管理体系的法律环境，是发展市场经济、提升信用交易的必由之路，是国家信用管理体系的基础，是信用管理行业发展的需要，也是一国成为征信国家的重要标志。

（二）征信国家信用立法的基本原则

总结归纳发达国家的信用管理相关法律可以发现，其信用立法所体现的最主要的原则有以下3点。

1. 保护个人隐私权的原则

在发达国家，公众对于个人隐私权问题也是非常敏感的，个人隐私权问题一直受到各国政府的高度重视。市场上信用交易的扩大，必然会改变原有的市场规则，直至改变个人的生活方式。这一切都必须以包括企业资信调查和消费者信用调查在内的信用管理行业发展为基础。使用征信方法必将大量涉及对消费者个人的信用记录进行评价，以及对评价结果进行公开和广泛的传播，从而涉嫌触及个人隐私权问题。在技术层面上，必须有法律将涉及个人隐私的数据和合乎国际惯例的征信数据加以区分，并规定合法使用消费者个人信用调查报告的用户类型和传播目的，做到既保护消费者的隐私权不受侵犯，又使与消费者个人进行信用交易的授信金融机构或者赊销商取得授信的依据。对于征信机构提供的企业和个人的信用信息采集、查证调查、数据处理、数据存储和调查结果的传播等服务，其业务操作必须有法可依。综观各征信国家的信用管理相关法律，都有条款限制消费者个人数据的使用范围和数据自由传播。

2. 维护市场公平竞争的原则

维护市场公平竞争，包括对各类金融机构公平地开放信用工具、发放业务的许可，使金融机构的业务特色由市场选择，而不由政府进行规划，使消费者个人获得平等的授信机会，也就是维护个人在经济活动中具有平等的成功机会；在合理保护个人隐私的情况下，在市场上全面开放企业和个人经济活动方面的征信信息，使交易双方的信息对称，维护市场的公平交易。

维护市场公平竞争原则的另一作用在于保证失信惩罚机制的运转，在发达国家，公众对是否“公示”个人在道德方面的失信信息还有不同看法，也没有什么处罚的特别规定。但不论是公众还是政府，都不能容忍对任何经济失信记录的保护，都一致认为保护企业和个人的经济失信记录是对公众利益的侵犯，是一种对社会的犯罪行为。

3. 其他辅助原则

在不违背上述两项基本原则的前提下，信用立法中有时还会遵循一些其他辅助原则。

（1）稳定经济的原则

研究分析表明适量的信用交易额能够促进经济的发展。但是，当信用投放过量，信用交易过于活跃时，会对经济产生负面影响，加大通货膨胀的压力，因此，在现代社会里，要保持经济的稳定发展，必须注意维持适度的信用交易量。通过有关信用立法对信用投放量进行调节也是稳定经济的手段之一。美国现在已经被废止的《信用控制法》，可以很好地说明美国政府出于稳定经济的目的。该法案主要针对 1960 年以来，美国市场上信用交易额度猛增，以致造成加剧通货膨胀的压力等问题。

（2）解决特殊社会问题原则

一些信用管理法律也用于解决特殊的社会问题，为一国在某一特殊时期的特殊任务服务，使法律具有一定的政策倾向性和时效性，以实现一些相对长期且特殊的社会目标，如房屋租赁、小企业发展、农业、少数民族问题。

二、国外信用管理相关的法律和法规

（一）美国信用管理相关的法律和法规

美国信用管理的相关法律和法规是随着信用市场的发展而逐步颁布并完善起来的。信用管理行业在美国最初产生于 19 世纪 40 年代，到 20 世纪 30 年代已有了长足的发展，20 世纪 50 年代现代信用管理蓬勃发展。随后经过不断完善，形成了一个比较完整的法律法规框架体系，详见表 9-1。

表 9-1　美国信用管理相关法律一览表

英文名称	中文译名	主要内容
Fair Credit Report Act（or FCRA）	公平信用报告法	规范信用报告行业的基本法
Equal Credit Opportunity Act	平等信用机会法	所有申请人都仅仅被考虑与实际申请资格有关的因素，不得以某些个人特征而被拒绝授信
Fair Debt Collection Practice Act	公平债务催收作业法	规范专业商账追收类公司的法律
Fair Credit Billing Act	公平信用结账法	保护消费者，反对信用卡公司和其他任何开放终端信用交易的授信方在事前提供给消费者以不精确的收费解释和不公平的信用条款
Truth in Lending Act	诚实租借法	旨在消除受信机构的信息不对称，维护金融机构公平竞争

续表

英文名称	中文译名	主要内容
Credit Card issuance Act	信用卡发行法	信用卡发卡机构不得向没有提出书面申请的人发卡,不包括到期更新卡的情况
Fair Credit and Charge Card Disclosure Act	公平信用和贷记卡公开法	规范对信用卡或赊购卡的公司的行为,要求他们在发给潜在客户的申请书和有关的广告传单上必须注明信用卡的信用条款
Electronic Fund Transfer Act	电子资金转账法	规范金融机构的电子转账活动,规定参与活动的金融机构的权利、义务和其他责任
Depository Institutions Deregulation and Monetary Control Act	储蓄机构解除管制和货币控制法	
Gam-St German Depository Institution Act	甘恩-圣哲曼储蓄机构法	对非银行金融机构开放许多种类的金融业务,扩展储蓄来源,取消对储贷会的放贷利息上限
Competitive Equality Banking Act	银行平等竞争法	特许商业银行合法从事承销有价证券业务
Home Mortgage Disclosure Act	房屋抵押公开法	规定存款机构必须对所服务的社区详细地说明有关抵押贷款的具体手续和要求
Home Equity Loan Consumer Protection Act	房屋贷款人保护法	规定在申请个人住房贷款的初期,金融机构必须向消费者揭示更广泛的信息
Financial Institutions Reform, Recovery and Enforcement Act	金融机构改革—恢复—执行法	
Community Reinvestment Act	社区再投资法	
Credit Repair Organization Act	信用修复机构法	规范信用修复机构的业务操作
Gramm-Leach-Bliley Act	格雷姆-里奇-比利雷法	扩大信息共享的范围

由表 9-1 可知,美国共有 17 项信用管理相关的法律,可以被分为两大类:一类是旨在规范管理征信机构的操作,以保护消费者的各项权益的法律。这类法律的主要起草单位是"信用报告协会"和"全国信用管理协会",第一执法和权威技术性解释法律条文的政府部门是"联邦交易委员会"。另一类是旨在指导和规范金融机构的法律。这类法律立足于维护金融机构之间的公平竞争,并对金融机构向市场投放信用和发放信用工具做出限制。这类法律的主要执法和权威技术性解释法律条文的政府机构是联邦储备委员会。

维护业内公平竞争和保护消费者的隐私权是美国信用管理相关法律体系的主要目的。在美国现行的信用管理法律条文中,直接规范的目标都集中在规范授信、平等授信、保护个人隐私权等方面。商业银行、金融机构、房产、消费者资信调查和商账追收行业受到了直接而明确的法律约束。以最重要的《公平信用报告法》为例,通过它可以了解其法律条款在支持信用建设方面的注意事项。《公平信用报告法》定义的消费者信用报告的内容包括消费者信用评价、信用状况、信用能力以及个人消费特点、性格、生活方式等。它主要规定了消费者个人有权了解资信报告,并规范了资信调查机构对于资信调查报告的传播范围。同时规定了消费者具有对负面信息的申诉权利以及负面信息在指定年限后可被删除。法律还将个人隐私的数据和合法征信数据加以区分,达到既保护消费者个人隐私权不受侵犯，又让信用管理行业的从业人员的业务工作有法可依的目的。法律还明确规定了对违法者的处罚。

此外，美国还有一些关于信息使用、企业破产和个人破产等方面的法律，虽然不直接属于信用管理直接相关法律，但影响到信用管理行业一些类别的征信机构业务操作方式。在全球征信国家中，美国有关信用的法律体系呈现一体化的特点，涉及使用的机构多，业务范围广，既有针对性的措施又有统一性的标准。因此，许多国家在信用立法上都会借鉴美国信用管理的相关法律体系和经验。

（二）欧洲国家信用管理相关的法律和法规

属于大陆法系的欧洲国家在信用管理方面的立法是在20世纪70年代以后逐步完善的。在欧洲，德国、英国和奥地利是信用管理立法较为规范的国家。而德国又是建立信用管理专业法律的先驱。1934年，德国就建立了个人信用登记系统，并出台了一些相关的操作规则。20世纪70年代，联邦德国颁布了《分期付款法》和《通用商业总则》，分别对借款人分期付款和消费信贷业务进行了规范。英国议会在1970年通过了《消费信贷法》，这是一部消费者保护类的法律。

在欧洲，一些国家制定了与个人征信数据传播有关的法律。这类法律的宗旨和基本原则是在保护人权和开放数据之间取得平衡，既要保证企业和消费者征信信息的畅通，又要保护他们的隐私权。联邦德国早在1970年就制定了《非个人数据保护法》，随后瑞典、法国、丹麦、挪威、卢森堡等国也制定了类似的法律。1980年以后，冰岛、英国、荷兰、芬兰、爱尔兰、葡萄牙、西班牙、意大利也先后立法保护个人数据。从历史发展角度来看，欧洲一直有着统一的诉求，伴随着经济、政治一体化进程的加快，欧盟通过了一些超国家的法律规范。在1981年，欧洲理事会通过了《关于个人数据自动处理中保护个人问题的协议》，对于个人数据的概念、对数据保护的基本原则、跨国数据流动的规则等做出了规定，以此来协调尊重隐私等基本价值观念与各国间信息自由流动之间产生的矛盾。在此基础上，欧洲议会在1995年10月出台了《欧盟个人数据保护法》。该法对于个人数据质量的原则、合法处理数据的标准、特别种类数据处理的方法、数据主体查看数据的权利、数据主体的反对权、数据处理的保密与安全等方面做出了更为细致的法规规定。此外，该法对于司法赔偿、责任与处罚，个人数据向第三方的转移以及涉及个人数据处理的个人保护监管机构也做出了相关的规定。该法的地位相当于美国的《公平信用报告法》，是欧盟范围内最重要的信用管理法律规范。

由欧盟内部市场建立和运转所带来的经济与社会融合，必定带动成员国所有参与经济和社会活动的跨国个人数据流动大幅度增长。欧盟在强调数据保护、不滥用数据的同时，也特别指出数据开放的重要性。比如英国，企业征信数据中最重要的部分——企业财务报表都是公开的，英国上市公司的财务报表必须在本财务年度结束后的7个月内公开，而非上市公司也必须在10个月内公开。当然，开放并不意味着没有限制，比如法律不允许直接处理针对自然人个人的信息和个人家庭活动的信息，并对计算机化自然人个人信用信息档案的管理进行限制。

（三）发展中国家信用管理相关的法律和法规

虽然发展中国家受发展阶段的限制，法律体系不够完善，但它们在信用制度的建设中十分注重建立与完善有关信用管理的法律法规。印度政府于1998年开始研究本国的信用管理相关立法问题,印度的中央银行曾就建立印度的社会信用体系问题向国会提交过一份白皮书,并成立了全国性的消费者信用调查机构——信用信息局。斯里兰卡的信用信息局是依据《斯里兰卡信用信息局法案》建立的,该法案规定除中央银行外的所有放款机构,有法定义务向信用信息局提供信息局希望收集的任何信用信息,未按照要求提供信用信息的将受到处罚。泰国是在银行的推动下逐步完善信用立法工作的。20 世纪 90 年代,泰国银行家协会建立了信用局委员会,《信用局法案》、《数据保护法案》等相关法案也相继出台。随着各项相关法案的出台,泰国的监管框架已基本建立。在尼泊尔,信用中介服务机构成立多年,但是始终处于发展的初级阶段,原因就在于没有相关的法律条款约束,致使信用局的工作缺乏效率。

(四)信用管理立法的国际合作与协调

在经济全球化的背景下,国家间的经济交往日益频繁,由此形成了全球范围内对信用数据的大量需求。计算机、通讯技术以及自动化数据处理技术的广泛发展,也为信用数据实现大规模及瞬间流动提供了可能,大量的数据能够实现跨国界传输。虽然大多数发达国家和部分发展中国家已经通过了个人数据保护的相关立法,但是各国法律的差异还是有可能妨碍个人数据自由地跨界流动。征信数据的国际流动客观上要求信用管理立法的国际合作与协调。在信用管理立法国际协调方面,最为突出的就是经合组织(Organization for Economic Co-operation and Development,简称 OECD)制定的《个人隐私保护及个人数据国际交流准则》。

《个人隐私保护及个人数据国际交流准则》于 1980 年获得经合组织通过,该准则指出个人数据的跨界流动有助于经济和社会发展;国际立法协调有助于克服各国立法间的差异性,通过对诸如隐私和信息自由流动这种相互对立的基本价值观进行协调来实现共同的利益。该准则确定了一些基本的实施原则:

(1)限制收集原则。应在限定的范围内收集个人数据,获得任何此种数据都应使用合法和公正的手段,而且在适当的时候应让数据主体了解并征得其认可。

(2)数据质量原则。个人数据应该与其使用目的相关,而且在为实现其目的所必需的范围内应该准确、完整并得到及时的更新。

(3)阐明目的原则。阐明收集个人数据的目的不能晚于收集数据的时间,而且后续使用应该仅限于实现这些目的,或那些与之不相斥且一旦有变更,便及时得以阐明的目的。

(4)限制性使用原则。除按照所阐明的目的使用外,不应将个人数据泄露、提供给别人或用于其他目的。

(5)安全保障原则。应该有合理的安全保障措施来保护个人数据,以防止数据丢失以及未经授权而被入侵、破坏、使用、修改或泄露。

(6)公开性原则。应该有一个普遍性政策来确保个人数据相关的发展、应用和政策的公开性。应该随时提供生成个人数据并确定其性质的方法、使用数据的主要目的以及数据管理者的身份和常用住址。

(7)个人参与原则。个人有权在合理的时间内、以合理的价格和方式从数据管理者或别处获悉数据管理者是否掌握与其有关的数据。

(8)责任原则。数据控制者有责任遵守以上原则。

该准则所体现出的有关数据处理的基本原则已成为许多国家仿效的对象，对于这些国家信用管理的立法起到了很好的借鉴作用。

三、中国信用管理的法律和法规建设

不断完善信用管理的立法、法定相关的执法机构、严格执法，逐步形成在全社会范围内有效运作的失信惩罚机制，是市场经济发展以及对外经济开放的必然结果，也是信用管理行业发展的客观要求。建设符合信用经济发展内在要求的法律环境是社会信用体系建设的重要步骤，对于中国形成诚实守信的社会氛围具有重要意义。

（一）建设中国信用管理法律环境的重要意义

1. 建设中国信用管理法律环境是市场经济发展的需要

市场经济是依靠市场竞争行为对稀缺资源进行配置的一种经济制度，市场经济的发展造就了经济行为主体之间的信用关系。原有计划经济体制下约束企业之间关系的规则失去了效力，市场主体之间的交易应该遵循等价交换的基本原则。只有这样，社会生产过程中的生产、交换、消费与分配活动才能得以持续进行。随着经济体制改革的逐步推进，市场经济对信用制度的需要也日益强烈。但是值得注意的是，在市场经济发展的过程中，旧的体制已被打破，市场经济体制仍然处于建设之中，原有的经济秩序与道德规范仍然程度不同地对新体制产生影响。中国市场上出现了一些失信行为，对信用造成了破坏，严重时形成了信用危机，危害了社会正常的生产经营秩序，极大地影响了经济运行效率。市场经济发展的内在要求是加强以相关信用法律法规为基础的信用管理体系的制度建设。

2. 建设中国信用管理法律环境是对外开放的需要

随着中国对外开放的进一步深入，中国各经济主体在国际范围内的经济交往不断拓展。尤其是加入 WTO 之后，中国市场开放程度加大，这在客观上要求中国信用管理的法律法规必须逐渐完善，形成以法律为基础的信用经济运行规则。一方面是因为在国际交往的平台上必须尊重信用原则，才能更好地打开国外的市场；另一方面也是创造良好的投资环境以吸引外资进入、活跃中国市场的需要。逐步参照信用管理立法、执法的国际化理念，不断完善中国的立法内容、法定执法机构、严格执法力度，法律法规在信用管理中的基础作用才能更好地发挥。

3. 建设中国信用管理法律环境是信用管理行业发展的内在要求

信用管理行业包括信用信息管理机构、信用经营机构和信用管理服务机构等内容，中国的信用管理行业是一个逐步发展的新兴行业。无论从信用信息的征集、评价，还是从信用经营与信用管理服务角度，都需要法律法规对其运作加以规范。由此，这一行业长期、可持续性的发展才有基本的保证。尤其是当前我国亟待实现征信数据的开放与商业化运作，在此基础上才能大力发展社会化的信用服务体系。征信数据的获取、加工与传播是一个国家社会信用管理最为基础的环节，有效的信用管理以此为基础。以法律形式对征信数据采集、处理过程加以规范，以及对在此过程中可能涉及的个人隐私权进行保护是非常必要的。各类信用经营机构与信用管理服务机构的市场地位以及竞争规则必须按照一定的法律来加以规范。综上所述，社会信用管理行业的发展要求以良好的法律环境作为基础。

（二）中国信用管理的法制建设

进一步完善中国信用管理相关法制建设是加快社会信用管理体系的重要步骤，包括完善信用管理立法、规范信用管理法律机构以及严格执法程序等几个方面。

1. 加快信用管理立法步伐，形成完备的信用管理法律体系

（1）修改现有法律

信用管理立法的当务之急是解决信用数据开放的法律规范。要通过法律法规的形式明确哪些数据可以开放、哪些数据不能开放；能开放的数据如何开放；在数据开放过程中，个人隐私权如何得到保护等。除国家保密法之外，目前尚没有限制信用信息公开化的立法。为了对信息公开化进行明确的法律规范，使信用管理行业的从业人员的业务活动有法可依，首先应该通过修改现行法律的方式，纠正不利于信用管理行业发展的一些法律法规。应该修改的法律包括：《国家保密法》、《商业银行法》、《贷款通则》、《税收征收管理法》、《储蓄存款管理条例》、《担保法》、《合同法》、《统计法》、《档案法》、《公司法》、《反不正当竞争法》等法律法规。

（2）制定新的法律

为了创造一个信用信息开放和公平竞争的法律环境，政府应在修订现有法律的基础上，尽快出台新的信用管理法律法规，逐步形成一套完整、系统的规范信用活动的法律体系。为此，我们可以借鉴世界发达的征信国家相关立法的经验，加快中国信用管理立法的进程。中国可以从以下几个方面来立法：

参照发达市场经济国家的《公平信用报告法》制定有关法规，严格规范涉及信用信息记录、使用及评估活动的机构和组织的行为；参照《个人信用保护法》、《信用平等机会法》、《公正贷款对账法》、《破产法》、《个人信用限制计划》等法规，制定相关法律法规，以便明确个人信用主体行为的法律责任；参照信用行业管理法案，规定从事信用业务机构的从业执照及以行业自律为主体的信用管理体系；参照欧洲的《数据保护法》以及美国的《诚实租借法》等法律，明确专门用于对数据开放范围的严格界定。这种法律应该包括规定必须开放的数据及其监督机构的责任，以及对于公众提供不真实数据行为的惩罚；借鉴美国的《公平债务催收作业法》和《平等信用机会法》，制定信用管理行业规范竞争的法律。总之，要根据中国实际情况，建立起中国信用管理体系的相关法案，尽快形成能使信用制度得以有效运转的法律环境。

随着信用管理行业的发展，关于建立信用管理相关法律的呼声越来越高，社会各界也越来越重视信用体系的法律基础建设。2002 年 3 月，国务院建立了企业和个人征信体系专题工作小组，委托人民银行总行起草《征信管理条例》，该条例将对征信工作的原则、征信数据的采集和应用的原则、征信机构的行业准入、征信机构的操作规则等做出规定。这部条例将是中国第一部针对信用管理行业监管的法规。经过多年的调查和准备，2009 年 10 月，国务院法制办公室公布《征信管理条例（征求意见稿）》，征求社会各界意见。为进一步了解社会各方面对制定征信管理条例的意见和建议，提高立法质量，国务院法制办公室会同中国人民银行对第一次社会各界提出的意见和建议进行汇总和修改，于 2011 年 7 月形成了《征信管理条例（第二次征求意见稿）》，再次征求社会各界意见。

2. 法定执法机构，使信用管理机构合法化

在信用管理的运行过程中，法律规范制定了守信与失信的衡量标准，而对于法律的

具体实施则需要法定的执法机构。从征信国家的经验来看，失信惩罚机制作用的对象通常是法人或个人，而执行单位可以是政府机构，也可以是法律或政府有关机构委托的民间机构。对于中国来说，信用制度框架下的执法机构必须由中央和地方各级人民政府的相应机构来担任。

3. 严格执法，加大执法力度

除立法完善，法定执法机构外，还要加大执法力度。主要表现为：在诉讼审判方面，规定受理审结的时限，以在尽可能短的时间内采取法律行动，维护胜诉人的权益；贯彻以诉方、债权方所在地为主的原则，消除地方保护主义、人情关系干扰案件审理和审判的弊端；提高判决执行比例，解决重审判轻执行的现象；为了防范和消除司法腐败，应加大执法过程的透明度，大力提倡社会监督，并保留当事人的申诉权利。

这里必须强调的是，执法部门应从国家经济发展大局出发，充分尊重和重视债权人的地位和意见，加大保护债权人的执法力度，使法律真正成为维护信用关系、保护债权人合法权益、追究违约侵权责任的有力武器，充分发挥执法部门的公正作用，在信用管理方面真正做到有法可依、有法必依、执法必严、违法必究。

第二节 失信惩罚机制

一、失信惩罚机制概述

（一）失信惩罚机制的含义

失信惩罚机制是由所有授信单位共同参与、以企业和个人征信数据库的记录为依据、以信用记录和信用信息的公开为手段，来降低市场交易中的信息不对称程度，从而约束社会各经济主体信用行为的社会机制。一个完善的失信惩罚机制应具备如下功能：

（1）对所有失信的法人或自然人实施实质性打击，使人们不敢轻易对各类经济合同或书面允诺违约，让不讲信用的法人和自然人不能方便地生活在社会中；

（2）维护诚实守信者的利益，在有条件的情况下，可对诚实守信者进行物质性奖励。一个国家只有具备了运转正常的失信惩罚机制，才能说具备了完整和健全的信用管理体系和信用制度，才能有效地保障市场交易健康有序发展。

市场经济是信用经济，这已是一个不争的事实，随着市场经济的发展，社会信用体系建设的重要性已日益突显，信用领域的发展受到越来越多人的关注，而失信惩罚机制是社会信用体系的重要组成部分，是整顿社会主义市场经济秩序的治本之策。

失信惩罚机制是社会信用体系的要件之一，是打击经济上失信行为的社会机制。其通过经济手段和道德谴责手段的并用，惩罚市场经济活动中的失信者，将有严重经济失信行为的企业和个人从市场主流中剔除；同时，形成一种向诚实守信的企业和消费者倾斜的政策优惠和社会环境以及一种正向的激励机制，间接降低重合同、守信用企业获取资本和技术的门槛。

（二）失信惩罚机制的特点

在社会信用体系中，为防范和打击失信行为而设计的失信惩罚机制具有以下特点。

1. 限制失信者未来的交易范围和交易额

一般而言,失信惩罚机制不对失信者进行思想道德教育,也不在意失信者是否愿意,甚至在失信行为者不知情的情况下,征信数据库就将其不良信用记录全部收录在案,并让失信者未来的交易对方或者雇主、公用事业单位等能够方便地取得。在全面了解失信行为者的不良信用记录以后,由授信者或者雇主自己决定是否与失信者交易或交往,或者决定交易额度。

2. 广泛传播失信记录,加大失信成本

经济主体一旦失信,其失信记录会广为传播。在征信国家,对失信行为的记录是覆盖全国的,对不良信用记录的传播是全国(甚至是全球)传播的。只有这样,才能使失信者在社会上寸步难行,有效遏制失信者骗一次换一个地方的投机行为,加大失信行为受到惩罚的概率,提高失信成本。因此,这种做法会潜移默化地改变包括企业文化和社会道德在内的社会文化。

3. 对守信者进行奖励或给予政策优惠

显而易见,失信惩罚机制的运作方式会自然而然地对守信者进行奖励,因为它也主动将经济主体的优良信用记录同时记录下来,并加以积累,体现为给予信用记录优良的经济主体较高的信用评分,使守信者在不知不觉中获得一笔"可观"的无形资产。通过这种做法,使金融机构和赊销商在授信上给予有优良信用记录的个人以政策性的倾斜,例如对于信用记录或信用评分优良的消费信贷申请人,在贷款利率上给予优惠,即使用消费信贷的利率随着信用评分的升高而降低,使信用评分高的贷款申请人有可能取得低息贷款的机会。而特殊行业的雇主和著名大公司类型的雇主,在考察应聘者时,也要考虑应聘者的信用记录。

4. 失信惩罚机制由民间而非政府执法

参考世界各国的情况,失信惩罚机制完全由民间投资建立,对失信者一般失信行为的"执法"也与政府无关,它纯粹是应"信用经济时代"的市场交易方式需要,而由市场自发建立的。政府的作用体现在保证征信数据的开放,并制定有关法律来限制失信惩罚机制的出格运转。政府的法律法规和执法活动,不对法人资格的公司实行任何形式的保护,而最主要的任务是保护消费者个人的隐私权。

(三) 失信惩罚的类型

失信惩罚可分为直接信用惩罚和间接信用惩罚。直接信用惩罚主要由政府职能部门和行业公会来实施,如工商管理部门直接公告"黑名单",银行业公会通告贷款违约企业等。间接信用惩罚主要源自专业化、社会化的信用数据库。例如,企业信用数据库通过向社会开放,提供查询与评价,向查询人展示被查询人的综合信用状况,供查询人参考。直接信用惩罚的主要特点是具体、有针对性、公告性较强、处罚明确。间接信用惩罚的主要特点是日常性、有弹性、随时能够满足需求,更加贴近市场。

根据目前的情况,我国应该重视直接信用惩罚,鼓励各个主管部门、各个行业公会与协会管理和约束各自系统内的信用和信用活动,建立公告制度、惩罚制度、公开惩罚细则。这些工作应该有可操作性,能够尽快做起来,可以使目前正在恶化的社会信用环境得到尽快改善,使一些不良信用行为受到遏制和约束。

但从长远来看,要建设和发展市场经济,就必须发展间接惩罚体系。归根结底,信用行为与信用环境更多地需要社会的监督与约束。间接惩罚覆盖面更广,更有利于公众参与信用体系建设;公众通过方便地获取信用信息,接受惩罚机制的约束,能增进对市场信用规则的了解。征信公司及其数据库、资信评估公司等各种各类信用管理机构就是社会信用监督与约束的基础。

最后,需要强调的是,失信惩罚机制不是对失信企业和消费者个人进行类似刑事处罚,处罚依据与尺度也不出自《中华人民共和国刑法》,公、检、法机构也不是惩罚机制中的执法机构。失信是产生于市场经济生活中的不良现象,回应市场对失信现象进行惩罚的机制也产生于市场本身,它的"执法机构"是各种各类的征信公司及其数据库、资信调查公司、消费者个人信用调查公司和资信评级公司等。当然,严重的失信行为或触犯刑律的失信活动则既要受到失信惩罚机制的惩罚,也要追究刑事责任。

(四)建立失信惩罚机制的基本条件

失信惩罚机制的建立应具备3个基本条件:一是政府和民间的征信数据对征信机构开放;二是由专业征信机构投资,通过联合征信形式采集征信数据,构筑征信数据库,并合法公开不同级别和类型的资信调查结果;三是由政府倡导建立一个市场联防机制,由具备监管功能的政府部门、各类授信机构、雇主、公用事业单位等参加,使失信企业和个人不能取得任何信用方式的便利。例如,工商部门制作的失信企业的"黑名单"及配套的行政处罚,是一种最初级的失信惩罚机制方法。在以上3个条件中,联合征信非常关键。

从国内的企业信用制度和个人信用制度试点工作的经验来看,适用于失信惩罚机制的征信数据库的数据采集工作,最好是采用联合征信平台形式。较早采用联合征信的是上海资信有限公司,它是我国成立的第一家地方信用局。其主要信息来源于该公司理事会的15家商业银行,而这15家商业银行也是这些信息的主要使用者。在条件具备的地方,失信惩罚机制最好依托当地的联合征信数据平台开展工作,因为使用联合征信数据平台具有以下优点:

(1)公正性。通过联合征信数据平台,可以大幅度提高征信数据的采集量,有助于对失信者的信用价值的准确判断或使量化评级工作更加科学可靠。

(2)信息完整性。大型联合征信平台,可以同时向若干"黑名单"公示系统提供数据支持,例如某地方政府政策支持的联合征信平台。

(3)经济性。政府政策支持的联合征信形式会明显降低采集征信数据的成本,也从总体上减少设备投入。

(4)合理性。从信息源角度,可以避免"黑名单"漫天飞的严重后果,也可以有效地减小不同征信机构对企业和个人信用价值进行评价所产生的差异。

(5)多功能性。对于某地的社会信用体系,联合征信平台不仅支持失信惩罚机制的运行,还可以具有支持企业征信系统、个人征信系统、征信服务体系等多种功能。

但是,采用联合征信形式也有缺点,例如政策障碍、单一联合征信平台工作的可行性问题、提供征信数据的单位利益平衡问题、数据供应垄断问题等。如果是某地政府有计划地建立当地的社会信用体系情况,采用联合征信平台形式就具备了基本条件,余下的就是如何制定一个合理的使用资源或资源共享规则。

二、失信惩罚机制的作用与内容

失信惩罚机制是社会信用体系的重要环节，是信用市场的激励约束机制，能够有效制约和降低不良信用的形成、生长和扩散，保护和激励良好信用的发展，维持着社会信用体系的正常运转。

（一）惩罚机制对不良信用的制约作用

有些不良行为往往没有触犯法律，不能绳之以法；同时，由于不良信用行为较为普遍，如诉诸法律成本又较高，利用不良信用的惩罚机制则可有效地起到制约作用。

1. 最大限度地消除信息不对称造成的失信行为

不对称信息可分为两类，由此而产生两类失信行为：一类是“隐藏知识”，即有些信息只有一方当事人知道，另一方不知道。例如，贷款合同中的借款方过去有过违约行为，但银行对此并不了解。另一类是“隐藏行动”，即签约时双方都了解有关信息，签约后有一方可以利用对方不了解的签约后信息，不按照合同规定进行投资或交易。由这类信息不对称造成的失信行为，在信息经济学中分别称为“逆向选择”和“道德风险”。信用体系中个人和企业完整的信用记录，可以让每个人、每个机构都能随时随地查阅，从而可以非常方便地了解所需的信用记录，这样就将个人和企业的信用信息置于全社会的监督之下，加大违约成本，减少违约机会，可有效地矫正由于信息不对称造成的失信行为。

2. 能有效震慑和打击失信行为

失信惩罚机制是以震慑作用为主的，力求将失信的动机消灭在萌芽之中。对于已成事实的失信行为，其效果是要在相当长的受罚期间内，使失信企业不能进入市场经济的主流，加大失信企业的经营成本，使失信的个人无立足之地。这种实质性的打击和震慑方式会减少市场上存在的各种失信行为，维护市场的公平竞争原则，有助于企业赊销赊购成功率的提高。

3. 可以自动惩罚失信行为

惩罚机制不向任何企业和个人打招呼，也不对失信者进行任何思想道德方面的教育，甚至在失信行为者不知情的情况下，就开始实施对其处罚。例如，个人信用的专业数据库将用于评价个人的信用成套地记录下来，包括失信记录。在不通知当事人的情况下，有偿地提供给与当事人交易的授信人和其他各类交易对方。授信人可以在相当全面地了解失信者的不良信用记录以后，决定是否与之交易或交往。

4. 具有惩罚失信行为的广泛机制

企业和个人征信数据库覆盖全国乃至全球，可以方便地让失信记录在全国乃至全球范围内传播。如果经济主体有了失信记录，就能通过失信记录的传播功能，让所有愿意了解失信记录的个人、企业和机构掌握。如企业有违约失信行为出现，失信企业会遭到提供服务的各类机构的抵制，不能取得贷款，供应商不对其赊销生产资料，政府监管部门甚至不允许其营业执照正常年检。

（二）惩罚机制加大不良信用的成本

健全的、覆盖全社会的惩罚机制将使失信者名誉扫地，在相当长时期内失信者不能取得任何信用方式的便利，甚至在工作、就业等方面也会遇到很多障碍。换言之，失信者将承担其失信对社会造成危害的成本。

1. 剥夺失信者在一定时期内市场准入的机会

在征信国家,若失信企业长期拖欠货款,经法院判决后强制执行还款,当企业没有资金偿还时,会对企业进行破产清算。则该企业的法定代表人和法院认定的负有责任的主要管理人员的失信行为,就被记录在信用数据库中,并将保持一定的期限(如美国为7年)。这些人将不允许在未来规定的期限内,以自己的名字注册成立企业,不能成为另一个企业的法定代表人、股东、总经理、副总经理,甚至没有企业雇用他们。如此的惩罚,便剥夺了这些失信者在未来的规定时间内以合法经营者的身份进入市场或经济领域的机会。

2. 剥夺失信者在一定时期内的信用消费便利

消费者在消费行为中出现失信行为并达到一定程度时,将被自动列入信用不良记录的"黑名单"之中,从此以后的相当长时间内,将没有一家银行接受其开立个人支配账户、接受其信用卡和消费信贷的申请,从而其以信用贷款的消费,如贷款购房、贷款购车、贷款旅游等等,均不可能被接受。又如,持卡人使用信用卡透支时,超过归还期限的欠款达到规定的金额,且在收到催款通知后仍未还款,则持卡人将被列入"黑名单",承担自身失信造成的一切后果。

3. 剥夺失信者在一定时期内的生活便利

消费者在居家生活中出现失信行为并达一定程度时,将被自动列入不良记录的"黑名单"之中,从此以后的相当长时间内,该消费者将在生活的方方面面受到限制。如消费者拖欠电话费到一定程度后,就被列入"黑名单",结果是有线电话、无线电话以及未来市场上出现的任何通讯公司均拒绝为其提供服务。同样,若消费者在房租、水电费、煤气费、分期付款等方面有失信记录,则其在租房、使用水、电、煤气等日常生活的各个方面,就会失去应有的便利。

(三)失信惩罚机制的内容

失信惩罚机制是由信用市场各主体共同参与,发挥惩罚机制的功能,依托联合征信平台,通过市场和法律运作,实施对失信行为的打击。

1. 惩罚机制的功能

信用惩罚机制具有如下功能:具备完整的惩罚尺度,以对不同程度的失信者进行相应的惩处;快速收集到失信事件的信息或举报;根据所取得的证据判断真伪,并较长期地保存原始不良信用记录;对失信者做出按律处罚的决定,这种处罚不具有司法或刑法处罚性质;将处罚决定快速通报给执行机构;接受被处罚人的申诉;对诬告者诉诸法律。

2. 惩罚机制的执行机构

根据征信国家的经验,信用管理处罚机制的执行单位可以是政府机构,也可以是法律或政府有关机构委托的民间机构。例如在美国,最重要的有关执法机关是联邦贸易委员会、联邦储备委员会、财政部等政府监管机构。有些惩罚可以先由政府行为来执行,而后逐渐转为民间行为。

执行机构的作用是对被判定有不良信用记录的责任人和处罚意见公告给某一行业的全体成员,让它们根据处罚通知一致拒绝同被处罚者进行交易。不论责任人的资信不良记录的是经营企业发生的还是个人发生的失信行为,这种处罚基本是针对个人的。惩罚不是简单地随着企业的破产或停产而消失。企业的主要经营者或公民个人一旦有了不良信用记录,这些不良记录将伴随他们度过一段时间。时间的长度由相关的法律决定,例如美国的《公平信用报告法》规定消费者个人的不良信用记录允许保留7年。

3. 黑名单制作与发布

失信惩罚机制的主要工作之一是制作失信企业和个人的"黑名单",并以合法的形式向合法的用户传播其交易对象的不良信用记录。国际上制作"黑名单"有两种完全不同的理念和做法:一是以美国为代表的市场自然形成的征信机制。在对失信记录进行处理时,其做法是"基于事实,且仅基于事实"。是否与失信者交易或交往,完全由信用记录使用者自己判断和决定。二是"黑名单"由有关政府部门或者声誉卓著的征信机构发布。在一个失信企业或个人被登录上"黑名单"之前,经过一系列的信用处理和信用评分过程,力图清晰而明确地解释失信者被登录上"黑名单"的理由,各市场主体根据"黑名单",直接实施对失信行为的惩罚。

4. 惩罚机制的管理和监督

惩罚机制的管理和监督,是对惩罚机制环节的管理和监督,包括征信平台的管理,"黑名单"制作与发布的规范,消费者个人信用调查报告机构的监督、立法,客户申诉的仲裁,个人隐私权的保护,民间信用管理组织的业务监控等。监督和管理工作的重点是:第一,对被处罚应该做出权威的标准尺度及其解释;第二,对于信用管理业者使用的技术和设备方案做出评估或审查。

(四)惩罚与教育

失信惩罚机制,具有对失信行为进行预先的警示作用,阻止失信行为的产生,但重点是失信行为事后的惩罚。失信行为既成事实,便会导致对社会财富实质上的损害。因此,促进市场主体诚实守信,还需要通过对市场主体诚信进行教育,使诚信成为市场主体的自觉行为,这样既能预防失信,又能大大降低社会交易成本。

1. 开展诚信教育,提高社会道德水准

经济秩序的正常运行与社会观念和道德水准具有互动关系。强化社会舆论导向和政府引导,努力使全社会形成一种"守信光荣,失信可耻"的风气和"立信用、兴品牌、强实业"的发展理念,树立诚实守信、公平竞争、合法谋利的经济伦理观和社会风气,自觉抵御欺诈失信行为。

2. 加强信用管理教育,培养信用管理人员

失信行为的产生,固然与受信人的道德水准、资信等级等因素有关,但与授信人的缺乏信用管理人才、信用管理水平不高也有密切关系。因此,提高授信人的信用管理水平是预防失信的重要手段。这就需要建立信用管理教育体系,培养大量合格的信用管理人才。可借鉴西方征信国家的信用管理教育体系,主要包括信用管理专业的大学教育、研究生教育体系、信用管理人员的在职培训体系等。

3. 促进信用管理服务中介机构诚信经营

建立法律、会计、审计、评估、评级、咨询等各类信用管理服务中介机构的制度规范和操作规程,严格市场准入制度和执业资格制度,以保障中介机构的诚实守信。

第三节 信用文化环境

信用文化,从广义上讲,是指在一定的社会经济发展历史阶段中,社会对信用在信用理念、信用思维方式、信用价值取向、信用行为、信用制度等方面的概括和总称;从狭义上讲,信用文化主要是指人们对信用在信用理念、信用价值取向、信用的道德评判等方面所具有的纯主观上的观念、意识、态度、追求和人们的普遍见解。唯物主义的基本原理告诉我们,物质第一性,意识第二性;物质决定意识,意识对物质有反作用。社会的信用水平与其经济发展水平是相适应的,但信用文化也会对经济和信用发展具有反作用。

一、文化环境和社会诚信

文化环境的内涵丰富多彩,博大精深,就价值取向而言,是积淀在民族精神之中的思想意识和行为规范,是民族心理和民族性格的组成部分,它制约和影响着人们的思维方式和行为习惯。从某种意义上讲,任何人都受到其所在社会文化环境的影响和熏陶,任何一个人的行为方式,都是以一定的文化道德和价值观念作为指导的。

文化环境中一个重要的侧面,是关于人际关系处理和利益协调的道德原则。其中,是否讲求诚信是文化环境中有关人际交往和利益协调道德原则的最基本要素。所谓诚信,就是诚实而有信用,也是忠诚信义的概括。诚信要求人们诚善于心,言而有信,言行一致。诚信是信用制度的思想道德基础和精神支柱,没有诚实,就没有信用。东西方国家的文化都十分强调诚信,把诚信视为社会行为的规范和美德。

(一)中国文化的社会诚信

诚信,在中国文化中不但一直以传统美德加以颂扬,而且被认为是中华文化的基本道德准则,是“进德修业之本”、“立人之本”和“立政之本”,成为诸子百家学说的伦理基础。

长期居于主流文化地位的儒家学说认为,诚信为任何社会不可或缺的道德要求和行为准则。孔子在《论语·为政》中指出:“人而无信,不知其可也。”意思是说一个人若不讲诚信,则将一事无成。孔子进而将诚信作为治国之策,如孔子对其弟子颜渊说:“自古皆有死,民无信不立。”(《论语·颜渊》)意思是说自古以来人总是要死的,如果人民不信任,不讲诚信,则国家朝政就立不住脚了。

春秋时期,帮助齐桓公成就霸业的齐国宰相管仲强调:“先王贵诚信。诚信者,天下之结也。”(《管子》)意思是说诚信的统治者会得到天下人的拥护,才能取得天下的“结”,即凝聚力。

作为中国古代理学的代表人物,朱熹对诚信的阐述十分具体,他说:“凡人所以立身行己,应事接物,莫大乎诚敬。”(《朱子语类》)意思是说,一个人在确立人格、为人处世、待人接物方面,一定要把诚信和敬重放在首位。

(二)西方文化的社会诚信

考察西方文化,我们可以发现,重诺言、守信用、不虚假、不失信等被广为推崇。古希腊思想家亚里士多德在论及商品交易时,认为交易双方要“进行公正的联系,否则就不可能建立恰当的平衡关系”。英国古典政治经济学代表人物亚当·斯密认为，人是“经济人”，是利己的；但同时人是有道德的，有同情心，是守信的。亚当·斯密的市场经济思想蕴含着一个基本的前提，即在经济交换中，一切经济行为都是自由的过程，人们必须按照公平和信用的原则，才能与他人发生经济交往，并从中获得自己的利益。否则，如果普遍存在商业欺诈行为，那就既不利于商人自己，也不利于社会利益。因为，作为价值规律的“看不见的手”——等价交换原则，包含着普遍公正和信用的基础，这也是经济伦理的基础。

宗教在西方文化中居于重要地位，西方宗教也对诚信给予了较多的关注。《旧约·箴言》强调：“行事诚实，为上帝所悦。”17 世纪英国著名牧师理查得·巴克斯特在其《基督徒守则》中，对经商中的诚实和信用行为做了详尽描述。该书指出，商业中存在竞争是无法避免的，但竞争时不能放弃诚实和信用这一美德。

（三）东西方诚信观的主要异同点

1. 东西方诚信观的主要相同点

（1）东西方诚信的基本含义相近。中国传统诚信观中，“诚”是指真实存在、无妄无伪之义；“信”是指诚实不欺、讲信用、守诺言。诚信即是诚实无伪、恪守信用、不自欺、不欺人、言行一致的意思。在西方国家，诚信的基本含义就是尊重事实和信守诺言。如美国经济学家福山在其《信任：社会道德与繁荣的创造》一书中，将诚信解释为：“在一个社团之中，成员对彼此诚实、合作行为的期待，基础是社团成员共同拥有的规范，以及个体隶属于那个社团的角色。”认为当今社会经济与社会发展的原动力来自于社会诚信，诚信度的高低决定了经济组织的规模。可见，东西方诚信观的基本含义是相近的，都包含尊重实际存在、诚实无欺、讲究信用、信守诺言等含义。

（2）东西方都对诚信予以足够的重视。中国传统道德非常重视诚信，不仅将诚信作为立身处世之道，而且视之为立国之基、兴业之宝。譬如，《左传·僖公二十五年》曰：“信，国之宝也。”《荀子·议兵》曰：“政令信者强，政令不信者弱。”儒家还把“正心诚意”视为个人道德修养的重要内容，作为齐家、治国、平天下的前提。西方国家历来把讲诚实、守信用作为经典训言。对西方文化和道德产生了深远影响的《圣经》中的“摩西十诫”，将“不作伪证”等作为最重要的道德戒律。现代西方社会更是把信用视为社会正常运行的必要条件和前提，视诚信为生命，其信用管理相对完善，一个诚信缺失的人在社会中将无立足之地，工作生活都面临危机。

2. 东西方诚信观的差异

（1）中国人的诚信基本上是人格信任，而西方人的诚信则是一种契约信任。中国自古以来，诚信都是建立在亲人、熟人、朋友信任基础上的，是在排除商业功利关系的宗法血缘人伦关系中的行为规范，是一种建立在血缘亲情、朋友情义、社会人情和封建国家宗法关系基础上的道德精神。而在西方国家，商业贸易发展较早，商品经济相对发达，契约作为一种商业手段和人际交往原则被广泛地应用在社会生活中，诚信就是建立在以相互承诺、互相信赖、信守诺言为内涵的契约伦理的基础之上的。

（2）中国人的诚信在本质上以道德为支撑，西方人的诚信则以法律为基础。自先秦起，中国人就将诚信视为社会最基本的伦理道德规范之一，人际信任关系是建立在相信对方人品、德行基础之上的，基本不需要法律的强行约束。尽管也有土地租佃、物品典当等方面的契约规定，但在社会生活、交往关系中占主导地位的还是一种道德的信任。而在西方，作为诚信载体的契约早在古希腊、罗马时期就以法律形式来实施了。如雅典在公元前621年制定的成文法中就规定，允许债权人将欠债不还的债务人及其家属卖到国外或变为奴隶。当时雅典的各类经济交往活动不仅有书面形式的契约，而且有法律的担保。至于今天的西方社会，严密的法律规范体系更成为西方人遵守诚信原则的有效的外部制约机制。

（3）中国的诚信观重视伦理，而西方的诚信观重视法理。中国的诚信观作为中国传统文化的组成部分，是在人们的伦理关系中发展起来的，因而体现着温情脉脉的情感至上色彩和极为浓郁的人情味。而西方则不然，西方文化赖以产生的基础是以工商业为主的社会生产方式，基于商品经济和法制文化基础上的诚信，更多地体现了理性至上的观念，以理性维护自己的权利和义务，而不为血缘、亲缘情感所支配和诱导。

（4）中国的诚信建设缺少有效的制度和机制保障，西方的诚信则具有比较完备的制度和机制保障。中国传统的诚信观是在长期的自给自足的封建小农经济基础上发展起来的，诚信所调节的大多是个人与个人之间或个人与政府之间的伦理关系，无需诚信制度和信用机制的调节。但目前在经济全球化的背景下，中国缺少系统的信用体制的问题就凸显出来了。西方国家由于长期的商品经济和市场经济的发展，逐渐形成了较为系统的个人和企业信用体系和制度。

综上所述，诚实守信作为中外传统的伦理道德范畴之一，是历史发展长河中每个社会共同确定和肯定的道德规范，具有普遍适应性。诚信是一种美德，也是一种境界，是一种自我完善、自我修养的最基本也是最重要的行为准则。诚信是处理人际关系、维护社会秩序的基本要求，也是为政的基本规范。自古至今，统治者均将取信于民作为治国之要务。总而言之，诚信是中外民族的宝贵财富，是需要我们善加保护的精神家园，也是我们建设市场经济体制的必要条件。

二、影响社会诚信的文化因素

要把握影响诚信的文化因素，首先要理解文化的内涵、外延。文化的内涵十分丰富，对其理解也是千差万别。据《大英百科全书》统计，对“文化”含义的阐述，在西方历史上有160种之多，如果加上中国学者的解释，大约有170余种。我国古代“文化”一词的意思是，文治教化，即伦理道德、礼乐典章制度对人的制约和感化。

一般而言，文化是以人的活动方式以及由人的实践活动而创造出的物质产品和精神产品为其内容的系统，是人类社会特有的现象。从广义上讲，文化可以分为3个层次：物质文化、精神文化和制度文化。从狭义上讲，文化是指后两个层次。以上3个层次的文化，都是社会诚信的文化影响因素，需要引起我们的足够重视。

1. 物质文化

所谓物质文化，是人类活动作用于自然界的产物，是人类在物质生产活动中所创造的文化，是人类在物质生产领域中认识和改造自然的能力和水平。

2. 精神文化

所谓精神文化，是人类在精神生产活动中所创造的精神财富的总称，包括社会心理和思想体系两部分。社会心理是人类在长期日常生活中在意识里普遍积淀起来的对于社会的物质生活条件和社会制度的客观内容的反映，包括风俗习惯、价值观念、道德情操、审美意识、宗教情绪、感觉认识、民族性格等等。思想体系是系统化、理论化、理性化的社会意识形式，如政治法律理论、伦理道德、科学理论、文学艺术、哲学、宗教等。

3. 制度文化

所谓制度文化，是人类在生产活动和相互关系中所形成的运动原则和机制的总称，是一系列人为制定出来的规则、程序和道德、伦理的行为规范。包括经济制度、政治制度、法律制度、军事制度、教育制度等。

文化是人类实践活动的产物，同时又反过来制约人类的行为。诚信是一个人对他人的承诺，是一种行为规范，因此，诚信必然受到文化的制约，换言之，上述精神文化和制度文化的各个组成部分都对诚信产生影响力。例如，中国古代儒家重视诚信，但这种诚信主要强调个人修养和处理家庭成员及尊卑关系，即体现所谓的君臣父子关系，也就是说，儒家的诚信主要建立在家族和尊卑基础之上，超过这个范围，或者说超出这个"信任半径"，诚信可能就要打折扣。这种价值观和道德观对人的行为规范现在也有很大影响，从下面的现象即可窥见一斑：华人企业总是费时费力去建立关系网，甚至是跨民族界限的关系网。在中国做生意时，欧美商人总是带着自己的律师去谈判，准备签订周详的正式合同。而中国企业家即使在国外做生意，也要用很长时间，忙于拜访、应酬，跟外国人相处熟了，才准备做实际交易，有时签正式合同，有时甚至不签正式合同。

需要注意的是，诚信与文化环境因素之间的相互作用的关系是非常复杂的，试图去找出它们之间可能并不存在的一一对应的线性关系，可能是徒劳的，但文化对诚信的影响却是显而易见的。

三、塑造社会诚信的信用文化要求

（一）提升中国传统信用文化的内涵

中国传统文化，是中国悠久历史演化而成的体现东方智慧的文化，是中华民族在漫长的岁月中创造出来的巨大的物质财富和精神财富。一方面，我们应该继承和发扬中国传统文化中优秀的部分。如在诚信方面，中国传统文化强调身体力行，言行一致，修养践履的精神，要做到"言必信，行必果"。诚信不但是个人修身做人的主导原则，也是社会经济生活中的行为准则和道德规范。这些理念和精神在我们建设市场经济的今天，依然有其强大的生命力，值得发扬光大。

另一方面，中国传统文化是中国文明历史绵延几千年的产物，它主要形成于封建社会时期，以儒家思想为主流，难免有瑕瑜互见、良莠并存的情况。因此，中国传统文化中又有其不适应时代发展的部分。如古代中国的诚信主要属于个人品德范畴，是被用来处理与家庭及亲属的关系，是建立在小农经济基础之上的，对外强调不够，以至于梁启超批评中国人有私德而无公德。所以，我们要学会扬弃中国传统文化中有关诚信的负面的东西，提升诚信文化新境界，重铸新时代的适应市场经济要求的诚信精神。

（二）积极吸收国外优秀的诚信文化

对国外优秀的诚信文化兼收并蓄、为我所用，是塑造良好诚信文化的重要方面。国外强调程序重于权力，建立公认的游戏规则，注重履行义务、互惠互利，肯定竞争、民主、自由等等，都是形成和培养现代诚信理念所必不可少的要素。如对于竞争，我们都知道，竞争是促进社会进步、经济发展的重要因素。企业家、政治家、知识分子和社会各行各业的专业人士,其成功的关键都在于竞争。但在某些时候,竞争在中国古代却受到谴责,要用团结、合作来完全取代竞争,似乎竞争与合作、诚信等不相容。事实上,竞争也是一种合作,因为竞争各方都不得不尽力而为,从而共同受益。

(三) 积累信用文化中的社会资本

所谓社会资本,就是一个群体的成员共同遵守的、例示的一套非正式价值观和行为规范,按照这一套价值观和规范,他们便得以彼此合作。如果这个群体的成员能期待其他成员的行为可靠和诚实,他们就能彼此信任对方。信任的作用像润滑剂,它使一个群体或组织的运作更有效率。

事实上,能产生社会资本的规范必然在实质上包括一些美德,如讲真话、履行义务、互惠互利,以及建立在诚实和互惠准则基础之上的合作等等。而良好的社会资本的形成,不但有利于信用机制的形成和发展,而且,可以大大降低交易成本,保证诚信传统的维护和诚信机制的形成。

(四) 扩大诚信文化中的“信任半径”

所谓“信任半径”,就是一个人信任他人的范围和广度。有国外学者指出,在中国和拉丁美洲,家庭关系是坚强的,有凝聚力,可是对外人就很难信任,公共生活中的诚实度和合作水平要低得多。所以,要努力扩大信任半径,打破血缘、地缘的人际关系圈,也就是说,诚实、互惠等有利于合作的规范,不但应用于有限的范围,而且应用于同一社会中的其他人。因此,良好的诚信,应是要求一个人不但对自己的家庭要诚心诚意,而且要对所有的人诚心诚意。事实上,即使按“理性人”的假设,人是自私的,但对所有人讲诚信,对己对全社会来讲也都是有益的。因为对他人有益,别人也会采取利他主义行为,这样能更有效地满足自己的愿望。

(五) 发展契约文化

契约也称合同、合约,是两人以上当事人在地位平等、意志自由的前提下,各方同时为改进自己的经济状况而在交易过程中确立的一种权利流转关系。换言之,是当事人之间达成某种交易的协议。契约的前提是平等、自由、理性和互利。契约文化下的信用,是一种与任何身份无关的诚信,具有普适性的规范伦理原则。契约包含的价值原则和行为准则是涵盖全体成员的,用于处理普遍的社会关系的道德准则。只有这种非人格化的“信用”,才能支持与陌生人的交易,从而克服身份关系圈内的高信任和身份圈外的低信任。因此这种信用是可以扩展的,从而形成不同家庭、不同地区乃至不同社会的陌生人之间市场交易的形成和展开。

本章小结

在市场经济中,有效的信用管理离不开良好的外部环境支持,如信用法律环境、失信惩戒机制和信用文化环境等。

在借鉴征信国家信用管理法律体系的基础上,应尽快进行信用立法,以促进信用经济的发展,为健全社会信用管理体系提供保障。我国信用管理的法制建设主要内容包括:加快信用管理立法步伐,形成完备的信用管理法律体系;法定执法机构,使信用管理机构合法化;严格执法,加大执法力度。

失信惩罚机制是社会信用体系的重要环节,能够有效制约和降低不良信用的形成、生长和扩散,保护和激励良好信用的发展,维持社会信用体系的正常运转。失信惩罚机制是由信用市场各主体共同参与,发挥惩罚机制的功能,依托联合征信平台,通过市场和法律运作,实施对失信行为的打击。

信用管理离不开良好的信用文化环境,而影响社会诚信的文化因素有物质文化、精神文化和制度文化,需要引起足够的重视。在经济全球化的背景下,市场对塑造社会诚信的信用文化有着较高的要求。

重要概念

信用立法　信用法律环境　失信惩罚机制　直接信用惩罚　间接信用惩罚　信用文化　社会诚信　物质文化　精神文化　制度文化

思考与练习

1. 简述信用立法的重要意义及征信国家信用立法的基本原则。
2. 美国制定了哪些信用管理相关的法律法规?主要内容是什么?
3. 我国信用管理法制建设应从哪些方面着手?
4. 简述失信惩戒机制及其主要特点。
5. 失信惩戒机制对不良信用的制约作用表现在哪些方面?
6. 失信惩戒机制包含哪些主要内容?
7. 简述东西方诚信观的主要异同点。
8. 塑造我国社会诚信环境,对信用文化有哪些要求?

附录一

国务院办公厅关于社会信用体系建设的若干意见

各省、自治区、直辖市人民政府，国务院各部委、各直属机构：

为加快推进我国社会信用体系建设，进一步完善社会主义市场经济体制，构建社会主义和谐社会，经国务院同意，现提出如下意见：

一、加快推进社会信用体系建设的重要性和紧迫性

市场经济是信用经济。社会信用体系是市场经济体制中的重要制度安排。党中央、国务院高度重视社会信用体系建设工作。党的十六大、十六届三中全会明确了社会信用体系建设的方向和目标。我国“十一五”规划提出，以完善信贷、纳税、合同履约、产品质量的信用记录为重点，加快建设社会信用体系。2007年召开的全国金融工作会议进一步提出，以信贷征信体系建设为重点，全面推进社会信用体系建设，加快建立与我国经济社会发展水平相适应的社会信用体系基本框架和运行机制。

建设社会信用体系，是完善我国社会主义市场经济体制的客观需要，是整顿和规范市场经济秩序的治本之策。当前，恶意拖欠和逃废银行债务、逃骗偷税、商业欺诈、制假售假、非法集资等现象屡禁不止，加快建设社会信用体系，对于打击失信行为，防范和化解金融风险，促进金融稳定和发展，维护正常的社会经济秩序，保护群众权益，推进政府更好地履行经济调节、市场监管、社会管理和公共服务的职能，具有重要的现实意义。

近几年，一些部门和地区相继开展了多种形式的社会信用体系建设试点工作。总体看，我国社会信用体系建设取得了一定进展，但还存在许多亟待解决的问题。面对新的形势，社会信用体系建设任务艰巨，时间紧迫，必须进一步统一思想，明确任务，加强协调，确保社会信用体系建设顺利进行。

二、社会信用体系建设的指导思想、目标和基本原则

社会信用体系建设要以邓小平理论和“三个代表”重要思想为指导，牢固树立和全面落实科学发展观，以法制为基础，信用制度为核心，以健全信贷、纳税、合同履约、产品质量的信用记录为重点，坚持“统筹规划、分类指导，政府推动、培育市场，完善法规、严格监管，有序开放、维护安全”的原则，建立全国范围信贷征信机构与社会征信机构并存、服务各具特色的征信机构体系，最终形成体系完整、分工明确、运行高效、监管有力的社会信用体系基本框架和运行机制。

结合我国实际，明确长远目标、阶段性目标和工作重点，区别不同情况，采取不同政策，有计划、分步骤地推进社会信用体系建设工作。要加大组织协调力度，促进信用信息共享，整合信用服务资源，加快建设企业和个人信用服务体系。要坚持从市场需求出发，积极培育和发展信用服务市场，改善外部环境，促进竞争和创新。要抓紧健全法律法规，理顺监管体制，明确监管责任，依法规范信用服务行为和市场秩序，保护当事人的合法权益。要按照循序渐进的原则扩大对外开放，积极引进先进的管理经验和技术，促进信用服务行业发展，满足市场需要，维护国家信息安全。

三、完善行业信用记录，推进行业信用建设

社会信用体系建设涉及经济社会生活的各个方面。商品的生产、交换、分配和消费是社会信用关系发展的基础，社会信用体系的发展要与生产力发展水平和市场化程度相适应。根据我国的国情和现阶段经济社会发展的需要，针对我国市场经济秩序中存在的突出矛盾和问题，借鉴国际经验，进一步完善信贷、纳税、合同履约、产品质量的信用记录，推进行业信用建设。

行业信用建设是社会信用体系建设的重要组成部分，对于促进企业和个人自律，形成有效的市场约束，具有重要作用。要依托"金税"、"金关"等管理系统，完善纳税人信用数据库，建立健全企业、个人偷逃骗税记录。要实行合同履约备案和重大合同鉴证制度，探索建立合同履约信用记录，依法打击合同欺诈行为。要依托"金质"管理系统，推动企业产品质量记录电子化，定期发布产品质量信息，加强产品质量信用分类管理。要继续推进中小企业信用制度建设和价格信用建设。要发挥商会、协会的作用，促进行业信用建设和行业守信自律。国务院有关部门要根据职责分工和实际工作需要，抓紧研究建立市场主体信用记录，实行内部信用分类管理，健全负面信息披露制度和守信激励制度，提高公共服务和市场监管水平。各部门要积极配合，及时沟通情况，建立信用信息共享制度，逐步建设和完善以组织机构代码和身份证号码等为基础的实名制信息共享平台体系，形成失信行为联合惩戒机制，真正使失信者"一处失信，寸步难行"。

四、加快信贷征信体系建设，建立金融业统一征信平台

金融是现代经济的核心。金融业特别是银行业是社会信用信息的主要提供者和使用者。要以信贷征信体系建设为切入点，进一步健全证券业、保险业及外汇管理的信用管理系统，加强金融部门的协调和合作，逐步建立金融业统一征信平台，促进金融业信用信息整合和共享，稳步推进我国金融业信用体系建设。各地区、各部门要积极支持信贷征信体系的建设和发展，充分利用其信用信息资源，加强信用建设和管理。信贷征信机构要依法采集企业和个人信息，依法向政府部门、金融监管机构、金融机构、企业和个人提供方便、快捷、高效的征信服务。

五、培育信用服务市场，稳妥有序对外开放

要加大诚实守信的宣传教育力度，培育全社会的信用意识，树立良好的社会信用风尚。要鼓励扩大信用产品使用范围，培育信用服务市场需求，支持信用服务市场发展。要坚持以市场为导向，培育和发展种类齐全、功能互补、依法经营、有市场公信力的信用服务机构，依法自主收集、整理、加工、提供信用信息，鼓励信用产品的开发和创新，满足全社会多层次、多样化、专业化的信用服务需求。

政府信息公开是信用服务市场发展的基础。各部门、各地区在保护国家机密、商业秘密和个人隐私的前提下，要依法公开在行政管理中掌握的信用信息。地方人民政府要进一步推进本地区社会信用体系建设，充分利用信贷、纳税、合同履约、产品质量的信用记录，改善地方信用环境，减少重复建设和资源浪费。具备条件的地区，可以本着节约高效、量力而行的原则，积极探索社会信用体系建设的有效方式和途径。

在严格监管、完善制度、维护信息安全的前提下，循序渐进、稳步适度地开放信用服务市场，引进国外先进的管理经验和技术。根据世界贸易组织关于一般例外及安全例外的原则，基础信用信息数据库建设、信用服务中涉及信息保护要求高的领域不予开放。

六、完善法律法规，加强组织领导

完备的法律法规和国家标准体系，是信用行业健康发展的保障。要按照信息共享，公平竞争，有利于公共服务和监管，维护国家信息安全的要求，制定有关法律法规。要坚持规范与发展并重的原则，促进信用服务行业健康发展。要严格区分公共信息和企业、个人的信用信息，妥善处理好信息公开与依法保护个人隐私、商业秘密和国家信息安全的关系，切实保护当事人合法权益。要加快信用服务行业国家标准化建设，形成完整、科学的信用标准体系。

透明高效的监管体制是信用行业健康发展的重要保障。为加强统筹协调，由国务院办公厅牵头建立国务院社会信用体系建设部际联席会议制度，指导推进有关工作。按照统一领导、综合监管的原则，根据具体业务范围和各部门的职责分工，分别指定有关部门具体负责日常监管，落实监管责任。有关部门要依法严格市场准入，监督和管理信用服务机构，查处违法违规行为，完善市场退出机制，维护市场秩序，防止非法采集和滥用信用信息，促进社会信用体系和信用服务市场健康发展。

二〇〇七年三月二十三日

附录二

征信管理条例

（第二次征求意见稿）

第一章 总 则

第一条 为了规范征信活动，保护当事人合法权益，引导、促进征信业健康发展，推进社会信用体系建设，制定本条例。

第二条 在中华人民共和国境内从事征信业务及相关活动，适用本条例。

本条例所称征信业务，是指对与个人信用状况和企业信用状况相关的信息进行采集、整理、保存、加工并对外提供的活动。

国家设立的金融信用信息基础数据库进行信息的采集、整理、保存、加工和对外提供，适用本条例第五章规定。

国家机关以及法律、法规授权的具有管理公共事务职能的组织依照法律、行政法规和国务院规定，为履行职责进行的个人和企业信息的采集、整理、保存、加工和公布，不适用本条例。

第三条 中国人民银行（以下称国务院征信业监督管理部门）依法对征信业进行监督管理。国务院征信业监督管理部门的派出机构在国务院征信业监督管理部门的授权范围内，履行监督管理职责。

第四条 从事征信业务及相关活动，应当遵守法律法规，诚实守信，不得侵犯国家秘密、个人隐私和商业秘密。

第二章 征信机构

第五条 设立从事个人征信业务的征信机构，应当符合《中华人民共和国公司法》规定的公司设立条件和下列条件，并经国务院征信业监督管理部门批准：

（一）主要股东信誉良好，最近3年无重大违法违规记录；

（二）注册资本不少于人民币5 000万元，并应当一次缴清；

（三）有符合国务院征信业监督管理部门规定的保障信息安全的设施、设备和制度、措施；

（四）董事、监事和高级管理人员具备任职资格；

（五）国务院征信业监督管理部门规定的其他条件。

第六条　申请设立从事个人征信业务的征信机构，应当向国务院征信业监督管理部门提交申请书、证明符合本条例第五条规定条件的文件、资料和国务院征信业监督管理部门规定的其他材料。

国务院征信业监督管理部门应当依法进行审查，自受理申请之日起60个工作日内作出批准或者不予批准的书面决定。决定批准的，颁发个人征信业务经营许可证；不予批准的，应当书面说明理由。

经批准设立的从事个人征信业务的征信机构，凭个人征信业务经营许可证向公司登记机关办理登记。

第七条　从事个人征信业务的征信机构的董事、监事和高级管理人员，应当品行良好，熟悉与征信相关的法律法规，具有履行职责所需的管理能力，并在任职前取得国务院征信业监督管理部门核准的任职资格。

第八条　从事个人征信业务的征信机构有下列情形之一的，应当经国务院征信业监督管理部门批准：

（一）变更名称；

（二）设立分支机构；

（三）合并、分立；

（四）变更注册资本；

（五）变更董事、监事或者高级管理人员；

（六）变更出资额占公司资本总额5%以上或者持股占公司股份5%以上的股东。

第九条　未经国务院征信业监督管理部门批准，任何单位和个人不得从事个人征信业务。

第十条　设立从事企业征信业务的征信机构，应当符合《中华人民共和国公司法》规定的设立条件，自公司登记机关准予登记之日起30日内，向征信业监督管理部门办理备案。备案事项发生变更的，应当自公司登记机构准予变更之日起30日内，向原备案部门办理变更备案。

从事企业征信业务的征信机构办理备案，应当提供下列材料：

（一）营业执照；

（二）股权结构、组织结构说明；

（三）业务范围、业务规则、业务系统的基本情况；

（四）信息安全和风险防范措施。

负责备案的部门应当定期向国务院征信业监督管理部门报告备案情况。

国务院征信业监督管理部门定期向社会公告从事企业征信业务的征信机构名单。

第十一条　征信机构应当按照国务院征信业监督管理部门的规定，向征信业监督管理部门报告上一年度开展征信业务的情况。

第十二条　征信机构解散、依法申请破产的，应当向国务院征信业监督管理部门报告，并按下列方式处理信息数据库：

（一）与其他征信机构约定并经国务院征信业监督管理部门同意，转让给其他征信机构；

（二）不能按前项规定转让的，移交给国务院征信业监督管理部门指定的征信机构；

（三）不能按前两项规定转让、移交的，在国务院征信业监督管理部门的监督下销毁。

第十三条　本条例所称征信机构，是指按照本条例规定设立，专门从事征信业务的机构。

第三章　征信业务规则

第十四条　征信机构采集个人信息应当经信息主体本人同意。未经信息主体本人同意采集的个人信息，征信机构不得采集，他人也不得向征信机构提供；但是，依照法律、行政法规公开的信息除外。

第十五条　禁止征信机构采集个人的宗教信仰、基因、指纹、血型、疾病和病史信息以及法律、行政法规规定禁止采集的其他个人信息。

征信机构不得采集个人的收入、存款和纳税数额的信息以及个人所有的有价证券、不动产的信息；但是，征信机构明确告知信息主体提供该信息可能产生的不利后果，并取得其书面同意采集的除外。

禁止任何单位和个人违反前两款规定向征信机构提供个人信息。

第十六条　征信机构对采集的个人不良信息的保存期限为5年，自不良行为或者事件终止之日起计算；超过5年的，征信机构应予删除。

前款所称不良信息，是指对信息主体信用状况构成负面影响的下列信息：

（一）信息主体在贷款、使用信用卡、赊销、担保等活动中未按合同约定履行债务的信息；

（二）针对信息主体的行政处罚，人民法院判决或者裁定信息主体履行义务及执行的信息；

（三）国务院征信业监督管理部门规定的其他不良信息。

不良信息删除前，信息主体可以对不良信息作出说明，征信机构应当予以记载。

第十七条　信息主体可以向征信机构查询自身信息。个人有权每年免费获取一次本人的信用报告。

第十八条　信息主体以外的单位或者个人（以下称信息使用者）向征信机构查询个人信息的，应当取得信息主体本人的书面授权并约定用途，但法律规定可以不经授权查询的除外。

征信机构不得违反前款规定向他人提供信息主体的个人信息。

第十九条　征信机构或者信息提供者、信息使用者采用格式合同条款取得个人信息的信息主体的授权或者同意的，应当在合同中作出足以引起信息主体注意的提示，并按照信息主体的要求作出明确说明。

第二十条　信息使用者应当按照与信息主体约定的用途使用个人信息，不得用作约定以外的用途，不得未经信息主体同意向第三方提供。

第二十一条　征信机构可以通过政府信息公开，人民法院依法公布判决、裁定，信息主体提供，企业交易对方提供等渠道，采集企业信息。

征信机构不得采集法律、行政法规规定禁止擅自采集的企业信息。

第二十二条　征信机构应当按照国务院征信业监督管理部门的规定，建立健全和严格执行保障信息安全的规章制度,并采取有效技术措施保障信息安全。

从事个人征信业务的征信机构应当对其工作人员查询个人信息的权限和程序作出明确规定,对工作人员查询个人信息的情况进行登记,如实记载查询工作人员的姓名,查询的时间、内容及用途。工作人员不得违反规定的权限和程序查询信息,不得泄露工作中获取的信息。

第二十三条　征信机构应当采取合理措施,保障其对外提供的信息准确。

第二十四条　征信机构整理、保存、加工个人或者企业的信息,应当在中华人民共和国境内进行。向境外组织或者个人提供信息,应当遵守国务院征信业监督管理部门的有关规定。

第四章　异议和投诉

第二十五条　信息主体认为征信机构采集、保存、对外提供的信息存在错误、遗漏的,有权向征信机构提出异议,要求更正。

征信机构收到异议后,应当按照国务院征信业监督管理部门的规定对相关信息作出存在异议的标注,在收到异议之日起 20 个工作日内进行核查和处理,并将结果答复异议人。

经核查,确认相关信息确有错误、遗漏的,信息提供者、征信机构应当予以更正;确认不存在错误、遗漏的,应当取消异议标注。

第二十六条　信息主体认为征信机构或者信息提供者、信息使用者侵害其合法权益的,可以向征信业监督管理部门投诉。

征信业监督管理部门应当在受理投诉后及时予以答复。

信息主体认为征信机构或者信息提供者、信息使用者侵害其合法权益的,可以直接向人民法院起诉。

第五章　金融信用信息基础数据库

第二十七条　国家设立金融信用信息基础数据库,为防范金融风险、促进金融服务发展提供相关信息服务。

金融信用信息基础数据库由专业机构建设、运行和维护。该专业机构由国务院征信业监督管理部门监督管理。

第二十八条　金融信用信息基础数据库不以营利为目的。

金融信用信息基础数据库接收从事信贷业务的金融机构按规定报送的信贷信息。

金融信用信息基础数据库依照本条例为从事信贷业务的机构、信息主体和取得信息主体本人书面授权的信息使用者提供查询服务。国家机关可以依法查询金融信用信息基础数据库信息。

第二十九条　从事信贷业务的金融机构应当向金融信用信息基础数据库报送信贷信息。向金融信用信息基础数据库报送信贷信息,应当事先取得信息主体的书面同意。

第三十条　从事信贷业务的金融机构为下列目的,并事先取得信息主体的书面授权,可以向金融信用信息基础数据库查询相关信息:

(一) 审核信息主体的贷款申请、担保人资格及相关风险管理;

（二）处理信息主体的异议；

（三）应信息主体的要求，代理其查询自身信息。

第三十一条　金融信用信息基础数据库可以按照成本价格收取查询服务费用，收费标准由国务院价格主管部门规定。

第三十二条　本条例第十五条、第十九条、第二十二条、第二十三条、第二十五条、第二十六条适用于从事信贷业务的机构、金融信用信息基础数据库的信息提供者。第十六条、第十七条、第十八条、第二十五条、第二十六条适用于金融信用信息基础数据库。第二十条适用于金融信用信息基础数据库的信息使用者。

第六章　监督管理

第三十三条　征信业监督管理部门依照法律、行政法规和国务院的规定，履行对征信业和金融信用信息基础数据库运行机构的监督管理职责，可以采取下列监督检查措施：

（一）进入征信机构、金融信用信息基础数据库运行机构和向金融信用信息基础数据库报送或者查询信息的机构，进行现场检查；

（二）询问相关工作人员，要求其说明被检查事项的有关情况；

（三）查阅、复制与被检查事项有关的文件、资料，对可能被转移、销毁、隐匿或者篡改的文件、资料予以封存；

（四）检查相关信息系统。

进行现场检查的人员不得少于2人，并应当出示合法证件和检查通知书。

被检查的单位和个人应当配合，如实提供有关文件、资料，不得隐瞒、拒绝、阻碍。

第三十四条　从事个人征信业务的征信机构、金融信用信息基础数据库、向金融信用信息基础数据库报送或者查询信息的机构发生重大信息泄露等事件，需要立即采取相关措施的，国务院征信业监督管理部门可以采取临时接管相关信息系统等必要措施，避免损害扩大。

第三十五条　征信业监督管理部门的工作人员对在工作中知悉的国家秘密和信息主体的信息，应当依法保密。

第七章　法律责任

第三十六条　未经国务院征信业监督管理部门批准，擅自设立从事个人征信业务的机构或者从事个人征信业务活动的，由国务院征信业监督管理部门予以取缔，没收违法所得，并处5万元以上50万元以下的罚款；构成犯罪的，依法追究刑事责任。

第三十七条　从事个人征信业务的征信机构违反本条例第八条规定的，由国务院征信业监督管理部门责令限期改正，对单位处2万元以上20万元以下的罚款；对直接负责的主管人员和其他直接责任人员给予警告，可以处1万元以下的罚款。

从事企业征信业务的征信机构违反本条例第十条第一款规定的，由征信业监督管理部门责令限期改正，依照前款规定处罚。

第三十八条　征信机构违反本条例规定，有下列行为之一的，由征信业监督管理部门对单位处5万元以上50万元以下的罚款；对直接负责的主管人员和其他直接责任人员处1万元以上10万元以下的罚款；有违法所得的，没收违法所得。构成犯罪的，依法追究刑事责任：

（一）窃取或者以其他方式非法获取信息；

（二）采集本条例禁止采集的个人信息；

（三）非法提供或者出售信息；

（四）因严重过失泄露信息；

（五）未按规定对异议信息进行核查和处理；

（六）拒绝、阻碍征信业监督管理部门检查或者不如实提供有关文件、资料；

（七）违反本条例规定的征信业务规则，侵害信息主体合法权益的其他行为。

第三十九条　征信机构违反本条例规定，未按规定报告其上一年度开展征信业务情况的，由征信业监督管理部门责令限期改正，对单位处2万元以上10万元以下的罚款；对直接负责的主管人员和其他直接责任人员给予警告，可以处1万元以下的罚款。

第四十条　向金融信用信息基础数据库报送或者查询信息的机构有下列行为之一的，由征信业监督管理部门对单位处5万元以上50万元以下的罚款；对直接负责的主管人员和其他直接责任人员处1万元以上10万元以下的罚款；有违法所得的，没收违法所得。构成犯罪的，依法追究刑事责任：

（一）非法提供或者出售信息；

（二）因严重过失泄露信息；

（三）未经授权查询个人或者企业的信息；

（四）未按照规定处理异议或者对确有错误、遗漏的信息不予更正；

（五）拒绝、阻碍征信业监督管理部门检查或者不如实提供有关文件、资料。

第四十一条　征信业监督管理部门的工作人员滥用职权、玩忽职守、徇私舞弊，不依法履行监管职责的，或者泄露信息主体信息的，依法给予处分；构成犯罪的，依法追究刑事责任。

第八章　附　则

第四十二条　本条例施行前已经从事个人征信业务的机构，应当在本条例施行之日起6个月内，按照本条例的规定申请个人征信业务经营许可证。

本条例施行前已经从事企业征信业务的机构，应当在本条例施行之日起3个月内，按照本条例的规定办理备案。

前两款规定的征信机构从事相关业务活动，应当自取得许可证或者备案之日起3个月内，达到本条例第三章、第四章、第五章的要求。

第四十三条　本条例自　　年　月　日起施行。

参考文献

[1] 梅　强,谭中明:《中小企业信用担保理论、模式及政策》,经济管理出版社,2002 年。
[2] 谭中明,等:《社会信用管理体系——理论、模式、体制与机制》,中国科学技术大学出版社,2005 年。
[3] 谭中明,梅　强:《中小企业信用管理机制研究》,中国社会科学出版社,2009 年。
[4] 喻敬明,等:《国家信用管理体系》,社会科学文献出版社,2000 年。
[5] 吴晶妹:《现代信用学》,中国人民大学出版社,2009 年。
[6] 刘　澄,徐明威:《信用管理》,经济管理出版社,2010 年。
[7] 焦国成:《中国社会信用体系建设的理论与实践》,中国人民大学出版社,2009 年。
[8] 李红艳,刘丽珍:《信用管理概论》,复旦大学出版社,2007 年。
[9] 吴晶妹:《信用管理概论》,上海财经大学出版社,2005 年。
[10] 陈建中,等:《社会信用管理体系建设构想》,中国经济出版社,2009 年。
[11] 曾康霖,邱　伟:《中国转型期信用制度建设研究》,中国金融出版社,2007 年。
[12] 夏善晨:《企业信用管理和法律规制》,海洋出版社,2010 年。
[13] 王　进:《信用管理基础教程》,中国金融出版社,2008 年。
[14] 刘俊剑:《信用管理实务教程》,中国金融出版社,2008 年。
[15] 石庆焱,秦宛顺:《个人信用评分模型及其应用》,中国方正出版社,2006 年。
[16] 林钧跃:《消费者信用管理》,中国方正出版社 2002 年。
[17] 李国全:《零售银行消费信贷管理》,企业管理出版社,2010 年。
[18] 刘戒骄:《个人信用管理》,对外经济贸易大学出版社,2003 年。
[19] 季爱东:《银行消费信贷业务与风险防控》,中国金融出版社,2007 年。
[20] 程民选:《信用的经济学分析》,中国社会科学出版社,2010 年。
[21] 袁　敏:《资信评级的功能检验与质量控制研究》,立信会计出版社,2007 年。
[22]《征信前沿问题研究》编写组:《征信前沿问题研究》,中国经济出版社,2010 年。
[23] 张维迎:《产权、政府与信誉》,上海三联书店,2001 年。
[24] 林均跃:《社会信用体系原理》,中国方正出版社,2003 年。
[25] 孙智英:《信用问题的经济学分析》,中国城市出版社,2002 年。
[26] 张亦春,等:《中国社会信用问题研究》,中国金融出版社,2004 年。
[27] 孙国志,张炎培:《信用经济》,企业管理出版社,2005 年。

[28] 孙　磊:《信用体系演化的经济学分析》,中国金融出版社,2010 年。
[29] 杜金富,张新泽,等:《征信理论与实践》,中国金融出版社,2004 年。
[30] 钟晓鹰:《企业征信原理》,中国金融出版社,2004 年。
[31] 钟楚男:《个人信用征信制度》,中国金融出版社,2002 年。
[32] 林钧跃:《征信技术基础》,中国人民大学出版社,2007 年。
[33] 刘光明:《企业信用》,经济管理出版社,2003 年。
[34] 林均跃:《企业信用管理》,企业管理出版社,2001 年。
[35] 关　伟:《企业信用管理》,中国人民大学出版社,2010 年。
[36] 叶陈毅:《企业信用管理》,高等教育出版社,2008 年。
[37] 李　敏:《小企业信用管理》,上海财经大学出版社,2004 年。
[38]《贷款风险分类原理与实务》编写组:《贷款风险分类原理与实务》,中国金融出版社,1998 年。
[39] 朱荣恩,徐建新:《现代企业信用分析》,上海书店,1995 年。
[40] 张其仔:《企业信用管理》,对外经济贸易大学出版社,2002 年。
[41] 陈晓红:《中小企业融资创新与信用担保》,中国人民大学出版社,2003 年。
[42] 曾康霖,王长庚:《信用论》,中国金融出版社,1983 年。
[43] 周首华,杨济华:《当代财务管理基础》,东北财经大学出版社,1997 年。
[44]《信用管理概论》编写组:《信用管理概论》,上海财经大学出版社,2005 年。
[45] [美]阿诺·德·瑟维吉尼:《信用风险度量与管理》,中国财政经济出版社,2005 年。
[46] [美]约翰·B·考艾特,爱德华·I·爱特曼,保罗·纳拉亚南:《演进着的信用风险管理》,机械工业出版社,2001 年。
[47] [美]安乐尼·桑德斯:《信用风险度量》,机械工业出版社,2001 年。
[48] [英]布赖恩·伊科尔:《企业信用风险管理》,中信出版社,2003 年。
[49] [美]詹姆斯·C·范霍恩:《现代企业财务管理》,经济科学出版社,1998 年。
[50] 谭中明:《中小企业信用评价体系研究》,《学术论坛》,2009 年第 5 期。
[51] 谭中明,成　浩:《中小企业信贷业务模式与组织架构创新研究——从商业银行角度分析》,《江苏大学学报:社会科学版》,2010 年第 5 期。
[52] 谭中明,梅　强:《中国中小企业信用担保运作模式研究》,《数量经济技术经济研究》,2001 年第 6 期。
[53] 谭中明,陶　羽:《我国社会信用体系及其重构》,《经济纵横》,2001 年第 10 期。
[54] 谭中明,张　静:《我国信用危机及其综合治理机制》,《经济纵横》,2003 年第 11 期。
[55] 梅　强,谭中明:《中小企业信用担保与信用环境建设的研究》,《江苏大学学报:社会科学版》,2002 年第 6 期。
[56] 谭中明,梁丽香:《基于可持续发展的中小企业信用担保体系的模型及对策探讨》,《学术论坛》,2007 年第 2 期。
[57] 谭中明:《中小企业信用评价指标体系的设计及运用》,《农村金融研究》,2007 年第 6 期。

［58］谭中明:《中小企业信用评价体系研究》,《学术论坛》,2009 年第 5 期。
［59］张　静:《金融危机后对资信评级利益冲突的思考》,《征信》,2010 年第 5 期。
［60］张　静:《信用评级利益冲突行为及其规制策略》,《商业研究》,2011 年第 10 期。
［61］文学舟,谭中明:《加强企业信用信息管理》,《经济管理》,2002 年第 19 期。
［62］文学舟,等:《中小企业信用担保机构的调查与思考》,《管理现代化》,2009 年第 10 期。
［63］文学舟,梅　强:《日美意三种模式信用担保机构的国际比较与借鉴》,《经济问题探索》,2011 年第 7 期。
［64］文学舟,等:《中小企业信用担保机构发展的现状、问题及对策》,《科技管理研究》,2007 年第 10 期。
［65］文学舟,梅　强:《中小企业信用再担保体系建设及基本框架设计》,《企业经济》,2008 年第 10 期。
［66］文学舟,等:《市场化背景下企业信用销售风险及其防范策略》,《中国安全科学学报》,2007 年第 2 期。
［67］文学舟,梅　强:《社会信用体系建设的现状与对策——以浙江省为例》,《浙江金融》,2007 年第 10 期。
［68］林钧跃:《社会信用体系:中国高效建立征信系统的模式》,《征信》,2011 年第 2 期。
［69］范柏乃,张　鸣:《政府信用的影响因素与管理机制研究》,《浙江大学学报:人文社会科学版》,2009 年第 3 期。
［70］马丽娟:《金融中介信用环境建设中的法律因素》,《中央财经大学学报》,2009 年第 8 期。
［71］苏均和:《信用的经济价值与我国失信惩罚机制的构建》,《探索与争鸣》,2009 年第 10 期。
［72］卢克贞:《我国信用文化背景下的信用法律制度建设》,《征信》,2009 年第 1 期。
［73］《一处失信、处处制约”的失信惩戒机制开始形成——工商总局局长周伯华就企业信用分类监管工作答记者问》,新华网,2011 年 08 月 24 日。
［74］韩国丽:《企业信用危机的预警及管理》,《武汉大学学报》,2005 年第 1 期。
［75］张维迎:《法律制度的信誉基础》,《经济研究》,2002 年第 10 期。
［76］陈洪隽:《我国信用制度、体系与管理的战略思考——温州经济变迁与中国信用经济的兴起》,《经济与管理研究》,2001 年第 2 期。
［77］任兴洲:《建立社会信用体系的国际经验与启示》,《经济要参》,2002 年第 25 期。
［78］万俊人:《论市场经济的道德维度》,《中国社会科学》,2000 年第 2 期。
［79］林钧跃:《失信惩罚机制的设计和维护》,《经济社会体制比较》,2002 年第 3 期。
［80］任兴洲:《建立社会信用体系的模式比较》,《重庆工学院学报》,2003 年第 2 期。
［81］曾康霖:《中国信用理论与信用风险防范高级研讨会论文集》,天津,2002 年。
［82］Cecil J Bond. Credit Management Handbook,清华大学出版社,2003 年。
［83］D Laurence Blackstone. Credit Department Management. 2nd ed. Robert Moris Associates,1993.
［84］Mary S Schaeffer. Essentials of Credit,Collections,and Accounts Receivable. John Wiley

& Sons. Inc. ,2002.

[85] Kay Giesecke. Credit Risk Modeling and Valuation: An Introduction. 2002.

[86] Yang Xu, Iiang Xiongjian. Credit Management for Mobile Subscribers. ISTN'2000 Proceedings, 2000 International Seminar on Teletraffic and Network, 2000.

[87] Stiglitz J E, Andrew Weiss. Credit Rationing in Markets with Imperfect Information. American Economic Review, 1981.

[88] Chan Yuk-Shee. George Kanatas. Asymmetric Valuations and the Role of Collateral in Loan Agreements. Journal of Money, Credit and Banking, 1985.

[89] Wette H. Collateral in Credit, Rationing in Markets with Imperfect Infomation: Notes. American Economic Review, 1981.